GOLDMANNS GELBE TASCHENBÜCHER

Band 2868

Hermann Eicke / Paul Börger · Lebendige Vergangenheit

Zu diesem Buch

Dieser Band gibt einen Abriß der Weltgeschichte aus der Sicht der Anekdote – jener leichtfüßigen Erzählform, der es weniger um exakte Überlieferung als vielmehr um eine volkstümliche und treffende Charakterisierung bestimmter historischer Persönlichkeiten und Begebenheiten geht.
Die von den beiden Historikern Eicke und Börger zusammengestellte Anekdotensammlung berücksichtigt die wichtigsten Epochen der abend- und morgenländischen Geschichte. Der Bogen spannt sich von der Antike über das Mittelalter bis zu den Anfängen des Dritten Reiches. Dabei kommen alle »Großen« dieser Welt – von Hannibal bis Hitler – und gelegentlich auch der »kleine Mann« – die Stimme des Volkes – zu Worte. Die Sammlung schließt mit einem Ausflug in den vorderen und hinteren Orient und mit einem Abstecher in die Geschichte Nordamerikas.
Insgesamt ergibt sich so zwar kein eigentliches »Geschichtsbild«, aber ein sehr reizvolles, geschichtsnahes Mosaik, das sich gleichsam von Mund zu Mund überliefert hat. Neben vertrauten Zitaten ist auch eine Anzahl wenig bekannter Episoden am Rande des großen Weltgeschehens vorgestellt, wodurch die Auswahl noch an Anschaulichkeit und Leben gewinnt.

HERMANN EICKE / PAUL BÖRGER

Lebendige Vergangenheit

Weltgeschichte in Anekdoten

WILHELM GOLDMANN VERLAG
MÜNCHEN

70112 · Made in Germany · Genehmigte Taschenbuchausgabe. Die Originalausgabe ist im Quelle & Meyer Verlag, Heidelberg, unter dem Titel »Weltgeschichte in Anekdoten« erschienen. Umschlaggestaltung: Ilsegard Reiner. Gesetzt aus der Linotype-Garamond-Antiqua. Druck: Presse-Druck Augsburg.

Verlagsnummer 2868 · Deis/Mai

ISBN 3-442-02868-X

INHALT

Vom Sinn und Wert der Anekdote

Je weiter die geschichtliche Forschung fortschreitet, um so unübersehbarer wird der Stoff. Er weitet sich aus bis in die Urzeit. Völker treten in unseren Gesichtskreis, die unsere Großväter nicht einmal dem Namen nach kannten. Urkunden und Berichte häufen sich auf, die niemand mehr überschauen kann. Je größer die Stoffülle wird, um so mehr verblaßt unser Bild von den Ereignissen und Menschen, die über unsere erschütterte Erde dahingingen.

Die historische Gelehrsamkeit erdrückt die Menschen durch die Fülle ihres Wissens. Unsere Geschichtsbücher sieben zwar aus und gliedern, teilen ein und fassen zusammen; sie halten sich dabei an verstandesmäßige Strukturen. Aber nur selten strahlt aus diesen logischen Ordnungen der Glanz einmaliger Menschen und Taten hervor. Meist büßen sie unter den schematischen Formeln den eigentlichen Sinn, die Farbigkeit und den Duft des Lebendigen ein.

Unsere Jugend hungert nach Leben, nicht nach Formeln über das Leben. Sie will bildhafte Eindrücke von dem Wirken großer Menschen und erhellende Einblicke in die Entwicklung der Kulturen. Nur wenn sie in den immerwährenden Strom geschichtlichen Lebens selbst eintaucht, begreift sie, aus welchen Kräften der Vergangenheit sie lebt.

Von jeher hat es neben der gelehrten Geschichtsschreibung eine volkstümliche Überlieferung gegeben, die oft dieselben geschichtlichen Begebenheiten, nur in anderer Weise, übermittelt. Neben der historischen Gelehrsamkeit steht »die anmutige Gelehrsamkeit« der Sage und Anekdote. In ihnen überliefert das Volk die Bilder, die sich ihm vom Wesen der Personen und Zustände eingeprägt haben.

Das Volk will weniger von sich selbst wissen, als die Helden und Taten schauen, an denen es sich aufrichten kann. Es sucht Menschen, die seine Nöte durchlitten und gelöst haben. Diese umfaßt es mit seiner ganzen Liebe und Dankbarkeit. Alle anderen treten dahinter zurück. Sie sind nur Anhängsel, umgebende Atmosphäre der Helden, steigen und fallen mit ihnen.

Die Anekdote entwickelt keine vollen Lebensbilder. Sie hebt nur einige wesentliche Züge an den Menschen hervor, wenige denkwürdige Begebenheiten, die erleuchtend und befreiend über der Wirrnis der Zeiten aufstrahlen. Das Ergebnis faßt sie oft nur in einer treffenden Sentenz zusammen.

Die Anekdote hat eine tiefe, beispielhafte Bedeutung. Sie zeigt an, wer das Herz des Volkes gewonnen hat. Jenes macht in Witzen seinem Ärger, in Anekdoten seiner Anhänglichkeit Luft. Die Anekdote geht darum oft Hand in Hand mit dem Humor. Der Witz ist ein Spiel des Verstandes. Er kann geistvoll, aber auch giftig sein. Der Humor ist Ausdruck wahrer Güte. Er hat seinen Ursprung im Herzen und verrät »Herz«. Er reift nur dort, wo das Leben wirklich ernst genommen wird. Er ist Kennzeichen innerer Freiheit und Schicksalsergebenheit. Das Volk hat dafür ein feines Gespür. Es ehrt in Anekdoten die Menschen, die allem Schweren zum Trotz sich die Heiterkeit des Gemütes bewahrt haben und andere daran teilnehmen lassen.

Die volkstümliche Überlieferung ist ihrem Wesen nach Poesie. Die Poesie hat eine andere Wahrscheinlichkeit als die gelehrte Geschichtsschreibung, die nur jene geschichtliche Erinnerung als glaubwürdig anerkennen kann, für die sich der Weg vom Augenzeugen bis zum Berichterstatter nachweisen läßt. Das ist bei vielen Anekdoten nicht möglich. Sie wollen erfreuen, erheben, begeistern, fügen aus Eigenem hinzu und gestalten es phantasiemäßig aus. Auf diese Weise läßt sich die geschichtliche Überlieferung auf die Dauer nicht rein erhalten. Die volkstümliche Tradition ist darum für die glaubwürdige Darstellung geschichtlicher Geschehnisse allein nicht zureichend.

Dennoch enthält sie oft mehr Wahrheit, als spätere Forschung wiederherstellen kann. Der Wirklichkeitssinn und die gesunde Beobachtungsgabe des einfachen Mannes schauen nicht selten tiefer als der gelehrte Geschichtsschreiber, der die Entwicklung im einzelnen nachzuzeichnen versucht. Wahrheit wird dort erreicht, wo die Mitte getroffen wird. Das Volk fühlt diese Mitte. Es vernimmt den Herzschlag seiner Helden und hält in seinen Anekdoten das Geheimnis ihres Wesens und den Pulsschlag ihrer Zeit oft wohl tiefer und gültiger fest als viele gelehrte Darstellungen.

Die nachfolgenden Anekdoten sind also nicht alle echt im

Sinne der historischen Überlieferung, aber charakteristisch für die betreffenden Persönlichkeiten und Zeiten. Sie wurden so ausgewählt, gruppiert und dargestellt, daß sie historisch bedeutsame Gestalten und Epochen blitzartig erhellen, sie anschaulich und einprägsam machen und Kundige und Unkundige in gleicher Weise fesseln.

Die vorliegende Sammlung strebt keine Vollständigkeit an. Sie hat alle Anekdoten ausgeschieden, die ins Schwankhafte abgleiten, und nur solche aufgenommen, die eine Persönlichkeit oder ein Zeitalter geschichtlich treu spiegeln. Die kulturgeschichtlichen Anekdoten sind einem späteren Bande vorbehalten.

Eine Anekdotenanhäufung wie die vorliegende birgt allerdings auch die Gefahr in sich, den Leser bei äußerlichen Zufälligkeiten und privaten Besonderheiten festzuhalten. Die vielen reizvollen und anschaulichen Einzelzüge haben aber nur dann ihren Sinn, wenn sie einander nicht widersprechen und sich dem Ganzen des geschichtlichen Ablaufes zuordnen lassen. Wird die Anekdote in der Unterhaltung und im Unterricht an der rechten Stelle und in den rechten Zusammenhang eingeordnet, wirkt sie geistvoll und überzeugend. Dann vermittelt sie in wenigen festen Strichen ein einprägsames Bild von Menschen und Zeiten der Weltgeschichte.

Altertum

Die Hellenen

ALTSPARTA

Die Spartaner waren im ganzen Altertum wegen ihrer Tapferkeit berühmt. So erzählte man sich, sie führten lieber ein Kurzschwert als ein Langschwert, weil sie den Nahkampf vorzögen. Selbst die Alten mochten nicht gern daheim bleiben, wenn die junge Mannschaft ins Feld rückte. Einst bemerkte ein spartanischer König einen solchen Graukopf in seinem Heere und wollte ihn fortschicken. »Das tu' mir nicht an«, bat der Alte, »siehe, ich muß bald sterben. Wo aber könnte ich ein ehrenvolleres Sterbebett finden als auf dem Schlachtfeld?«

Es war in Sparta Brauch, einen ehrenvoll Gefallenen auf dem Schilde vom Schlachtfelde zu tragen. Deshalb entließ eine spartanische Mutter ihren Sohn, der in den Krieg zog, mit den Worten: »Kehre zurück mit dem Schilde oder auf ihm!«

Ein Fremdling kam nach Sparta. Zu seiner Verwunderung bemerkte er, daß die Stadt keine schützenden Mauern besaß, und fragte nach der Ursache. »Das sind unsere Mauern«, antwortete ihm ein Spartaner und wies auf eine Schar von Bürgern hin, die sich in den Waffen übten. »Uns scheint es richtiger«, so setzte er hinzu, »unsere Städte nicht mit Holz und Stein zu befestigen, sondern mit der Tapferkeit unserer Männer.«

Die Stadt Korinth besaß überaus starke Wehrbauten. Ein Spartaner betrachtete sie lange, prüfte ihre Höhe und Breite. Dann wandte er sich verächtlich ab und sprach: »Was für Weiber bewohnen diese Stadt!«

Nicht nur durch Tapferkeit, sondern auch durch Sittenstrenge waren die Spartaner berühmt. Ein wißbegieriger Fremder wollte einmal erforschen, wie bei ihnen Ehebrecher bestraft wurden. »Es gibt bei uns keine Ehebrecher«, war die Antwort. Nicht minder stolz wurde eine reiche Athenerin abgefertigt, die spöttisch eine arme Spartanerin gefragt hatte, was sie eigentlich ihrem Gatten an Brautschatz zubringe. Die Antwort lautete: »Meine Keuschheit.«

Die Spartanerkönige besaßen eine Leibwache, dreihundert Mann stark und unter den Besten und Tapfersten des ganzen Landes ausgewählt. In diese erlesene Schar aufgenommen zu werden, war das Ziel aller edelgeborenen Spartaner. Auch Paidaretos bemühte sich darum, wurde aber zurückgewiesen. Darüber war er keineswegs betrübt, sondern ging vielmehr fröhlichen Herzens davon. »Warum soll ich nicht fröhlich sein?« sagte er zu den Ephoren, die sich über ihn wunderten. »Ich freue mich, daß es in Sparta dreihundert Männer gibt, die tüchtiger sind als ich.«

Ein Spartaner war nach Athen gekommen und bemerkte dort, welch große Veranstaltungen für eine Theateraufführung getroffen wurden. Er schüttelte darüber den Kopf und sagte abfällig: »Die Athener müssen ihren Verstand verloren haben.«

Ein an Üppigkeit und Leckereien gewöhnter Sybarit ließ sich eine Probe von der berühmten schwarzen Suppe reichen, diesem Gemisch aus Brühe, Blut, Essig und Salz. Mit starkem Widerwillen würgte er etwas davon hinunter. Dann schüttelte er sich und sagte: »Ich habe mich bislang stets über die Todesverachtung der Spartaner gewundert. Jetzt begreife ich alles; denn wer würde nicht den Tod vorziehen als so zu leben!«

FREIHEITSKAMPF

Aristagoras von Milet bereitete einen Aufstand gegen den König von Persien vor und reiste deshalb nach Griechenland, um Bundesgenossen zu werben. Er kam auch zu den Spartanern, deren Hilfe ihm besonders wertvoll erschien. König Kleomenes aber scheute vor einem Feldzuge jenseits des Meeres, in dem fernen

Kleinasien, zurück. Da versuchte Aristagoras, ihn mit Geld zu locken. Er bot zehn, zwanzig und schließlich sogar fünfzig Talente, eine so ungeheure Summe, daß Kleomenes sie kaum noch zurückweisen mochte. Sein Töchterlein Gorgo hatte alles angehört. Sie trat jetzt an ihren Vater heran und sagte zu ihm: »Geh fort, sonst wird der Fremde dich noch bestechen.« Kleomenes wurde nachdenklich. Er erhob sich und verließ schweigend das Zimmer. Aristagoras aber reiste noch am gleichen Tage ab.

Der altpersische Hof war sehr strenggläubig. In jeder Morgenfrühe mußte ein Kammerherr dem Herrscher zurufen: »Stehe auf und bedenke, was unser Gott Ahuramazda von dir bedacht haben will!« König Darius änderte diese hergebrachte Formel ab. Er hegte nämlich einen tiefen Groll gegen die Athener, die es gewagt hatten, sich in seine Händel einzumischen, und sann auf Rache. Nun ließ er sich jeden Morgen mit dem Rufe wecken: »Herr, gedenke der Athener!« So wenigstens erzählte man in Hellas.

Sobald die Athener erfuhren, daß eine große persische Flotte Kurs auf Attika genommen hatte, schickten sie Eilboten nach Sparta und baten dringend um Hilfe. Sie erhielten die sonderbare Antwort, es sei jetzt erst der neunte Tag nach Neumond und altheiligem Brauche gemäß dürften die Spartaner nicht eher ausziehen, als bis der Vollmond gekommen sei. So geschah es, daß ihr Heerbann bei Marathon fehlte und Miltiades seinen großen Sieg errang ohne Sparta.

Als eben der Waffenlärm von Marathon verklungen war, machte sich ein Athener auf, um seiner sorgenvoll wartenden Heimatstadt die Kunde von dem großen Sieg zu bringen. Er lief, so schnell er konnte, und gönnte sich keine Rast. In Athen angekommen, hatte er nur noch die Kraft, zu rufen: »Freut euch! Sieg! Sieg!« Dann brach er vor Erschöpfung tot zusammen.

Der ehrgeizigste unter den athenischen Politikern war Themistokles. Nach der Schlacht von Marathon bekannte er: »Der Ruhm des Miltiades läßt mich nicht schlafen. Er raubt mir alle

Lebensfreude.« Und als jemand von ihm wissen wollte, ob er lieber Achill oder Homer sein möchte, stellte er die Gegenfrage: »Wolltest du selbst wohl lieber Sieger in Olympia sein oder der Herold, der die Sieger verkündet?«

Der Streit um die Flottenpolitik, von Themistokles leidenschaftlich befürwortet und von Aristides ebenso bestimmt abgelehnt, machte ein Scherbengericht nötig. Die attischen Bauern kamen nach Athen, um ihre Stimme abzugeben. Einer von ihnen, der nicht mit dem Griffel bewandert war, trat an einen Bürger heran und bat ihn, ›Aristides‹ auf die Scherbe zu schreiben. »Kennst du denn«, erkundigte sich dieser, »den Aristides?« »Nein«, versetzte der Bauer, »ich kenne ihn nicht, aber es ärgert mich schon lange, daß man ihn stets den Gerechten nennt.« Da nahm der andere stillschweigend die Scherbe und tat, was der Bauer verlangte. Der freundwillige Schreibhelfer war – Aristides.

König Xerxes bot seine ganze Streitmacht auf, um mit den verhaßten Griechen abzurechnen. Er ließ über den Hellespont eine Brücke schlagen, aber es kam ein Sturm und zerstörte sie. Da befahl er, Ruten zu binden und das Meer zu geißeln. »Du böses Wasser«, so mußten seine Knechte bei jedem Peitschenhieb rufen, »diese Strafe wird dir von deinem Gebieter auferlegt, weil du ihn ohne Grund beleidigt hast.«

Bei den Thermopylen stieß Xerxes auf die Spartaner. Im Vergleich zu den vielen Tausenden, die er heranführte, waren sie nur ein kleines Häuflein, so daß er glaubte, sie würden überhaupt keinen Widerstand wagen, sondern sich kampflos ergeben. Er forderte sie daher auf, ihre Waffen auszuliefern. »Komm und hole sie!« war ihre Antwort.

Xerxes ließ dem Führer des spartanischen Heerbanns, Leonidas, sagen, er habe so viele Mannschaften, daß sich der Himmel verdunkle, wenn sie ihre Pfeile abschössen. Leonidas war durch diese Drohung nicht zu schrecken. »Um so besser«, antwortete er dem persischen Boten, »dann werden wir im Schatten fechten.«

Unter den Admiralen der hellenischen Flotte, die bei Salamis vor Anker lag, kam es über die Frage, ob man die Perser angreifen solle oder nicht, zu schweren Auseinandersetzungen. Eurybiades, der Vorsichtige, hielt dem stürmisch zum Kampf drängenden Themistokles entgegen: »Wer beim Wettlauf zu früh losrennt, erhält Schläge.« Themistokles gab das zu, fuhr aber fort: »Wer zurückbleibt, wird nie den Siegeslorbeer erringen.«

Zum erstenmal nach den Perserkriegen versammelten sich die Hellenen zu den Wettspielen in Olympia. Als Themistokles erschien, erhoben sich alle Zuschauer von ihren Plätzen, richteten ihre Blicke auf ihn und riefen jubelnd seinen Namen. Von dieser Huldigung ergriffen, wandte sich Themistokles zu seinen Freunden und gestand: »Dies ist der schönste Tag meines Lebens.«

Volksgunst ist wetterwendisch. Das mußte auch Themistokles erfahren. Wieder einmal hatten die Athener ihn schlecht behandelt, da entrang sich ihm der Seufzer: »Ich gleiche einer Platane. Bei Unwetter sucht man bei ihr Schutz und Schirm. Bei heiterem Wetter aber zupft man an ihr und schimpft über sie.«

PERIKLES

Einmal nach dem andern wurde Perikles von den Athenern zum Feldherrn und Staatslenker gewählt. Darin lag eine große Versuchung, die ganze Macht an sich zu reißen. Er war aber entschlossen, unverbrüchlich die demokratische Verfassung zu bewahren und nie mehr zu sein als der erste Bürger der Stadt. Er habe deshalb, so erzählte man sich, jeden Morgen sein Tagewerk mit der Mahnung begonnen: »Perikles, vergiß nie, daß du berufen bist, über freie Menschen zu herrschen, über Griechen, über – Athener!«

Schon in seinen jungen Jahren träumte Alkibiades, der Neffe des Perikles, von Fürstenherrschaft und Königskrone. Einst wollte er seinen Oheim besuchen, wurde aber von dem Türhüter mit dem Bescheid abgewiesen: Perikles habe jetzt keine Zeit, da er daran denke, wie er den Athenern Rechenschaft über seine

Staatsführung ablegen könne. Alkibiades lachte auf: »Viel besser wäre es, darauf zu denken, wie er keine Rechenschaft mehr abzulegen braucht.«

In seiner Todesstunde war Perikles von seinen Freunden umringt, die ihm zum Trost sagten, er habe so viel Großes und Unvergängliches geleistet, daß er im Andenken Athens ewig fortleben werde. Er lehnte ihre Lobsprüche ab. »Was ich getan habe«, sagte er, »hätte jeder andere an meiner Stelle auch getan. Stolz bin ich nur auf das eine, daß kein Athener jemals meinetwegen ein Trauergewand anlegen mußte.«

BRUDERKRIEGE

Das größte Unternehmen der Athener im Peloponnesischen Kriege war die Heerfahrt nach Sizilien, die Alkibiades durchgesetzt hatte. Er selbst nahm als Admiral und Feldherr daran teil, wurde aber daheim wegen Frevels an den Götterbildern angeklagt und seines Kommandos enthoben, ja sogar unter Flüchen und Verwünschungen zum Tode verurteilt. »Gut«, brauste er auf, »so will ich ihnen beweisen, daß ich noch lebe.« Er bewies es, indem er zu dem Erbfeinde Athens, zu Sparta, überging.

Die Athener saßen gerade im Theater und lauschten den feierlichen Gesängen des Chors, als sich das Gerücht von dem Untergang ihres Heeres in Sizilien verbreitete. Sie alle, die da beisammen waren, hatten irgendeinen Angehörigen, einen Sohn, einen Bruder oder sonst einen Verwandten dabei; trotzdem brach keiner in Tränen aus, und keiner verließ das Theater. Die fremden Gesandten, die der Vorstellung beiwohnten, sollten nicht merken, wie tief das Unglück sie erschütterte.

Von der Gewandtheit, mit der Alkibiades sich überall in der Verbannung einzuleben wußte, erzählte man sich Wunderdinge. In Ionien, sagte man, sei er schwelgerischer als die Ionier, in Theben bäuerischer als die Thebaner, in Thessalien ein besserer Rosselenker als die Thessalier, in Sparta schweigsamer als die Spartaner und in Thrakien trinkfester als die Thraker.

In der Schlacht bei Amphipolis fiel der spartanische Heermeister Brasidas. Sein Tod wurde der Mutter gemeldet. »Nie wird man seinesgleichen wiederfinden«, sagte man ihr tröstend. »Ihr irrt euch«, antwortete sie gefaßt, »mein Sohn war gewiß ein tapferer Mann; aber Sparta besitzt viele, die tapferer sind.«

Der Peloponnesische Krieg endete mit der völligen Niederlage der Athener. So maßlos waren sie verhaßt, daß der Antrag gestellt wurde, ihre Stadt dem Erdboden gleichzumachen, die Männer ohne Ausnahme abzuschlachten und die Weiber zu verkaufen. Der spartanische Feldherr Lysandros wies dieses ungeheuerliche Ansinnen ab. Er begnügte sich damit, die Festungswerke niederzureißen. Aber um den Stolz der Athener bis in den Staub zu demütigen, hatte er sich etwas Besonderes ausgedacht. An dem Tage, an dem das Zerstörungswerk begann, ließ er alles üble Volk, Huren und Tanzmädchen, aus ihren Schlupflöchern herausholen und befahl ihnen, lustige Musik zu machen. Und so stürzte Stein auf Stein in die Tiefe, während die Flöten, gespielt von den unsaubersten Händen, wie im Jubel erklangen.

Ein neuer Kampf um die Hegemonie in Griechenland entbrannte, diesmal zwischen Sparta und Theben. Pelopidas und Epaminondas befehligten das thebanische Aufgebot. Als Pelopidas ins Feld zog, beschwor ihn seine Gattin unter heißen Tränen, über sein Leben sorgsam zu wachen. »Liebste«, entgegnete er ihr, »das ist ein Rat, den man den Mannschaften geben mag. Einem Kriegsobersten aber muß man empfehlen, über die andern zu wachen, nicht über sich selbst.«

Der persische Gesandte in Theben suchte Epaminondas mit Gold zu bestechen. Er bot ihm viel und versprach noch mehr. Epaminondas hörte ihn lächelnd an. »Freund«, sagte er schließlich, »wenn das, was dein König von mir will, für mein Vaterland gut ist, braucht es deines Goldes nicht.«

In dem Waffengang mit den Spartanern bei Mantinea wurde Epaminondas auf den Tod verwundet. Er ordnete an, daß an seiner Statt Daiphantos den Oberbefehl übernehmen und den Sieg vollenden sollte. Aber man berichtete ihm, Daiphantos sei gefallen. Darauf ernannte er Jolladas zum Nachfolger. Wieder kam die Antwort: »Gefallen.« Da seufzte er auf. »Armes Theben, schließe Frieden; denn nun hast du keinen Führer mehr!«

Trauernd standen die Feldhauptleute am Lager des sterbenden Epaminondas. Einer von ihnen klagte: »Ach, Epaminondas, welch ein Jammer, daß du uns keine Kinder hinterläßt!« Da richtete er sich noch einmal auf und sagte: »Beim Zeus, ich hinterlasse euch zwei unsterbliche Töchter – Leuktra und Mantinea.«

Der Spartanerkönig Agesilaos schritt nach einem wilden Kampf zwischen Griechen und Griechen über das Schlachtfeld und betrachtete erschüttert die Hügel der Gefallenen. »Unseliges Hellas«, stöhnte er auf, »hier liegen mehr Tote als nötig sind, um alle Barbarenvölker zu schlagen.« Er sprach die Wahrheit. Hellas hatte sich in grauenhaftem Bruderkriege selbst zerfleischt und wurde eine Beute der Könige von Makedonien.

Die Könige von Makedonien

PHILIPP UND ALEXANDER

Der Begründer der Macht Makedoniens wurde König Philipp. Sorgfältig beobachtete er, wie es um Griechenland bestellt war. Als er erfuhr, daß die Athener jährlich zehn Strategen wählten, ließ er die ironische Bemerkung fallen: »Welch ein glückliches Volk! Ich habe in den langen Jahren meiner Regierung nur einen einzigen Strategen entdeckt – Parmenion.«

König Philipp belagerte eine Bergfestung. Ehe er aber den Sturm befahl, schickte er einen Spion aus, der erkunden sollte, wo man sie am leichtesten angreifen könne. Der Spion kehrte zurück, gab Bericht und beteuerte, sie sei gänzlich uneinnehmbar. Philipp schüttelte den Kopf. »Uneinnehmbar? Nein, ich denke, ein mit Gold beladener Esel wird doch hineinkommen.«

Die Athener standen vor der Schicksalsfrage, ob sie sich Philipp unterwerfen oder Widerstand leisten sollten. Darüber kam es zwischen den Parteien zu heftigem Streit. Phokion riet zur Unterwerfung. Darüber empörte sich Demosthenes, der die Freiheit bis zum letzten Blutstropfen verteidigen wollte. Er schalt seinen Gegner feige und funkelte ihn an: »Die Athener werden dich umbringen, wenn sie in Wut geraten.« – »Wohl«, parierte Phokion, »aber dich, wenn sie wieder bei Sinnen sind.«

Nord- und Mittelgriechenland beugten sich der Herrschaft Philipps. Es fehlte ihm nur noch der Peloponnes. Nunmehr stellte er den Spartanern ein Ultimatum. »Wenn ich nach Sparta komme«, schrieb er ihnen, »werde ich euch alle aus dem Lande jagen.« Sie schrieben zurück: »Ja, wenn . . .«

Ein Größerer noch folgte Philipp auf den Thron – Alexander. Von Jugend auf lebte er in großartigen Entwürfen und Plänen. So soll er schon als Knabe gesagt haben: »Mein Vater wird noch die ganze Welt erobern und mir nichts zu tun übrig lassen.«

Ebenso groß wie Alexanders Ehrgeiz war sein Stolz. Philipp wollte ihn einst nach Olympia schicken, damit er dort einen Siegeskranz im Schnellauf erwerbe. Er weigerte sich. »Ich kann nur dann an dem Kampf teilnehmen«, erklärte er, »wenn Könige mit mir um die Wette laufen.«

So viel Niederlagen die Spartaner auch erlitten hatten, von ihrem alten Hochmut wollten sie nicht lassen. Alexander lud alle Griechen nach Korinth ein, um von ihnen zum obersten Heermeister ernannt zu werden. Einzig die Spartaner erschienen nicht auf der Tagung. »Wir sind gewohnt«, schrieben sie, »selbst zu befehlen, nicht aber uns befehlen zu lassen.«

Beim Aufbruch nach Persien verschenkte Alexander die Königsgüter an seine Großen. Er verfuhr mit ihnen so verschwenderisch, daß sein Freund Perdikkas besorgt fragte: »Und was bleibt noch für dich übrig?« – »Die Hoffnung«, kam die Antwort,

Da begriff Perdikkas, daß die Gedanken Alexanders schon den Palästen der Großkönige und den in ihnen seit Jahrhunderten aufgehäuften Schätzen galten. Von solcher Verwegenheit entflammt, rief er aus: »Dann erlaube deinem Waffengefährten, die Hoffnung mit dir zu teilen!« Und er wies die Geschenke zurück, die ihm zugedacht waren.

Auf dem Heerzuge nach Persien überschritt Alexander den Hellespont und nahm seinen Weg zur Trümmerstätte des alten Troja. Dort opferte er zuerst den Göttern, dann trat er an das Grabmal Achills, bestreute es überreich mit Blumen und goß darüber köstliche Narden aus. »Du Glücklicher«, sagte er sehnsüchtig, »daß du in Homer einen Herold deiner Taten gefunden hast.«

Am Granikus stieß Alexander auf die Perser. Seinen Obristen schien es gefährlich, im Angesicht des feindlichen Heeres den Flußübergang zu wagen, und sie machten im Kriegsrat ihre Bedenken geltend. Alexander entschied anders. »Der Hellespont«, sagte er, »müßte sich schämen, wenn dieses Wässerlein uns aufhalten sollte.« Er ließ sich den Speer reichen und befahl den Angriff.

In der Stadt Gordion wurde Alexander ein Wagen gezeigt, der mit seinem Joch durch einen so kunstreichen Knoten verbunden war, daß sich an ihm weder ein Anfang noch ein Ende erkennen ließ. Wer diesen Knoten lösen könne, erzählte man ihm, sei nach einem alten Orakelspruch dazu bestimmt, über Asien zu herrschen. Alexander zupfte eine Weile vergeblich an dem Bast. Schließlich zog er sein Schwert und durchhieb den Knoten. Damit war das Orakel erfüllt und der künftige Gebieter Asiens gefunden.

Nach der Schlacht von Issus erbot sich der Großkönig Darius, Alexander zehntausend Talente zu zahlen und mit ihm die Herrschaft über Asien zu teilen. Der bedächtige Parmenion, allen weitausgreifenden oder, wie er meinte, uferlosen Plänen abhold, riet zur Annahme des Vorschlages. »Ich würde es tun«, versicherte er, »wenn ich Alexander wäre.« – »Und ich«, entgegnete Alexander, »wenn ich Parmenion wäre.« Darauf ließ er ein Schreiben an Darius aufsetzen. Darin hieß es: »Ebensowenig wie die Erde zwei Sonnen, kann Asien zwei Könige ertragen.«

Unaufhaltsam ging der Siegeszug Alexanders weiter. Schließlich erreichte er den Indus. Hier aber wurde sein Weg durch eine Festung versperrt, die hoch auf steilen Felsen lag und obendrein durch gewaltige, bis in den Himmel aufragende Mauern gesichert war. Bei ihrem Anblick meinten die Makedonier, nicht einmal die Vögel könnten sie überfliegen. Alexander verzagte nicht. Er hatte in Erfahrung gebracht, daß der Kommandant der Burg ein feiger Mann sei. »Dann ist die Eroberung leicht«, sagte er zuversichtlich und befahl zu stürmen.

Am Hydaspes trat König Poros mit großem Heergefolge den anrückenden Makedoniern entgegen. Lange wogte der Kampf hin und her. Schließlich erlagen die Inder trotz ihrer Elefanten und Kriegswagen. Nur einer wollte nicht von der Walstatt weichen – Poros. Wieder und wieder stürzte er sich in das Getümmel, um den Tod zu suchen. Aber allzu gut schützte ihn sein Goldpanzer. Erst als er von einem Pfeil getroffen und von Blutverlust erschöpft war, ergab er sich. Alexander, von Bewunderung für den tapferen Mann erfüllt, fragte ihn, wie er behandelt werden wolle. »Königlich«, sagte Poros. »Begehrst du sonst nichts?« fragte er weiter. »Nein, in dem Wort königlich ist alles eingeschlossen.« Alexander tat nach seinem Wunsch.

Die Kunde von den märchenhaft reichen Schatzkammern der Fürsten am Ganges lockte Alexander zu immer neuem Vormarsch. Da aber weigerten sich seine Veteranen, ihm noch weiter zu folgen. Sie sehnten sich danach, daheim von ihren Feldzügen auszuruhen und ihren Ruhm und ihre Beute zu genießen. Es war umsonst, daß Alexander sie beschwor, ihn nicht im Stich zu lassen. Umsonst auch, daß er sich drei Tage lang in seinem Zelt einschloß. Sein Groll betrübte sie zwar, aber sie bestanden auf ihrer Forderung. Mit einem widerwilligen Heer konnte Alexander nicht hoffen, seine großen Pläne zu verwirklichen. Am vierten Tage trat er deshalb unter seine Soldaten und verkündete ihnen die Heimkehr. Vor Freude lachten und weinten sie und jubelten: »Unser König ist nie besiegt worden, uns aber hat er die Gnade erwiesen, sich von uns besiegen zu lassen.«

Ein jähes Fieber überfiel Alexander, als er kaum dreiunddreißig Jahre alt war. Lange wehrte er sich gegen den Tod, der ihm sein Werk, ehe er es vollendet, aus der Hand nahm. Als seine Krieger, die er so oft zu Schlacht und Sieg geführt hatte, hörten, daß sein Ende nahe war, wünschten sie ihn noch einmal zu sehen. Die Ärzte wollten das nicht erlauben, mußten aber ihrem ungestümen Drängen nachgeben. Und so zogen sie an ihm vorüber, seine Veteranen, Mann für Mann in vollem Waffenschmuck. Sprechen konnte er nicht mehr, und so hob er bisweilen nur mühsam den Kopf und winkte ihnen mit den Augen zu. Danach verschied er.

Die Römer im Zeitalter der Republik

In den Anfängen ihrer Geschichte hatten die Römer viele Kämpfe mit ihren Nachbarn auszufechten. Endlich wurden die Vejenter, die gefährlichsten unter ihnen, geschlagen und ihre Stadt erstürmt. Der Feldherr, dem das gelang, hieß Furius Camillus. Ganz Rom jubelte ihm zu, aber bald machten sich seine Gegner und Neider ans Werk und beschuldigten ihn, er habe einen Teil der Beute unterschlagen. Camillus wurde verbannt. Als er die Heimat verließ, hob er flehend die Arme zum Himmel und bat die Götter, Rom in solche Not zu stürzen, daß man ihn wieder nötig habe. Durch die Schlacht an der Allia erfüllten die Götter sein Gebet.

Ein keltischer Völkerschwarm überflutete die römische Grenzmark und drang in die Hauptstadt selbst ein. Er versprach jedoch abzuziehen, wenn ihm tausend Pfund in Gold gezahlt würden. Die Römer brachten das Gold und wogen es sorgfältig dem Häuptling Brennus zu. Da entdeckten sie, daß er falsche Gewichte benutzte. Sie beschwerten sich deshalb und führten bewegliche Klage über den Betrug. Brennus aber nahm statt einer Antwort sein Wehrgehänge und sein Schwert von der Seite, warf beides zu den Gewichten in die Waagschale und lachte: »Wehe den Besiegten!«

Wenn ein römischer Feldherr einen bedeutsamen Sieg errungen hatte, wurde ihm ein triumphaler Einzug in Rom gewährt. Er durfte eine purpurne Toga aus dem Tempelschatz Jupiters anlegen, sein Haupt mit Lorbeer schmücken und in der Hand ein elfenbeinernes Zepter tragen. Liktoren, Musikanten und zahlloses Volk gaben ihm das Geleit mit dem Jubelruf »Io triumphe!« Hinter ihm auf dem Wagen aber stand ein Sklave, der dem glücklichen Sieger von Zeit zu Zeit zurufen mußte: »Bedenke, daß du ein Mensch bist!«

Ein römischer Gesandter forderte einst von den Tarentinern Genugtuung für mehrere von ihnen versenkte Schiffe. Er beherrschte jedoch ihre Sprache, das Griechische, nur sehr unvollkommen und machte häufig Fehler. Das reizte ihre Spottlust ungemein, und bei jedem falschen Wort oder jeder falschen Aussprache erhoben sie ein höhnisches Gelächter. Der Römer warnte sie: »Lacht nur, so lange ihr mögt, ihr werdet noch lange genug weinen.« Als aber gar ein dreister Geselle sein Gewand besudelte, da fuhr er empört auf: »Ich sage euch, dieses Gewand wird mit Strömen eures Blutes reingewaschen werden.«

In ihrem Kriege gegen Rom sprang König Pyrrhus von Epirus den Tarentinern bei. Es gelang dem großen Kriegsmann, zwei Siege zu erkämpfen, aber beide erwiesen sich als bloße taktische Erfolge ohne nachhaltige strategische Auswirkung. Entmutigt gestand er: »Noch ein solcher Sieg, und ich bin verloren.«

Nach der Schlacht bei Heraklea besichtigte Pyrrhus das Schlachtfeld. Der Anblick der gefallenen Römer machte ihn sehr nachdenklich, denn sie alle trugen Wunden auf der Brust, und nicht einer war auf der Flucht erschlagen worden. »Mit solchen

Kriegern«, äußerte er, »wäre die Welt mein, und sie gehörte den Römern, wenn ich ihr Feldherr wäre.«

Pyrrhus mußte bald begreifen, daß er niemals Rom in die Knie zwingen würde. Er bemühte sich deshalb um Frieden. Im Senat gab es manche Ratsherren, die dazu neigten, sein Angebot anzunehmen. Da ließ sich der alte, blinde Appius Claudius in die Versammlung tragen. Zum erstenmal seit langer Zeit nahm er wieder das Wort. »Bis heute«, so zürnte er, »habe ich immer den Verlust meiner Augen beklagt. Jetzt aber wünschte ich, auch taub zu sein, um ein so unwürdiges Geschwätz nicht anhören zu müssen.« Hingerissen von dem Feuer seiner Rede und vielleicht mehr noch von seiner gewaltigen Persönlichkeit, beschloß der Senat, den Krieg fortzusetzen.

Der Gesandte des Königs Pyrrhus, Kineas, kehrte aus Rom zurück und berichtete über den Eindruck, den er vom Senat erhalten hatte. Er war ein hochgebildeter Mann, in gleicher Weise als Diplomat und Rhetor ausgezeichnet und an den Umgang mit bedeutenden Menschen gewöhnt. Um so bemerkenswerter war sein Urteil: »Der Senat erschien mir wie eine Versammlung von Königen.«

HANNIBAL UND SCIPIO

Der Erste Punische Krieg endete mit der Niederlage der Karthager, aber ihr Feldherr Hamilkar Barkas wollte sie nicht als endgültig hinnehmen. Er hoffte vielmehr auf den Sieg in einem neuen Waffengange. Um nun einen Erben seines glühenden Hasses gegen Rom zu besitzen, führte er seinen neunjährigen Sohn in den Tempel und ließ ihn am Altar feierlich schwören, Todfeind der Römer zu sein, Todfeind bis zum letzten Atemzuge. Der Schwur wurde geleistet und – gehalten; denn der Knabe hieß – Hannibal.

Nachdem die Römer mehrfach von Hannibal geschlagen waren, ernannten sie den bedächtigen und vorsichtigen Fabius Maximus zum Diktator. Sehr zum Verdruß des Puniers wich er jedem Kampf aus und machte es unmöglich, den Krieg durch eine Entscheidungsschlacht zu beenden. Da ließ Hannibal ihm sagen: »Wenn Fabius der große Feldherr ist, für den ich ihn halte, dann soll er die Schlacht annehmen, die ich ihm biete.« Fabius antwortete ihm kühl: »Wenn Hannibal ein so großer Feldherr ist, wie er glaubt, dann muß er mich zur Schlacht zwingen können.«

In Rom wurde man der hinhaltenden Taktik des Fabius so müde, daß man ihn als Zauderer verspottete und die Heerführung wieder in die Hände von zwei Consuln legte. Bei Cannae erlitten sie eine Niederlage, wie die Römer sie schrecklicher nie gekannt haben. Der eine Consul fiel, ließ aber sterbend noch nach Rom melden, daß sein Befehl sei, die Stadt zu verrammeln und bis zum letzten Mann zu verteidigen. Der andere entkam. Der Senat zog ihm feierlich entgegen und dankte dem tief gedemütigten Manne, daß er nicht am Vaterlande verzweifelt habe. Zugleich verbot er den Frauen, Totenklage anzustimmen und Trauergewänder anzulegen.

Die Heißsporne unter Hannibals Generalen meinten, daß nach der Schlacht bei Cannae der Marsch geradewegs nach Rom ginge. Er aber hatte seine guten Gründe, die wohl befestigte Stadt zu scheuen. Da begehrte sein Reiterführer Maharbal auf und schalt: »Zu siegen verstehst du, Hannibal, doch nicht, den Sieg auszunützen.«

Der Schlachtentod hatte viele Veteranen Hannibals dahingerafft. Um den dringend erforderlichen Ersatz zu beschaffen, unternahm es sein Bruder Hasdrubal, von Spanien her ihm frische Truppen zuzuführen. Er langte auch in Italien an, fand aber am Metaurus zusammen mit seinem Heer den Untergang. Die Römer schlugen ihm das Haupt ab und ließen es als Siegestrophäe Hannibal überbringen. Als er das entstellte Antlitz seines Bruders erblickte, rief er verzweifelt aus: »Nun erkenne ich Karthagos Schicksal.«

Nicht lange nach dem verlorenen Kriege mußte Hannibal auf Betreiben der Römer Karthago verlassen. Er floh nach Syrien, und als hier seine Auslieferung gefordert wurde, weiter nach Bithynien zu König Prusias. Eifrig bemühte er sich, Prusias zum Kampf gegen Rom zu bewegen. Der aber erklärte ihm: »Ich wage es nicht; denn die Eingeweide des Opfertieres haben mir Unheil verkündet.« Hannibal erwiderte ihm mit beißendem Spott: »Warum glaubst du einem Kadaver mehr als einem alterfahrenen Feldherrn?«

Die Römer stellten Prusias ein Ultimatum. Er sollte ihnen seinen Schützling Hannibal herausgeben. Da machte Hannibal, der keinen Ausweg mehr wußte, selbst seinem Leben ein Ende. »Ich will endlich die Römer von ihrer Angst erlösen«, sagte er, »weil sie den Tod eines alten Mannes nicht erwarten können.«

Hannibals großer Gegenspieler Scipio mußte einst den Vorwurf hören, er habe in einer Schlacht nicht selbst zum Schwert gegriffen. »Das ist nicht meine Schuld«, verteidigte er sich, »meine Mutter hat mich nicht als Kriegsknecht, sondern als Feldherrn geboren.«

Scipio war im Begriff, nach Afrika überzusetzen und vor den Toren Karthagos die Entscheidung zu erzwingen. Bedenkliche Leute, denen dieses Unternehmen allzu kühn erschien, fragten ihn besorgt, worauf er sein Vertrauen gründe, um so viel zu wagen. Zufällig hielten einige seiner Gepanzerten in der Nähe eine Waffenübung ab. Er deutete zu ihnen hinüber und sagte: »Ich vertraue auf diese Leute. Unter ihnen ist keiner, der nicht auf meinen Befehl in den Tod gehen würde.«

Es gab in Rom Eiferer, die überall Bestechung und Unterschlagung von Staatsgeldern witterten. Scipio wurde von ihnen nicht verschont und vor Gericht gefordert. Er begab sich auf das Forum nicht wie ein Angeklagter, sondern wie ein Triumphator, das Haupt geschmückt mit einem Siegeskranze und begleitet von seinen Freunden und Anhängern. Statt nun die Anschuldigungen zu widerlegen, ergriff er die Papyrusrollen, die über den Verbleib der Gelder Rechenschaft geben konnten, und riß sie in Fetzen. Dann wandte er sich zu dem erstaunten Volk und rief: »An diesem Tage habe ich einst Hannibal bei Zama geschlagen. Laßt uns aufs Kapitol gehen und den Göttern danken!« Sie folgten ihm alle, nur seine Ankläger blieben beschämt zurück.

DIE GRACCHEN

Cornelia wurde als Schwiegermutter des jungen Scipio viel bewundert, aber das tat ihrem Ehrgeiz nicht genug. Nun besaß sie aus ihrer Ehe mit Gracchus zwei Söhne, auf die sie große Hoffnungen setzte. Um sie zu großen Taten anzustacheln, klagte sie ihnen: »Warum rühmt man mich immer nur als die Schwiegermutter Scipios und nicht als die Mutter der Gracchen?«

Tiberius, der ältere der beiden Gracchen, unterlag den Gegnern seiner Agrarreform und büßte dabei sein Leben ein. Gajus hätte gern das von ihm begonnene Werk fortgesetzt und zugleich für seinen Tod Rache genommen. Er zögerte jedoch und konnte sich nicht entschließen, wußte er doch sehr wohl, wie gefährlich das war. Den Ausschlag gab endlich, daß sein Bruder ihm im Traum erschien und zu ihm sagte: »Du sträubst dich vergeblich, Gajus, du entrinnst dem Schicksal nicht; denn dir ist der gleiche Tod wie mir beschieden.« Der Spruch erfüllte sich. Auch Gajus Gracchus kam im wilden Parteienkampf ums Leben.

MARIUS UND SULLA

Marius verdankte seinen Ruhm den siegreichen Schlachten über die Kimbern und Teutonen. Im innerpolitischen Machtkampf aber konnte er sich nicht gegen seinen Rivalen Sulla behaupten. Er mußte aus Rom flüchten. Zu spät. Schon hatten allerorten die Behörden die Weisung empfangen, ihn zu verhaften. Bei der Stadt Minturnae in Latium wurde er aufgegriffen und in den Kerker geworfen. Ein Sklave sollte das Todesurteil an ihm vollstrecken. Zufällig war es ein Kimber, der bei Vercellae in römische Gefangenschaft geraten war und den Feldherrn kannte. Als er den Kerker betrat und begriff, wen er umbringen sollte, erschrak er so sehr, daß er das Richtschwert fallen ließ und eilig davonstürzte.

Während Sulla gegen den König von Pontus, Mithridates, ins Feld zog, kehrte Marius mit seinen Anhängern nach Rom zurück. Der Senat war nicht imstande, sich zu verteidigen, und öffnete ihm die Stadt. Als Marius an das Tor kam, blieb er einen Augenblick stehen, blickte sich um und sagte: »Als Verbannter dürfte ich die Stadt eigentlich nicht betreten.« Dann lachte er höhnisch auf und schritt erhobenen Hauptes hindurch.

Auf seinem Feldzuge gegen Mithridates ging Sulla das Geld aus. Ohne Geld aber konnte er keinen Krieg führen. Er wußte sich zu helfen. Er beschlagnahmte die unermeßlichen Tempelschätze in dem uralt-heiligen Delphi. Die Priester warnten ihn und erklärten, die Leier Apollons sei im Tempel erklungen zum Zeichen, daß der Gott zürne und eine solche Beraubung nicht dulde. Sulla war um eine Antwort nicht verlegen. »Wenn die Leier erklungen ist, so deshalb, weil Apollon sich freut, mir sein Geld zu geben.«

Sulla eroberte Athen, und seine Legionen begannen zu morden und zu plündern. Da erinnerte er sich an die ruhmvolle Vergangenheit der Stadt und an die vielen großen Künstler und Dichter, die hier ihre Heimat gehabt hatten. »Um der großen Toten willen sollen die Lebenden verschont werden«, sprach er und tat dem Zerstörungswerk Einhalt.

Im Alter wurde Sulla einst gefragt, welches die schönste Erinnerung seines Lebens sei. Man erwartete, daß er einen seiner vielen Siege und Triumphe nennen würde. Er aber antwortete: »Daß ich Athen nicht zerstört habe.«

CÄSAR UND POMPEJUS

Auf der Seereise nach Rhodos fiel der junge Cäsar in die Hände von Piraten und mußte fünf Wochen als Gefangener bei ihnen an Bord zubringen. Die lange Zeit vertrieb er sich mit der Abfassung von Reden und Gedichten. Wenn er sie nun den wüsten Gesellen vorlas und wenig Beifall fand, drohte er wie im Scherz, er werde sie später alle einmal ans Kreuz schlagen lassen. Auch verbot er ihnen, seinen Schlaf durch Lärm zu stören. Schließlich wollten sie ihn gegen ein Lösegeld von zwanzig Talenten freigeben. »Was«, rief er empört aus, »für einen Mann wie mich nur zwanzig Talente? Ihr sollt fünfzig haben.« Kaum war er frei, rüstete er einige gute Schiffe aus, überfiel die Piraten und ließ sie, wie er ihnen versprochen hatte, ans Kreuz schlagen.

Trotz seiner Jugend bewarb sich Cäsar um das Amt des Oberpriesters in Rom, das sonst nur älteren und ehrwürdigen Männern zustand. Er wußte sehr wohl, daß er viel wagte, und seine Mutter war deshalb voller Angst. Als der Tag der Wahl kam und er zum Forum ging, verabschiedete er sich von ihr mit den Worten: »Heute, Mutter, siehst du deinen Sohn wieder entweder als Oberpriester oder als Verbannten.«

Cäsar war Prätor geworden. Auf der Reise nach der Provinz Spanien, die ihm zur Verwaltung anvertraut war, kam er durch ein Dorf am Fuß der Alpen. Einer seiner Begleiter stellte ihm die Frage, ob man in diesem elenden und jämmerlichen Nest wohl auch um Ämter und Würden streite. »Sicherlich«, behauptete Cäsar und fügte dann hinzu: »Was mich betrifft, so möchte ich lieber hier der erste als in Rom der zweite sein.«

Der große Gegenspieler Cäsars war Pompejus, ein sehr stolzer Mann, stolz auf viele siegreiche Schlachten. Nach römischer Sitte mußte nun jeder Ritter nach Ablauf seiner Dienstzeit vor den Censoren Rechenschaft über seine Leistungen und Taten ablegen. Pompejus erschien und wurde gefragt, ob er die Feldzüge mitgemacht habe. »Ja«, antwortete er, »und zwar alle unter meinem eigenen Kommando.«

Cäsar rüstete gegen Pompejus und zog zum Rubikon, dem kleinen Grenzfluß zwischen der gallischen Provinz und Italien. Kein Feldherr durfte ihn an der Spitze eines Heeres südwärts überschreiten. Diesem Verbot entgegenhandeln hieß den Bürgerkrieg entfesseln. Begreiflich, daß Cäsar beim Anblick des Rubikon noch einmal die ganze Schwere seines Entschlusses fühlte und nachdenklich Erfolg und Mißerfolg bedachte. Er wandte sich an seine

Stabsoffiziere und sprach, gleichsam sich selbst warnend: »Noch ist es Zeit umzukehren. Sind wir aber einmal über diese Brücke gegangen, so müssen die Waffen sprechen.« Dann versank er aufs neue ins Grübeln – lange Zeit. Endlich richtete er sich stolz auf und rief: »Die Götter wollen es. Wohlan, die Würfel sind gefallen!« Und unter dem Schall der Tuba rückte er in Italien ein.

Pompejus hatte sich gerühmt, er könne Legionen aus dem Boden stampfen. Als nun Cäsar über den Rubikon ging, war er völlig überrascht. Er besaß kein Heer, stark genug, jenem entgegenzutreten. Da mußte er die spöttische Mahnung hören: »Nun, Pompejus, stampfe doch die versprochenen Legionen aus dem Boden!«

Es geschah einmal, daß eine Legion, der nie abreißenden Kämpfe überdrüssig, meuterte und ihre Entlassung verlangte. Ohne Umschweife bewilligte Cäsar ihre Forderung, aber beim Abschied sprach er noch ein letztes Wort zu den Mannschaften. Früher hatte er sie stets »Kameraden« genannt, worauf sie sehr stolz waren. Jetzt lautete seine Anrede »Bürger«. Dieses Wort kränkte sie in ihrer Standesehre so sehr, daß sie beschlossen, wieder gehorsame »Kameraden« zu werden.

An der illyrischen Küste geriet Cäsars Schiff in Seenot. Der Kapitän ängstigte sich sehr, Cäsar aber redete ihm Mut zu und sprach: »Vertraue auf das Glück und wisse, daß Cäsar an Bord ist!«

Pompejus, von Cäsar geschlagen, flüchtete nach Ägypten und bat den König Ptolemäus um Asyl. Ptolemäus war noch ein unmündiger Knabe und ließ sich von seinem Erzieher Theodotos beraten. Der aber hielt es für das Klügste, Pompejus umzubringen. »Denn«, so schloß er mit grausamer Logik, »Tote beißen nicht mehr.« Seine Meinung drang durch, und Pompejus mußte unter den Händen gemeiner Meuchelmörder sein Leben lassen.

Nach der Rückkehr aus dem Feldzug gegen Pharnakes, den König des Bosporanischen Reiches, feierte Cäsar seinen schnellen Erfolg durch einen glänzenden Triumphzug. Er ließ sich eine Tafel voraustragen mit den Worten: »Ich kam, sah und siegte.«

Bei einem Gastmahl wurde die Frage aufgeworfen, welches wohl der beste Tod sei. Cäsar antwortete: »Der unerwartete.«

Cäsar war zu schwindelnder Höhe aufgestiegen. Als Herr der Welt legte er jetzt die hohen Purpurschuhe an, wie sie einst die Könige in Rom getragen, und ließ sogar sein Standbild neben dem ihren aufstellen. Das einzige, was ihm noch fehlte, war die Krone. Antonius unternahm es, sie ihm anzubieten. Da aber erhob sich unter den republikanisch Gesinnten ein solches Murren, daß Cäsar nicht zuzugreifen wagte. Rasch faßte er sich und wies das Diadem zurück, indem er rief: »Nur Jupiter ist König.«

Cäsar war von dem Seher Spurinna eindringlich vor den Iden des März gewarnt worden, und seine Gattin hatte ihn gebeten, an diesem Tage daheim zu bleiben. Er aber kümmerte sich nicht darum, sondern machte sich auf den Weg in das Senatshaus. Da erblickte er in dem Menschengewühl, das ihn wie üblich umdrängte, den Seher. »Nun«, rief er ihm heiter lächelnd zu, »die Iden des März sind da.« – »Ja«, gab Spurinna zurück, »aber noch nicht vorüber.« Wenige Stunden später gellte der Schreckensruf durch Rom: »Cäsar ist tot!« Er lag ermordet im Senatshaus unter dem Standbild des Pompejus.

Roms Kaiserzeit

VON AUGUSTUS BIS HONORIUS

Nach dem Tode Cäsars schlossen sich *Oktavian,* Antonius und Lepidus zusammen, um gemeinsam die Macht zu erringen. Sie begannen mit schauerlichen Proskriptionen, denen namentlich vermögende Senatoren und Ritter zum Opfer fielen. Wehe dem, der sich verdächtig machte! Als Oktavian in einer Offiziersversammlung eine Ansprache hielt, bemerkte er, daß der Ritter Pinarius eifrig seine Worte mitschrieb. »Das tut nur ein Verräter«, meinte er und gab Befehl, ihn niederzustoßen.

Die Cäsarmörder Brutus und Cassius fanden bei Philippi den Tod. Erbarmungslos strafte Oktavian ihre Anhänger. Einer von ihnen flehte ihn kurz vor der Hinrichtung an: »Gönne mir wenigstens ein ehrliches Grab!« Oktavian erwiderte: »Dafür lass' nur die Raubvögel sorgen!«

Derselbe Oktavian verwandelte sich später, als er Kaiser und Augustus geworden war, in einen milden Friedensfürsten. Einmal durchquerte er in seiner Prunkbarke den Golf von Puteoli. Da lief gerade ein Segler aus Alexandria ein. Sobald die Passagiere und Matrosen den Kaiser erkannten, drängten sie sich an die Reling und riefen ihm begeistert zu: »Unter deinem Schutze leben wir! Unter deinem Schutze treiben wir unsere Schiffahrt! Unter deinem Schutze genießen wir Freiheit und Wohlstand!«

Augustus lauschte aufmerksam einem Sklaven, der ihm aus einem Buche über Leben und Taten Alexanders des Großen vorlas. Bei der Klage Alexanders, daß es keine würdige Aufgabe mehr für ihn gäbe und nichts mehr zu erobern sei, unterbrach er den Sklaven und schüttelte den Kopf. »Ist es nicht schwieriger und ehrenvoller«, sagte er, »ein gewonnenes Reich zu erhalten, als ein großes zu erobern?«

Ein Veteran, der in einen Prozeß verwickelt war, bat Augustus, ihn vor Gericht zu verteidigen. Augustus kannte den tapferen und treuen Mann und versprach ihm, seinen besten Anwalt zu schicken. Der Soldat begehrte auf: »Wie? Habe ich etwa bei Aktium einen Stellvertreter geschickt?« Der Kaiser besann sich nicht lange. Er ging zum Forum und plädierte selbst für den Alten.

An seine Umgebung richtete der sterbende Augustus ein letztes Wort. »Scheint es euch, daß ich das Theaterstück des Lebens gut gespielt habe? Wenn es euch gefallen hat, so klatscht Beifall, damit ich fröhlich abtreten kann!«

Antonius, der Rivale Oktavians, hatte die Länder des Ostens bezwungen und zog nun, üppig gewandet und mit Reblaub bekränzt, als Gott Dionysos von Stadt zu Stadt. Die Nachricht von seinem Siegeszuge gelangte auch nach Ägypten, zu Kleopatra. Eilig ließ sie einen Schnellsegler ausrüsten, über und über mit Gold und Purpur verzieren und so in ein Märchentraumschiff verwandeln. Dann ging sie mit vielen Sängern, Flötenspielerinnen und Tänzerinnen an Bord und fuhr, geschmückt wie Aphrodite und umgeben von geflügelten Amoretten, Antonius entgegen. In Tarsos traf sie ihn, und wie sie berechnet hatte, erlag Gott Dionysos der schönsten aller Göttinnen – Aphrodite.

In Ägypten ging das Heldische in Antonius unter. Wenn er die Nächte durchschwelgt hatte, begab er sich gern zum Meer und vertat seine Zeit mit Fischen. Das verdroß die ehrgeizige Kleopatra, und sie sann auf Abhilfe. Sie wartete, bis Antonius wieder einmal die Rute auswarf. Da schickte sie heimlich einen Taucher in das Wasser, der ein Stück geräucherten Thunfisch an seinem Angelhaken befestigte. Wie Antonius nun diesen seltsamen Fang heraufholte, erhob sich ein großes Gelächter. Kleopatra aber mahnte: »Überlasse fortan das Fischen den Strandleuten, Antonius! Deine Sache ist es, Städte und Königreiche zu angeln.«

Bei Aktium geschlagen, endete Antonius durch Selbstmord. Auch Kleopatra wußte keinen Ausweg mehr. Sie hatte aber keinen Dolch zur Hand, und vor ihrer Tür standen Soldaten Oktavians, die jeden auf verborgene Waffen durchsuchten. Nur List konnte ihr noch helfen. Eines Tages erschien im Palast ein Bauer mit einem Korb voller Feigen. Unbeanstandet wurde er von der Wache eingelassen. Unter den Feigen jedoch befand sich eine giftige Viper, und ihr Biß brachte Kleopatra den ersehnten Tod.

Schmeichler erboten sich, dem Kaiser *Tiberius* einen Tempel zu bauen, in dem er als Gott verehrt werden sollte. Er lehnte ab. »Ich bin ein sterblicher Mensch«, sagte er, »und habe menschliche Pflichten zu erfüllen. Meine Tempel mögen in euren Herzen sein.«

Als Tiberius seinen Sohn Drusus verloren hatte, trafen von allen Seiten Beileidsbezeugungen ein. Ganz zuletzt und allzu spät kamen auch Gesandte von Troja. Der Kaiser hörte ihre Botschaft an, dankte ihnen und sagte dann mit tiefbetrübter Miene: »Auch ich muß euch mein Beileid aussprechen zum Tode – Hektors.«

Kaiser *Caligula* hegte eine maßlose Liebe zu seiner Schwester Drusilla. Als sie starb, veranstaltete er eine Leichenfeier von unerhörtem Gepränge. Er ordnete an, ihren Geburtstag wie ein Götterfest zu begehen und beschenkte die Tote mit einem Tempel, mit einer eigenen Priesterschaft und einem goldenen Standbild. Das alles tat ihm noch nicht Genüge. Da nahte sich ihm ein schlauer Höfling. Er versicherte, er habe Drusilla zwischen den Sternen zum Himmel auffahren sehen und bekräftigte seine Aussage mit einem Eid. Sein Lohn war eine Million Sesterzen.

Caligula glaubte in seinem Wahnwitz, ein Gott zu sein. Drohend kündigte er Jupiter an, daß seine Herrschaft nun ein Ende habe. Sobald es aber blitzte und donnerte, zitterte er aus Angst vor seinem olympischen Nebenbuhler.

Aus allen Teilen des römischen Reiches mußten berühmte Götterbilder nach Rom geschafft werden. Hier wurden ihnen auf Befehl des Kaisers die Köpfe abgeschlagen. Sie erhielten dann aber neue Köpfe, und zwar alle den gleichen – den Kopf Caligulas.

Vitellius, der Statthalter Syriens, wurde von Caligula mit der Frage überrascht: »Siehst du die Göttin Selene, wie sie in meinen Armen ruht?« Vitellius erschrak, war aber um eine Antwort nicht verlegen. »O Herr«, sagte er, »nur ihr Götter seid imstande, einander zu sehen.«

Bei einem Prunkmahle begann Caligula plötzlich laut zu lachen, ohne daß ein Possenreißer mit seinen Späßen ihm dazu Anlaß gegeben hätte. Seine Hofstaaten bedrängten ihn mit Bitten und Fragen, warum er gelacht habe. »Oh«, antwortete er grinsend, »mir fällt gerade ein, daß ein einziges Zeichen von mir genügt, um euch alle erdrosseln zu lassen.«

Das Wort, das Caligula am liebsten gebrauchte, lautete: »Mögen sie mich hassen, wenn sie mich nur fürchten.«

Um Geld für seine maßlos verschwenderischen Feste herbeizuschaffen, ließ Caligula reiche Römer töten und ihr Vermögen beschlagnahmen. »O Götter«, klagte er einst, »hättet ihr doch dem ganzen Römervolk nur einen einzigen Kopf gegeben, damit ich ihn mit einem einzigen Streich abschlagen kann!«

Agrippina, die Mutter *Neros,* war von zügellosem Ehrgeiz besessen, ihren Sohn auf den Cäsarenthron zu bringen. Eifrig befragte sie die Wahrsager, ob ihr das gelingen würde. Sie erhielt die Auskunft, Nero werde herrschen, aber seine Mutter töten. »Möge er mich töten«, beharrte sie, »wenn er nur herrscht!«

Auf dem kaiserlichen Landsitz in Bajä erwartete Agrippina ihren langentbehrten Sohn voll Liebe und Sehnsucht. Als er kam, ließ er sie umbringen. Nach dem Muttermorde rühmte er: »Vor mir hat noch kein Fürst gewußt, was er sich erlauben darf.«

In seinem Wahn, ein großer Kitharöde zu sein, trieb es Nero nach Griechenland, um von dem kunstsinnigsten Volke der Welt Beifall zu erringen. Ein ganzes Jahr zog er von Stadt zu Stadt, begleitet von zahllosen Leibwächtern, die ihm seine Leiern, Kothurne, Perücken und Gewänder nachtrugen. Natürlich gewann er alle Siegeskränze, die Griechenland zu verleihen hatte. Dabei waren seine Darbietungen so langweilig, daß die Zuhörer Mühe hatten, sich wachzuhalten. Einst bemerkte Nero einen Consul, dem die Augen zugefallen waren. Entrüstet brach er sein Spiel ab und verhängte über ihn den Tod. Die seltsamsten Listen wurden daher ersonnen, um dem zweifelhaften Genusse des kaiserlichen Gesanges zu entgehen. Einer rettete sich durch einen Sprung über die Mauer. Ein anderer stellte sich scheintot und ließ sich hinwegtragen.

Neros Leidenschaft, als Künstler vor der Welt zu glänzen, war so maßlos, daß man ihm alles zutraute, auch daß er Rom angezündet habe und auf die Nachricht von dem Brande herbeigeeilt sei, um begeistert von dem Anblick des ungeheuren Flammenmeeres den Untergang Trojas zu besingen.

Den Gardetruppen in Rom gelang es schließlich, Nero zu stürzen. Noch hoffte er, nach Griechenland zu entkommen, und brüstete sich, seine große Kunst werde ihn dort ernähren. Aber es war zu spät. Die Verfolger waren nahe. »Ach, welch ein Künstler stirbt in mir!« jammerte er. Dann gab er seinem Sklaven das Zeichen zum Todesstoß.

Kaiser *Vespasian* hatte ein schwer verschuldetes Reich übernommen. Er bemühte sich deshalb um äußerste Sparsamkeit und suchte notgedrungen alles und jedes zu Geld zu machen. Kein Wunder, daß die Lästerzungen ihn als »Pfennigfuchser« und »Kümmelspalter« verspotteten. Als auch sein Sohn Titus sich bei ihm beschwerte, weil er den für Gerbarbeiten wichtigen Harn aus den Bedürfnisanstalten mit einer Steuer belegte, hielt er ihm einen Obolus unter die Nase und sagte trocken: »Geld stinkt nicht.«

Die Ratsherren einer Stadt teilten Vespasian mit, sie hätten beschlossen, ihm auf ihre Kosten eine Kolossalstatue zu errichten. Der Kaiser machte eine hohle Hand, hielt sie ihnen entgegen und sagte dazu: »Der Sockel ist schon da. Nun errichtet das Standbild gleich hier.«

Bis zu seiner letzten Stunde bewahrte Vespasian seinen trokkenen Humor. Er lag auf dem Sterbebett und fühlte den Tod nahe. »Ich fürchte«, sagte er, »ich soll nun ein Gott werden.«

Eine Verschwörung gegen Kaiser *Titus* war aufgedeckt worden. Statt die Schuldigen dem Henker zu übergeben, sprach er mit ihnen und forderte sie auf, sich künftig in aller Offenheit über seine Regierung zu beklagen. »Dann«, so erklärte er, »wollen wir abstellen, was verfehlt ist.« Mit diesem Rat entließ er sie.

Wenn Titus gegen Abend sein Tagewerk überprüfte und feststellen mußte, daß er niemandem etwas Gutes getan hatte, dann klagte er seinen Freunden: »Ich habe den Tag vergeudet.«

Mit *Trajan* kam die adligste Gestalt unter den Cäsaren auf den Thron. Bei seinem Einzuge in Rom reichte er dem Befehlshaber der Gardetruppen ein Schwert. »Nimm dieses Schwert«, befahl er, »und führe es für mich, wenn ich mein Amt gut verwalte, sonst aber kehre es gegen mich!«

Als Plotina, an der Seite ihres Gatten Trajan, zum erstenmal die Stufen zum Kaiserpalast hinaufschritt, wandte sie sich zu dem Volke, das sie von allen Seiten umringte, und bat mit lauter Stimme: »Möge ich dieses Haus einst im Tode verlassen, frei von Schuld, wie ich es jetzt betrete.«

Schmeichelhafte Lobsprüche und Danksagungen wehrte Trajan ab. »Alles Gute kommt von Jupiter«, erklärte er, »nicht von mir.« Huldigungen jeder Art waren ihm peinlich. Er sah es nicht einmal gern, wenn seine Sklaven ihn mit »Herr« anredeten.

Die Erben eines reichen Römers lagen mit Eurythmos im Streit wegen der Hinterlassenschaft. Sie wagten aber nicht, gegen Eurythmos zu prozessieren, weil er ein Freigelassener des Kaisers war. Trajan hörte davon. Zornig fuhr er sie an und schalt: »Ihr hättet wissen müssen, daß ich kein Nero bin. Bringt also eure Sache vor Gericht!«

Plinius, der Statthalter Bithyniens, ließ in Rom anfragen, wie er es mit den Christen halten solle. Trajan verabscheute scharfe Maßnahmen, durfte aber auch die bestehenden Gesetze nicht außer acht lassen. Seine humane Gesinnung fand einen Ausweg. Er schrieb an Plinius: ›Aufsuchen soll man die Christen nicht. Werden sie jedoch angezeigt, so sind sie zu bestrafen. Sie sollen aber Verzeihung erhalten, sobald sie Reue zeigen und unsere Götter anrufen. Anonyme Anzeigen dürfen keinesfalls berücksichtigt werden.‹

Trajan gewann dem Reiche viele neue Provinzen. Er drang sogar bis zum Mündungsgebiet des Euphrat und Tigris vor und segelte hinaus auf das Meer. Da kam ein Kauffahrer aus Indien vorüber. Lange sah der Kaiser ihm nach, gedankenvoll. Endlich riß er sich von dem Anblick los und sagte in sanfter Resignation: »Schade, daß ich zu alt geworden bin, um nach Osten zu fahren und zu erobern wie Alexander. Wäre ich noch jung, so würde ich in Indien enden.« Dann winkte er dem Schiffer und ließ das Steuer umlegen.

Hadrian zog im Geleit seiner Würdenträger über das Forum. Da drängte sich eine Frau zu ihm durch, um ihm eine Bittschrift zu überreichen. Der Kaiser wies sie ab. »Ich habe jetzt keine Zeit«, sagte er, »dich anzuhören.« Unzufrieden mit dieser Antwort, murrte sie: »Wenn du keine Zeit hast, dann solltest du nicht Kaiser sein.« Hadrian stutzte, entschuldigte sich und nahm ihr Gesuch entgegen.

Gegen den Kaiser *Antoninus Pius* war eine Verschwörung angestiftet worden. Er erfuhr davon, verbot aber, die Sache zu untersuchen. »Ich will nicht wissen«, sagte er, »von wem ich gehaßt werde.« Ein andermal erklärte er: »Ich will lieber das Leben eines einzigen Bürgers erhalten, als tausend Feinde töten.«

Als *Marc Aurel,* der Philosoph der Stoa, an die Herrschaft kam, war ihm deutlich anzumerken, daß er sehr betrübt war. Seine Mutter wunderte sich darüber und fragte ihn nach der Ursache. »Ich soll ein Weltreich regieren«, antwortete er, »und du wunderst dich, daß ich traurig bin!«

Dem Leben stand Marc Aurel sehr skeptisch gegenüber. »Wenn eine Spinne eine Fliege erjagt hat, ist sie ebenso stolz wie der Mensch, der ein Häslein erbeutet, eine Sardelle im Netz gefangen, einen Eber erlegt oder einen Gefangenen eingebracht hat. Sind sie nicht alle, wenn man die Triebfeder untersucht, Räuber?«

Marc Aurel starb kaum 59 Jahre alt. Er haderte nicht mit seinem Schicksal, sondern verschied mit jener Gelassenheit, die seinem ganzen Leben Richtung gegeben hatte. »Gehe freundlich von hinnen«, sprach er zu sich selbst, »denn freundlich ist auch der, der dich entläßt.«

In dem Jahrhundert nach Marc Aurel saßen fast ausschließlich jämmerliche und verworfene Menschen auf dem Thron. In dieser

Zeit kam das erschütternde Wort auf: Nützliche Kaiser gibt es so wenige, daß man ihre Namen in einen Fingerring eingraben kann. Einer der furchtbarsten Schänder der Cäsarenwürde war *Caracalla.* Sein Vater hatte ihm den Rat gegeben: Mache die Soldaten reich und kümmere dich um sonst nichts! Danach handelte er. Er raubte die Besitzenden aus und erklärte dazu mit schamloser Offenheit: »Kein Mensch braucht Geld zu besitzen außer mir, und ich brauche es, um meinen Soldaten Geschenke zu machen.«

In ständiger Angst um sein Leben ließ Caracalla einen Goldregen auf die Legionen hinabströmen. Auch dadurch suchte er sie zu gewinnen, daß er mit ihnen marschierte, den Adler trug, schanzte und aus der Blechschüssel aß. Seinen germanischen Leibwächtern, seinen »blonden Löwen« zuliebe legte er germanische Tracht an, setzte eine blonde Perücke auf und ließ sich nach ihrer Art frisieren. Schon als Knabe hatte er den kleinen Militärmantel (Caracalla) getragen, der ihm auch den Beinamen einbrachte.

Auf Caracallas Geheiß wurden Zehntausende abgeschlachtet. Am widerlichsten, daß er nicht einmal seinen eigenen Bruder verschonte, der sich in die Arme seiner Mutter geflüchtet hatte. Um diese Greueltat vor Senat und Volk zu verschleiern, verlangte er von dem Rechtsgelehrten Papinian ein Gutachten, das aus Schwarz Weiß machen sollte. Papinian, der einen großen Ruf zu verlieren hatte, weigerte sich und bedeutete dem Kaiser, daß es leichter sei, einen Brudermord zu begehen als ihn zu rechtfertigen. Außerdem sei es ein doppelter Mord, wolle man einem Unschuldigen auch noch die Ehre abschneiden. Diese Äußerung mußte er mit dem Leben bezahlen.

Um das ins Riesenhafte gewachsene Römerreich besser verwalten zu können, nahm *Diocletian* einen Mitregenten an und verlieh ihm den gleichen Titel, den er selbst trug – Augustus. Außerdem suchte er noch einen tüchtigen Gehilfen, der ihm als Cäsar zur Seite stehen sollte. Lange grübelte er, wer für dieses Amt geeignet sei. Er konnte sich nicht entschließen, bis endlich in seinen nächtlichen Träumen eine geheimnisvolle Gestalt erschien, die ihn dringend mahnte, seine Wahl zu treffen. Da ließ er seinen Gardepräfekten Galerius kommen und sprach zu ihm: »Empfange denn die Herrschaft, die du jede Nacht von mir verlangst, und mißgönne mir meinen Schlaf nicht mehr!«

Zur Zeit Diocletians gerieten die Christen um ihres Glauben willen in immer schärferen Widerspruch zu den römischen Gesetzen. So sollte ein junger Galiläer zum Militärdienst eingezogen werden. Seinen körperlichen Fähigkeiten nach versprach er ein guter Soldat zu werden. Aber er weigerte sich unter Berufung auf sein Christentum. Der Proconsul selbst bemühte sich, seinen Einwand zu widerlegen, und wies darauf hin, das Glaubensbrüder von ihm sogar in der kaiserlichen Leibwache Dienst täten. Umsonst. Der junge Mensch beharrte bei seiner Weigerung und wollte den verlangten Fahneneid nicht leisten. Ihn laufen zu lassen war gefährlich, weil sein Beispiel Schule machen konnte. So wurde er mit dem Tode bestraft, ein Urteil, dem noch viele andere folgen sollten.

Die Offiziere der römischen Garnison zu Tanger wollten den Geburtstag ihres Kaisers feiern und versammelten sich zu einem festlichen Mahle. Plötzlich erhob sich der Centurio Marcellus, warf seinen Amtsstab, den Gürtel und die Waffen weg und erklärte seinen erstaunten Kameraden: »Von diesem Augenblicke an höre ich auf, als Soldat einem Imperator zu dienen. Ich verachte eure Götter aus Holz und Stein. Sie sind nur faule und stumme Götzen. Will man mich aber dienstlich zwingen, solchen Götzen und dem Kaiser zu opfern, so sage ich mich von der Fahne los und verweigere den Gehorsam.«

Am 1. Mai 305 erlebte das Römische Reich ein unerhörtes Schauspiel. Freiwillig und zur gleichen Stunde legten zwei Kaiser die Herrschaft nieder und übertrugen sie auf ihre Cäsaren. Der eine – Maximinian – konnte sich jedoch nicht in die Rolle des Privatmannes finden und versuchte deshalb zweimal, die Purpurtoga zurückzugewinnen. Der andere – Diocletian – zog sich in seinen Palast zu Spalato zurück und kümmerte sich nicht mehr um die Händel der Welt. Als er mit der Bitte bestürmt wurde, wieder hervorzutreten und die Streitigkeiten seiner Nachfolger durch ein Machtwort zu schlichten, schrieb er: ›Freund, könntest du die Kohlköpfe sehen, die ich mit eigenen Händen gepflanzt, und die prächtigen Melonen, die ich gezogen, und meine Parkanlagen, wahrhaftig, du würdest nicht darauf bestehen, daß ich dieses stille Glück mit den Aufregungen des Ehrgeizes vertausche.‹

Kaiser *Konstantin* befand sich auf dem Marsch nach Rom, um dort seinen Rivalen Maxentius vom Thron zu stoßen. Das war sehr kühn, denn sein Heer hätte doppelt so stark sein müssen, um ihm den Sieg zu verbürgen. Er aber vertraute darauf, daß Christus ihm im Traum erschienen war und mit den Worten: »In diesem Zeichen wirst du siegen!« auf das Kreuz gewiesen hatte. Er ließ deshalb das Monogramm Christi in die Schilde seiner Soldaten einritzen und stiftete eine Fahne, die ebenfalls mit den Anfangsbuchstaben des Namens Christi geschmückt war. Maxentius dagegen wandte sich um Rat an die Sybillinischen Bücher. Von ihnen erhielt er die zweideutige Weissagung, in den nächsten Tagen werde den Feind Roms das Verderben ereilen. So kam es hüben und drüben nicht nach strategischen Erwägungen, sondern nach Traum und Orakel zu der Entscheidungsschlacht an der Milvischen Brücke. Der Sieg Konstantins aber leitete eine neue weltgeschichtliche Epoche ein – die Epoche des Christentums.

Julian empfing von seinem kaiserlichen Vetter Konstantius den Befehl, nach Gallien zu gehen und diese Provinz gegen die Angriffe der Germanen zu verteidigen. Nun hatte er aber bislang nur seinen über alles geliebten Büchern gelebt. So traf ihn der Befehl sehr hart, und er klagte: »Im Schatten der Philosophie bin ich aufgewachsen, jetzt stößt man mich in den Kampf gegen die Wilden.« Sein einziger Trost war es, daß ihm eine reichhaltige Bibliothek nachgeschickt wurde.

Bei seinem Marsch durch das Rhônetal gelangte er nach Vienne. Hier traf er auf ein altes, blindes Weib, das noch treu den heidnischen Göttern anhing. Mit ihren dürren Händen betastete sie ihn und stellte dann die Frage: »Wer ist es, der vor mir steht?« – »Es ist Cäsar Julian«, gab man ihr zur Antwort. Da leuchtete ihr Gesicht verklärt auf, und sie rief: »Der ist es, der unsere Göttertempel wiederherstellen wird.«

Jesus hatte vorausgesagt, daß von dem Tempel zu Jerusalem kein Stein auf dem andern bleiben werde. Julian aber wollte nun vor aller Welt beweisen, daß diese Prophezeiung falsch und Jesus ein Lügenprophet gewesen sei. Er gebot also den Juden, ihren Tempel in alter Pracht wieder aufzubauen. Sie machten sich auch eifrig an die Arbeit. Da ereignete es sich, daß ein Erdbeben Jerusalem heimsuchte. Flammen brachen hervor und verbrannten mit ihrem Feuer viele Werkleute. Die andern aber, die dem Tode entronnen waren, weigerten sich voller Angst, ihre Tätigkeit wieder aufzunehmen, und ehe Julian mit neuen Befehlen eingreifen konnte, verströmte er sein Blut im Schlachtgetümmel am Tigris.

Einer der letzten römischen Kaiser, *Honorius*, war ein unmündiger Knabe, der nichts von der Politik verstand und sich auch nicht um sie kümmerte. Für wie unbedeutend er gehalten wurde, zeigt die boshafte Geschichte, die von seinen Zeitgenossen in Umlauf gesetzt wurde. In Ravenna, wo er residierte, verbreitete sich die Nachricht, daß Rom in die Hände der Goten gefallen sei. Bestürzt eilte der Aufseher seiner Hühnerfarm zu ihm und rief: »Rom ist verloren!« Der Kaiser erschrak sehr heftig, tröstete sich aber schnell, als er erfuhr, daß nicht sein bester Hahn »Rom« verloren war, sondern nur die Stadt Rom.

Das kürzeste Buch, das jemals gedruckt worden ist, war eine »Geschichte der römischen Kaiser«, verfaßt von einem russischen Edelmann. Es war so klein, daß es als Uhrenanhängsel getragen werden konnte. Sein Inhalt bestand nur aus einem einzigen Satz: Der ermordete *den* und wurde selbst wieder von *dem* ermordet.

Die Kimbern waren in Oberitalien eingefallen und bis Vercellae vorgedrungen. Sie wußten aber nicht, daß inzwischen ihre Verbündeten, die Teutonen, geschlagen und vernichtet waren. Als sie daher von Marius Land für sich und ihr Brudervolk forderten, gab er ihnen die spöttische Antwort, für die Teutonen habe er schon gesorgt und ihnen ein Land angewiesen, in dem sie ewig bleiben würden. Die Kimbern verstanden, was er meinte, und wollten zornig das Zelt verlassen. Marius hielt sie zurück. »Es ist nicht schön von euch«, lachte er, »fortzugehen, ohne eure Brüder begrüßt zu haben.« Er winkte. Rasch wurde die Zelttür aufgeschlagen, und die Kimbern erblickten die gefesselten Teutonenkönige, die bei Aquae Sextiae nicht den Tod gefunden hatten.

Im Elsaß standen sich Cäsar und *Ariovist* gegenüber. Cäsar lud den Suebenkönig zu einer Besprechung ein, erhielt aber die stolze Antwort: »Ich habe nichts von dir begehrt, sonst wäre ich zu dir gekommen. Hast du aber einen Wunsch an mich, so komme du zu mir!« Als Cäsar von ihm forderte, keine Völkerschaften mehr über den Rhein zu holen, lehnte er mit den Worten ab: »Was geht das dich an, was ich tue? Ich schreibe den Römern auch nicht vor, was sie tun sollen.« So mußte das Schwert zwischen ihnen entscheiden.

Von den drei kriegsstarken Legionen des *Varus,* die im Teutoburger Wald kämpften, entrannen nur sehr wenige Mann dem Tode. Das war ein so furchtbarer Aderlaß für das römische Reich, daß Kaiser Augustus darüber in Verzweiflung geriet. Er soll seinen Kopf gegen den Türpfosten gestoßen und dazu gerufen haben: »Varus, Varus, gib mir meine Legionen wieder!« Er ließ sich weder Bart noch Haupthaar scheren und beging noch lange Jahre hindurch den Tag der Niederlage als einen Tag des schrecklichsten Unheils.

Kaiser Tiberius war der vielen fruchtlosen Germanenkriege überdrüssig geworden und befahl, ein Ende zu machen. »Mit

Gewalt«, erläuterte er seinen Entschluß, der auf eigener genauer Kenntnis beruhte, »ist bei den Germanen nichts auszurichten, nur mit Klugheit. Klug aber ist es, sie ihrer inneren Zwietracht zu überlassen.«

Während der Kämpfe mit den Quaden an der Donau trat ein ägyptischer Wahrsager an Kaiser Marc Aurel heran und riet ihm, zwei Löwen feierlich weihen zu lassen und dann über den Strom zu treiben. Wenn er das tue, versicherte er, werde er siegen. Marc Aurel befolgte den Rat. Die geweihten Löwen schwammen hinüber. Aber die Germanen hielten sie für ein fremdartiges Wild, machten fröhliche Jagd auf sie und schlugen sie mit Keulen tot, als wären sie nur große Hunde.

Viele Germanen nahmen Dienste bei den römischen Kaisern und traten in ihre Heere ein. Da prahlten die Höflinge: »Seht, wie diese furchtbaren Krieger sich nach der Ehre drängen, unsere Soldaten zu werden.« Die ernsteren und klügeren Männer aber warnten: »Wehe dem Schäfer, der in seine Herde die Wölfe einläßt! Es kommt der Tag, an dem sie seine Schafe zerreißen.«

Ein germanischer Söldner erbeutete in den Perserkriegen des Kaisers Aurelius eine Tasche, gefüllt mit den kostbarsten Perlen. Ihre bunte Stickerei gefiel ihm so gut, daß er sie behielt und sich stolz umschnallte. Die Perlen aber warf er achtlos fort.

Anbruch des Mittelalters

Völkerwanderung

WESTGOTEN

Anno 378 hatten die Westgoten das oströmische Heer bei Adrianopel schwer geschlagen. Ihr Vormarsch richtete sich nun gegen Konstantinopel. Vom Anblick dieser reichen, üppigen Stadt mit ihren Türmen und goldenen Kuppeln berauscht, verlangten sie, rasch zum Sturm vorgeführt zu werden, um die unermeßlichen Schätze Konstantinopels zu gewinnen. Ihr Herzog Fridigern aber betrachtete prüfend die starken Festungswälle. Er erkannte sofort, daß sie ohne Belagerungsgeschütze, nur mit den Fäusten nicht zu erobern waren. So hart es ihn auch ankam, er erklärte: »Mit diesen Mauern halte ich Frieden.« Er befahl den Abzug. Die Goten murrten wohl, aber sie gehorchten.

Alarich belagerte Rom. Wie Fridigern hütete er sich vor dem hoffnungslosen Kampf mit den Mauern und überließ es dem Hunger, die Stadt zu erobern. Es dauerte auch nicht lange, da erschienen Gesandte bei ihm und boten Frieden an. Sie taten das aber mit vielen hochfahrenden Worten und rühmten die Trefflichkeit ihrer Waffen und die Fülle ihrer Menschen. Trocken erwiderte Alarich: »Je dichter das Gras, um so besser das Mähen.«

Die Not in Rom stieg, und aufs neue mußten sich die Senatoren auf den Weg machen. Diesmal gebrauchten sie keine großen Worte mehr, sondern hörten demütig zu, was Alarich forderte. Er forderte viel, sehr viel, so daß sie jammerten: »Wenn du uns das alles nimmst, was bleibt uns dann noch!« – »Das Leben«, lautete Alarichs Antwort.

In der Katalaunischen Schlacht fiel der Westgotenkönig Theoderich, der auf den Hilferuf des römischen Statthalters Aetius mit seinem Heerbann herbeigeeilt war. An seiner Stelle wurde noch auf der Wallstatt sein Sohn, der junge Thorismud, auf den Schild gehoben. Es war wohl eine allzu rasche und formlose Wahl. Sofort erspähte Aetius seinen Vorteil. Seit langem schon fürchtete er seine westgotischen Nachbarn, doppelt aber, nachdem er sie im Kampf mit Attila gesehen hatte. Er sprach daher zu Thorismud: »Kehre heim, sonst raubt dir dein Bruder die Krone.« Der junge König ließ sich bereden und zog ab. Aetius aber erntete alle Früchte des großen Sieges.

HUNNEN

Der *Hunnenkönig Attila* ordnete seine Heerhaufen zur Schlacht auf dem Katalaunischen Felde. Ehe er aber den Befehl zum Angriff gab, ritt er von einer Schar zur andern und drohte: »Ich selbst werde den ersten Wurfspeer gegen die Feinde schleudern. Weh dem, der zurückbleibt, wenn Attila stürmt!«

Auf seinen Heerfahrten bemächtigte sich Attila Mailands. Er ritt triumphierend durch die Stadt und gelangte dabei zu einer Säulenhalle, die mit Wandmalereien ausgeschmückt war. Plötzlich schäumte er wütend auf; denn er hatte ein Bild entdeckt, das gefangene Hunnen darstellte, die vor dem römischen Kaiser knieten. In aller Eile mußte das Bild ausgelöscht und ein neues gemalt werden. Nun sah man den Hunnenkönig auf dem Thron sitzen und auf den Kaiser hinabblicken, der ihm in tiefer Demut nahte und Tribut brachte.

Beim Tode Attilas erhoben die Hunnen ein großes Wehklagen, priesen seine Macht und Herrschgewalt und zerfetzten schließlich ihr Gesicht mit Dolchstichen. Das taten sie ihm zu Ehren, denn, so meinten sie, wenn ein solcher Held stirbt, dann sollten nicht Weibertränen vergossen werden, sondern Männerblut.

VANDALEN

Die Vandalen besaßen eine große Flotte, mit der sie im westlichen Mittelmeer ungehindert auf Eroberung und Plünderung ausfahren konnten. Wieder einmal lagen die Schiffe klar zum Auslaufen, aber den Steuerleuten war noch nichts über das Ziel gesagt worden. Da kam einer von ihnen zu *König Geiserich* und fragte ihn, wohin er den Kurs absetzen solle. Geiserich antwortete: »Überlasse das den Winden! Sie werden uns zu denen führen, denen Gott zürnt.«

Als die Vandalen bei Rom landeten, geriet die ganze Stadt in hilflosen Schrecken. Niemand dachte an Verteidigung. Da begab sich Papst Leo I. zu König Geiserich und bat ihn mit bewegten Worten, Rom zu schonen. Geiserich versprach es und sorgte dafür, daß es zu keinem Blutbad, zu keinem Sengen und Brennen kam. Seine Mannschaften mußten sich mit der üblichen Schatzung begnügen. Nach ihrem Abzuge strömte das Volk in die Kirche zu feierlichem Gottesdienst. Der Papst selbst hielt die Predigt und dankte Gott in inbrünstigem Gebet für die gnädige Rettung Roms.

Nach dem Tode Geiserichs brach die Vandalenherrschaft in Afrika rasch zusammen. Ihr letzter König, Gelimer, ein schwacher und mutloser Mann, erlag im Kampf mit dem oströmischen Feldherrn Belisar und flüchtete in eine Bergfestung. Als er sich auch hier nicht mehr halten konnte und sich ergeben mußte, bat er um ein Stück Brot, seinen Hunger zu stillen, um einen Schwamm, seine Tränen zu trocknen, und um eine Zither, den Untergang des Vandalenvolkes zu besingen.

Zu Byzanz wurde Gelimer im Triumphzuge aufgeführt. Vor den Kaiser gebracht, der ihn mit der ganzen Pracht seines üppigen Hofes empfing, weinte und seufzte er nicht, sondern murmelte nur unablässig: »Eitelkeit der Eitelkeiten, alles ist Eitelkeit.«

OSTGOTEN

Vor jeder Schlacht ließ *Theoderich,* der Ostgotenkönig, sich schmücken wie zu einem hohen Fest und ritt in voller Waffenpracht zum Kampf. Seine Freunde waren deshalb um ihn besorgt. Er aber erklärte: »Wenn es mir bestimmt ist zu fallen, dann soll der Sieger merken, daß er einen König überwunden hat, und soll sprechen: »Wie herrlich sieht Theoderich noch im Tode aus.«

Zu Theoderich kam ein Römer, der ihm als Minister diente, aber der katholischen Kirche angehörte. Er erklärte, er wolle aus Liebe zum König seinen Glauben wechseln und die arianische Lehre annehmen. Stirnrunzelnd hörte Theoderich ihn an: »Wenn du nicht einmal deinem Gott treu bist«, herrschte er ihn schließlich an, »wie kannst du dann mir treu sein, der ich doch nur ein Mensch bin?« Und er entließ ihn auf der Stelle.

In dem Kriege mit Kaiser Justinian erlitten die Ostgoten bei dem Versuch, Rom zurückzuerobern, so schwere Verluste, daß sie nicht mehr auf ein siegreiches Ende hoffen durften. Sie schickten eine Gesandtschaft an den byzantinischen Feldherrn *Belisar* und ließen ihm sagen: »Um dir zu zeigen, daß wir ernsthaft den Frieden wollen, sind wir bereit, das reiche Sizilien abzutreten.« Belisar brach in ein höhnisches Gelächter aus. »Um euch an Großmut nicht nachzustehen, treten wir euch ganz Britannien ab.«

Unter *König Totila* gelang es den Ostgoten noch einmal, die Herrschaft über Italien zu gewinnen. Nicht lange, da erschien, von Kaiser Justinian geschickt, Narses mit einem starken byzantinischen Heer. Die Entscheidungsschlacht stand bevor, aber Totila wartete noch auf zwei Tausendschaften, die im Anmarsch waren und ohne die er den Kampf nicht wagen wollte. Um Zeit zu gewinnen, sprengte er in vollem Königsschmuck zwischen die Schlachtreihen. Purpurfedern flatterten ihm vom Helmbügel. Gold funkelte an Brünne und Beinschienen. Mit leichtem Zügel lenkte er sein Streitroß, ließ es ausgreifen, riß es in vollem Lauf herum und jagte wieder vorüber. Dabei warf er seinen Speer hoch in die Luft und fing ihn mit sicherer Hand wieder auf. Lange Zeit trieb er es so zum Staunen der Byzantiner. Dem Waffenspiel aber folgte die blutige Schlacht, in der Totila den Tod fand.

Die Franken drangen in Gallien ein und machten sich weithin alles Volk untertänig. Am mächtigsten unter ihren Königen wurde *Chlodwig*. Es schmerzte ihn aber, daß er nicht allein die Herrschaft besaß, und er trachtete deshalb seinen Verwandten nach dem Leben. Als Ragnachar von Cambrai und sein Bruder Richar in seine Hände fielen und ihm gefesselt vorgeführt wurden, tat er sehr entrüstet. »Wie konntest du«, fragte er Ragnachar, »unser königliches Geschlecht so erniedrigen, daß du dich binden ließest? Der Tod wäre ruhmvoller für dich gewesen.« Damit hob er die Axt und spaltete ihm den Schädel. Dann wandte er sich zu Richar. »Wenn du deinem Bruder beigestanden hättest«, grollte er, »wäre er nicht gebunden worden.« Wieder blitzte die Axt und traf zum zweiten Male tödlich.

Chlodwig wollte sich zum Christentum bekehren und empfing Lehre und Unterricht von dem Bischof Remigius. Wie erstaunte er, als Remigius ihm von dem Kreuzestod Jesu erzählte. »Wäre ich mit meinen Franken dabeigewesen«, rief er, »es wäre ihm nichts geschehen.« Als er zur Taufe schritt, vollzog Remigius die heilige Handlung mit den Worten: »Beuge in Demut deinen Nacken, König! Verehre, was du verfolgt hast, verfolge, was du verehrt hast!«

Unter den Nachfolgern Chlodwigs war einer der hervorragendsten *Chlotar*. Alle fränkischen Stämme und Völkerschaften gehorchten seinem Zepter. Darauf war er sehr stolz. Er hatte aber einen langsamen und schweren Tod. Da seufzte er, als er sterbend von Fieberschauern geschüttelt wurde: »Ach, wie gewaltig muß der König im Himmel sein, daß er die Kraft des mächtigsten Königs auf Erden so zerbrechen kann!«

Die Franken waren daran gewöhnt, kriegerische Männer an ihrer Spitze zu sehen. Deshalb gerieten sie in heftigen Zorn über König *Theodebert*, der sie an einem Feldzuge hindern wollte. Sie traten vor ihn hin und drohten: »Wenn du müßig daheimsitzen willst, so tue das! Wir aber werden dich verlassen.« Da mußte er ihnen nachgeben und sie in den Krieg führen.

Karl Martell hatte die Friesen unterworfen und wollte sie zum Christentum bekehren. Ihr Häuptling Radbod war dazu bereit. Schon stand er am Taufbecken, da richtete er die Frage an den Priester: »Wo sind meine Vorfahren?« Der Priester antwortete: »In der Hölle.« »So will ich mich nicht taufen lassen«, brauste er auf, »denn ich will da sein, wo meine Vorfahren sind.«

Pippin der Kurze war Kanzler im Frankenreich, aber bei der Schwäche des Königtums lag die Regierung ganz in seinen Händen. Das genügte ihm nicht. Sein Ehrgeiz zielte nach der Krone. Deshalb schickte er eine Gesandtschaft an den Papst und ließ fragen: »Ist es richtiger, daß derjenige König heißt, der die Macht besitzt, oder derjenige, der nur dem Namen nach König ist?« Der Papst verstand den Wink und entschied, wie Pippin erwartet hatte.

Wenn *Karl der Große* an einen fremden Fürsten eine Botschaft schickte, pflegte er sie mit seinem Schwertknauf zu siegeln. Zu dem Gesandten, der sie überbringen sollte, sagte er: »Hier ist das Dokument, und hier ist etwas, was die Feinde zwingen wird, meinen Befehlen zu gehorchen.« Dabei schlug er an sein Schwert, daß es klirrte.

Am Hofe Karls des Großen sammelten sich, von ihm gerufen, viele gelehrte Männer aus Britannien. Die Auszeichnungen, die sie empfingen, machten die Einheimischen eifersüchtig und neidisch. Sie wagten aber nicht, sich bei ihm zu beschweren, sondern machten nur heimlich ihrem Ärger Luft. »Wann«, so flüsterten sie untereinander, »werden wir einmal diese britischen Bienen los, die die alte Hummel umschwärmen?«

Eines Tages weilte Karl der Große an der Kanalküste. Auf das Meer hinausschauend, erblickte er in der Ferne die Segel von vielen Drachenschiffen. Auf seine Frage, was das für Männer seien, die dort vorbeiführen, sagte man ihm, sie hießen Wikinger. Karl erschrak, denn er wußte sehr wohl, wie gefährlich sie waren und wie schrecklich sie in allen Ländern heerten. Da begann er, der sonst keine Tränen zu vergießen pflegte, zu weinen. So sehr fürchtete er für die Zukunft seines Frankenreiches.

Die Wikinger überfielen oft das Frankenreich mit Heerfahrt und Plünderung. Einst wollte man mit ihnen über den Frieden verhandeln und verlangte, mit ihrem Führer zu sprechen. Die Wikinger erklärten: »Wir haben keinen Führer. Wie sind alle gleich.«

Ein junger Normanne zog auf Wiking aus. Sein Vater belehrte ihn: »Wenn dich zwei Feinde anfallen, mußt du dich wehren. Sind es drei, darfst du nicht weichen. Kommen aber vier über dich, dann ist es keine Schande zu fliehen.«

Von den Dänen sagte man: »Sie können weder ihre Sünden noch ihre Toten beweinen. Tränen kennen sie nicht.«

Um der Herrschaft des Königs Hakon zu entgehen, wanderten viele Norweger nach Island aus. Nach langer Fahrt erblickten sie endlich die Küste. Sie wußten aber nicht, wo sie landen sollten. Da warfen sie den Hochsitzpfeiler mit dem Bilde Thors ins Wasser und siedelten sich dort an, wo er zur Küste getrieben war.

Ein junger Wikinger warb um die Tochter eines Großbauern auf Island. Sie wies ihn ab mit der verächtlichen Bemerkung: »Ich nehme dich nicht zum Manne, denn do hockst stets im Nest bei deiner Mutter und sinnst nicht darauf, etwas Ehrenvolles und Rühmenswertes zu vollbringen.«

Im Jahre 1014 wurden die Wikinger bei Clontarf von dem Irenkönige Brian geschlagen. Viele flüchteten zu den Schiffen. Thorstein aber blieb stehen und knotete sein Schuhband. »Warum läufst du nicht auch davon?« fragten ihn die Iren. »Weil ich heute abend doch nicht nach Hause komme«, entgegnete er gelassen, »ich bin nämlich draußen in Island zu Hause.«

Nachdem die Wikinger aus verwegenen Beutefahrern zu Kaufleuten geworden waren, wollten sie auch im Frankenreich Handel treiben. Dort herrschte Ludwig der Fromme, der keinen ins Land ließ, der sich nicht zur Taufe bequemte. Wer das aber tat, dem schenkte er ein Taufhemd, das anfänglich aus gutem Tuch, später, als die Zahl der Täuflinge zu groß wurde, aus grober Sackleinwand bestand. Da begehrte ein Wikinger auf: »Zwanzigmal habe ich mich schon waschen lassen«, sagte er grimmig, »aber noch nie hat man mir ein so schlechtes Hemd angeboten.«

Mittelalter

Die Deutschen

Sobald die sächsischen und fränkischen Großen *Herzog Heinrich* zum Könige gewählt hatten, trat Erzbischof Herigar von Mainz vor und rief: »Laßt uns nun in die Kirche gehen, auf daß unser neuer König am Altar des Herrn gesalbt und gekrönt werde!« Dieses Ansinnen war Heinrich I. sehr unwillkommen, weil es mit seiner Politik nicht vereinbar war. Er ließ aber nichts davon merken, sondern sagte mit scheinbarer Demut: »Es genügt mir, durch die Gnade Gottes und den Willen der Großen auf den Thron gekommen zu sein. Bewahrt das Salböl für einen Würdigeren auf!«

Kaiser Otto I. hielt Anno 941 festliche Weihnacht in Frankfurt. Da nahte sich ein Büßer und warf sich ihm zu Füßen. Otto erkannte seinen Bruder Heinrich, der nicht nur nach seiner Krone, sondern sogar nach seinem Leben getrachtet hatte. Es kam ihn hart an, so schwere Untaten zu verzeihen. Aber die Weihnachtsglocken läuteten, und sein Herz war bewegt von der frohen Botschaft »Friede auf Erden«. Auch durfte er wohl glauben, daß die Reue Heinrichs echt war. Da neigte er sich zu ihm, hob ihn auf und drückte ihn an seine Brust. Das war sehr klug getan, denn seit der Zeit hatte er an seinem Bruder einen treuen und allzeit ergebenen Freund.

Die große Frömmigkeit, die *Kaiser Heinrich II.* beherrschte, drängte ihn zu Wallfahrten, Bußübungen und strenger Askese. Es kam so weit, daß er der Welt entsagen und die Mönchskutte anlegen wollte. Er begab sich in das Kloster St. Vannes bei Verdun. Der Abt weigerte sich auch nicht, ihn aufzunehmen, ließ ihn aber als erstes Gehorsam schwören. Nachdem dies geschehen war, sprach er zu ihm mit eindringlichem Ernst: »Du hast Gehorsam gelobt. Also tue nun, was ich dir befehle! Kehre zurück in die Welt und regiere das Reich, das Gott dir anvertraut hat, und weihe dich ganz dem Wohl deines Volkes!«

Die Stadt Ravenna war abtrünnig geworden und hatte einen Aufstand gegen *Kaiser Konrad II.* gewagt. Bei diesen Kämpfen wurde einem deutschen Reitersmann von geringer Abkunft ein Bein abgehauen. Der Kaiser erfuhr, wie tapfer er gefochten hatte, und wollte ihn dafür belohnen und zugleich den Ravennaten eine Lehre geben. Er befahl ihnen also, seine hohen Reitstiefel an sein Lager zu stellen und sie bis an den Rand mit Münzen zu füllen. Das machte auf Freund und Feind einen tiefen Eindruck.

Der Stiefsohn Konrads II., *Herzog Ernst von Schwaben,* meinte ein besseres Anrecht auf Burgund zu besitzen als sein kaiserlicher Herr. Darüber kam es zu argen Zwistigkeiten, die damit endeten, daß Ernst zusammen mit seinem Freunde Werner von Kiburg in einem Gefecht erschlagen wurde. Er hinterließ aber seinem Herzogtum keinen Erben. »Bissige Hunde haben selten Junge«, meinte Konrad mit schneidendem Hohn.

In dem Bruderkriege zwischen *Kaiser Heinrich IV.* und dem Gegenkönig Rudolf von Rheinfelden fiel die Entscheidung in einer Schlacht an der Elster. Heinrich konnte zwar nicht den Sieg erringen, aber seinem Gegner wurde die Rechte abgehauen, eine schwere Wunde, an der er verblutete. Mit brechender Stimme klagte er: »Es ist dieselbe Hand, mit der ich einst meinem Kaiser die Treue geschworen habe. Jetzt muß ich Thron und Leben lassen.« Das Volk hörte davon und glaubte, das Strafgericht Gottes zu erkennen.

In Canossa hatte *Heinrich IV.* sich tief vor Papst Gregor VII. gedemütigt, doch nun vom Banne gelöst, konnte er wieder seine Vasallen aufbieten und nach Italien ziehen. Gregor flüchtete. Zu Rom in der Peterskirche fand eine Synode statt, auf der er als Verräter und Empörer abgesetzt und exkommuniziert wurde. Bald danach verschied er, ein von Krankheit und Enttäuschung gebrochener Mann. Sein letztes Wort kam aus tief verwundeter Seele: »Ich habe die Gerechtigkeit geliebt und die Gottlosigkeit gehaßt. Darum sterbe ich in der Verbannung.«

Zwischen *Kaiser Barbarossa* und Papst Hadrian IV. sollte zu Sutri Frieden geschlossen werden. Der Papst kam auf einem weißen Zelter geritten und verlangte von dem Kaiser, er solle ihm den Steigbügel halten. Der weigerte sich, diesen Dienst zu tun, aus Sorge, fortan als Vasall zu gelten. Man erklärte ihm aber, es sei alte Sitte, den Apostelfürsten in dieser Weise zu ehren, und niemand könne darin eine Erniedrigung sehen. Barbarossa war nur mit Mühe zu überzeugen. Als er schließlich die Steigbügel nahm, sagte er unwirsch: »Ich werde es nicht sehr geschickt machen; denn noch niemals bin ich Stallknecht gewesen.«

An der Spitze eines stattlichen Ritterheeres zog Kaiser Barbarossa gegen Mailand. Nach wenigen Wochen schon mußte sich die trotzige Stadt ergeben. Ihre Konsuln traten den Bittgang an und erschienen vor Barbarossa barfuß, das Haupt mit Asche bestreut und die bloßen Schwerter um den Hals. »Wir haben Unrecht an dir getan«, demütigten sie sich, »und flehen dich an, über Mailand Gnade walten zu lassen. Hier legen wir unsere Schwerter vor dir nieder und geben unser Leben in deine Hand.« Barbarossa entgegnete: »Hättet ihr von Anfang an diese Gesinnung gehabt, so wäre euch viel Leid erspart geblieben. Wisset, daß ich leichter durch Gehorsam zu besiegen bin als durch Krieg!«

Man erzählt, Barbarossa habe nach der verhängnisvollen Niederlage bei Legnano 1176 die Geschichte Alexanders des Großen gelesen und dazu geseufzt: »Glücklicher Alexander, der du nie Italien erblickt hast! Hätte auch ich Asien zum Schauplatz meiner Taten wählen können, wie viel glücklicher wäre ich geworden!«

Der Marsch durch das unfruchtbare und wasserarme Hochland von Kleinasien machte den Kreuzfahrern Barbarossas viel zu schaffen. Sie litten an Hunger und Durst und mußten obendrein noch die ständigen Angriffe der türkischen Reiterschwärme abwehren. Da stellten sich Gesandte des Sultans Kutbeddin bei ihnen ein und boten freien Durchzug und Verpflegung an, verlangten aber dafür dreihundert Zentner Gold. Barbarossa wies sie ab. »Wir werden uns den Weg in das Heilige Land nicht mit Gold und Silber bahnen«, erklärte er, »sondern mit Eisen und der Hilfe Christi.« Wenige Wochen später war das türkische Heer geschlagen und die Hauptstadt Ikonium genommen.

Sizilien, von jeher mit allen Gaben der Natur verschwenderisch gesegnet, wurde durch *Kaiser Friedrich II.* mit besonderer Sorgfalt gepflegt und durch kluge Gesetze recht zum Blühen gebracht. Nun unternahm er im Jahre 1228 einen Kreuzzug. Als er auf seinem Ritt nach Jerusalem weithin sonnenverbrannte, öde Flächen erblickte, war er von dem »Gelobten Lande« sehr enttäuscht. Seine Spottlust erwachte, und er scherzte: »Gott würde seinen Juden Kanaan unmöglich so angepriesen haben, wenn er mein sizilisches Reich gekannt hätte.«

Das Konzil von Lyon sprach 1245 den Bann über Kaiser Friedrich II. aus und erklärte ihn aller seiner Ehren und Würden für verlustig. Als er von seiner Absetzung Kunde erhielt, ließ er alle seine Kronen bringen. Es waren sieben an der Zahl, außer den Kronen von Sizilien, Burgund, Sardinien und Jerusalem die Kaiserkrone, die deutsche Königskrone und die Eiserne Krone der Lombardei. Eine von ihnen setzte er sich aufs Haupt. Dann blickte er stolz um sich und rief seinen Getreuen zu: »Noch habe ich alle meine Kronen, und kein Papst, kein Konzil soll sie mir rauben ohne blutigsten Kampf.«

Nach dem Untergang der Hohenstaufen wurde die »kaiserlose, die schreckliche Zeit« durch die Wahl des Grafen *Rudolf von Habsburg* endlich beendet. Bei der Krönung aber fehlte das Zepter. Da ergriff Rudolf ein Kruzifix, hielt es empor und rief: »Das Zeichen der Welterlösung ist ebenso gut wie das Zepter.«

Der mächtige und prunkvolle *Ottokar von Böhmen* hatte sich große Hoffnungen auf die Krone gemacht. Nachdem nun die Kurfürsten sich für Rudolf von Habsburg entschieden hatten, verweigerte er die Huldigung. Er mußte sich aber schließlich doch beugen und erschien bei Hofe in goldenem Gewande, strahlend in Königspracht. Rudolf blieb bei seiner gewohnten schlichten Kleidung. Seine Kämmerer suchten ihn zu überreden, den königlichen Schmuck anzulegen. Er lehnte das ab mit den Worten: »Ottokar hat so oft über mein graues Wams gelacht. Heute soll mein graues Wams einmal über ihn lachen.«

An dem raschen Verfall der Kräfte erkannten die Ärzte, daß die Tage *Rudolfs* gezählt waren. Sie meinten auch, ihm das nicht verhehlen zu dürfen. Gefaßt hörte er sie an. »Nun wohl«, sagte er, als sie geendet, »dann auf nach Speyer zu meinen Vorgängern im Königsamt! Damit mich aber niemand hinzuführen braucht, will ich selbst zu ihnen reiten.« So geschah es, und wie ein alter germanischer Recke ritt er zu Grabe, auf seinem Wege überall von dem Volke ehrfürchtig gegrüßt.

Die innige Freundschaft, die *Ludwig von Bayern* und *Friedrich den Schönen* von Österreich seit ihren Knabenjahren miteinander verband, zerbrach bei dem Streit um die Königskrone. Friedrich unterlag. Er wurde gefangengesetzt, nach drei Jahren aber freigegeben. Dafür verpflichtete er sich, seine Parteigänger zum Friedensschluß und zur Anerkennung Ludwigs zu bewegen. Als ihm das mißlang, kehrte er seinem Eide getreu in die Gefangenschaft zurück. Über solcher Ritterlichkeit vergaß Ludwig alle Feindschaft, umarmte ihn und nannte ihn Freund und Bruder. Er teilte fortan mit ihm Tisch und Bett und ließ zwei Königssiegel anfertigen, das eine mit dem Namen Ludwig, das andere mit dem Namen Friedrich.

In nie ermüdender, schaffensfroher Tätigkeit war *Kaiser Karl IV.* um sein Erbland Böhmen bemüht. Seine Maßnahmen führten zu einem unerhörten Aufschwung in Wirtschaft, Handel und Verkehr. Prag wurde zum kulturellen Mittelpunkt von höchstem Glanz. Kaiser Maximilian I. nannte ihn deshalb ›Böhmens Erzvater, aber des Heiligen Römischen Reiches Erzstiefvater‹.

Der Magister an der Universität Prag *Johann Hus* war ein leidenschaftlicher Tscheche und allem Deutschtum feindlich gesinnt. Er brachte es dahin, daß die deutschen Professoren und Studenten die Stadt verließen und nach Leipzig übersiedelten.

Dieser Erfolg machte ihn sehr glücklich, und er jubelte: »Gelobt sei Gott, daß wir die Deutschen ausgetrieben haben, denn uns hat er dieses Land zugeteilt wic einst den Israeliten Kanaan.« Die Bürger Prags aber zogen saure Gesichter und meinten: »Schade, die Deutschen haben so viele Goldstücke bei uns sitzen lassen. Nun ist diese gute Quelle versiegt.«

Hus, der Ketzerei angeklagt, sollte auf dem Konzil zu Konstanz seiner Lehre abschwören. Das wies er weit von sich. Umsonst, daß man ihm zurief: »Willst du weiser sein als das ganze Konzil?« Er beharrte bei seiner Weigerung, obwohl, wie er seinen Freunden in Prag schrieb, »alle gegen mich schreien wie einst die Juden gegen Christus«. Nun hatte ihm aber *Kaiser Sigismund* vollgültiges Geleit für Fahrt und Heimkehr zugesichert. Als es sich zeigte, daß es unmöglich war, dem Konzil zum Trotz dieses Versprechen zu halten, begab sich der Kaiser zu ihm in das Gefängnis und mahnte: »Hus, Hus, laß ab von deiner Ketzerei und unterwirf dich dem Konzil! Ich will und kann keinen Ketzer verteidigen. Wenn er hartnäckig bleibt, so möchte ich als erster den Holzstoß anzünden und ihn verbrennen.«

Von *Kaiser Friedrich III.* lief am Hofe das Wort um: »Seine Majestät braucht eine Woche, um einen Gedanken zu fassen, eine zweite, um ihn zu verarbeiten, und eine dritte, um alles wieder zu vergessen.« Derber drückte das Volk sich aus. Es nannte ihn: »Des Heiligen Römischen Reiches Erzschlafmütze.«

Die Wiener Bürgerschaft war aufständisch geworden. *Kaiser Friedrich* flüchtete nach Wiener-Neustadt, wurde aber dort belagert. Entmutigt ließ er sich dazu herbei, mit den Rebellen zu paktieren und sie sogar seine »Lieben und Getreuen« zu nennen. Seine Gattin Eleonore war darüber so aufgebracht, daß sie sich weinend über die Wiege beugte, in der ihr Knäblein Maximilian lag. »Wüßte ich«, jammerte sie, »daß du einst wie dein Vater handeln würdest, so müßte ich bereuen, dich geboren zu haben.«

Den hochfliegenden Plänen, denen *Maximilian I.* sein ganzes Leben hindurch nachjagte, vermochten die Reichsstände nicht zu folgen. Wieder und wieder versagten sie ihm ihre Beihilfe. Darüber erbost, brach er in die Worte aus: »Von den deutschen Fürsten in Sachen des Reiches etwas zu hoffen, heißt Trauben von Disteln lesen zu wollen.«

Zu Kaiser Maximilian I. kamen einige Nürnberger Kaufleute und klagten, Götz von Berlichingen und Selbitz hätten sie überfallen und ausgeraubt. »Heiliger Gott!« rief der Kaiser, »was ist das! Hat der eine nur eine Hand, so hat der andere nur ein Bein. Wenn sie zwo Händ' und zwo Bein' hätten, was wolltet ihr dann tun?«

Engländer

Die Normannen unter *Herzog Wilhelm* waren an der britischen Küste unweit Hastings gelandet. König Harald eilte ihnen mit seinem Heerbann entgegen, und nun mußten Schwert und Axt entscheiden, wer künftig Herr in England sein sollte, die Normannen oder die Angelsachsen. Schon standen sich die Schlachtreihen gegenüber. Da sprengte, von dem Ehrgeiz getrieben, als erster den Kampf zu eröffnen, ein Ritter aus dem Gefolge Herzog Wilhelms hervor, der Minstrel Taillefer. Er warf sein Schwert in die Luft, fing es wieder auf und sang dazu von Roland, dem tapfersten Helden des Frankenreiches, als Mahnung an die Normannen, es ihm gleichzutun. Den ersten Angelsachsen, der es mit ihm aufnahm, streckte er nieder. Auch ein zweiter fiel unter seinen Streichen. Der dritte aber zerschmetterte ihm das Haupt. So begann die große Schlacht, die Wilhelm zum König von England machte und ihm den Namen »der Eroberer« eintrug.

Der Sohn und Nachfolger des »Eroberers«, *Wilhelm der Rote,* wollte nach der Normandie übersetzen, um seinen Bruder Robert zu bekriegen. Aber die See ging dermaßen hoch, daß die Schiffer sich nicht hinauswagten. Zornig herrschte er sie an und befahl ihnen, auszulaufen. »Ich habe noch nie gehört«, rief er,

»daß ein König ertrunken ist.« Damit ging er an Bord, und die Fahrt gelang trotz Sturm und Wetter.

An Thomas Becket besaß *König Heinrich II.* einen zuverlässigen, treuen Freund, der als Kanzler ihn beriet, in seinen Schlachten tapfer das Schwert führte und bei den großen Festen an seiner Seite saß. Im Vertrauen auf seine Ergebenheit wollte er ihn zum Primas von Allengland erheben. Becket sträubte sich. Er deutete lächelnd auf sein ritterliches Prunkgewand und meinte: »Das paßt schlecht zu den Kutten in Canterbury.« Aber Heinrich bestand auf seinem Willen. Selbst dann ließ er sich nicht beirren, als Becket ihn warnte und in düsterer Ahnung prophezeite: »Bald wirst du mich ebenso sehr hassen, wie du mich jetzt liebst.«

Die Ernennung *Beckets* zum Erzbischof rief überall Erstaunen hervor, und das Volk spottete: »Unser König vermag Wunder zu wirken. Er hat einen Krieger in einen Priester, einen Laien in einen Erzbischof verwandelt.« Heinrich aber sollte bald merken, daß er eine noch größere Kunst vollbracht hatte, nämlich aus seinem besten Freunde seinen ärgsten Feind zu machen. Nachdem Becket den Stuhl von Canterbury bestiegen hatte, verteidigte er leidenschaftlich die Rechte der Kirche gegen die Ansprüche des Königs. Darüber war Heinrich so aufgebracht, daß er das Wort fallen ließ: »Ist denn unter den vielen, die mein Brot essen, nicht einer, der mich von diesem Priester erlöst?« Was er wünschte, geschah. Einige dienstbeflissene Ritter erschlugen Becket an den Stufen des Altars zu Canterbury.

Die Begierde nach rühmlichen Taten trieb *Richard Löwenherz,* einen Kreuzzug zu unternehmen. Um die Kosten zu decken, verkaufte und verpfändete er rücksichtslos Ländereien, Schlösser, Würden, Ämter. Das machte seine Räte bedenklich, und sie erhoben Vorstellungen gegen solche Vergeudung. Er aber fiel ihnen in das Wort und sagte grollend: »Ganz London würde ich verkaufen, wenn sich nur ein Käufer dafür fände.«

In den Kriegen, die Richard Löwenherz mit Frankreich führte, geschah es, daß der streitbare Bischof Philipp von Beauvais in seine Hände fiel. Der Papst Cölestin III. legte sich ins Mittel und bat um die Freilassung seines »teuren Sohnes«. Daraufhin schickte ihm Richard das Panzerhemd, das Philipp in der Schlacht getragen hatte, und ließ fragen: »Ist dies der Rock deines Sohnes?« Wohl oder übel mußte der Papst antworten: »Nein, das ist der Rock eines Sohnes des Mars. So möge denn auch Mars ihn befreien.«

Um die Normandie zu schützen, erbaute Richard Löwenherz an der unteren Seine das Schloß Gaillard. Es war ein mächtiges Bollwerk, gut bewehrt und ausgerüstet, das sehr wohl einer Belagerung trotzen konnte. Darüber geriet der französische König Philipp in heftigen Zorn, und er vermaß sich zu dem Gelübde: »Ich werde die Burg erobern, selbst wenn die Wälle aus Eisen wären.« Löwenherz ließ ihm antworten: »Und ich werde die Burg halten, selbst wenn die Wälle aus Butter wären.«

Die englischen Barone erschienen mit dem blanken Schwert in der Faust vor König Johann, ihm die Magna Carta aufzuzwingen, die seine Regierungsgewalt erheblich beschränkte. »Warum verlangt ihr nicht gleich mein ganzes Reich?« schrie er sie wütend an. Doch sie ließen sich nicht einschüchtern, und schließlich mußte er das Dokument unterzeichnen und »bei den Füßen Gottes« beschwören. Als er das getan hatte, war er so verzweifelt, daß er in die Worte ausbrach: »Warum hat meine erbärmliche und schamlose Mutter mich nur in die Welt gesetzt!«

Über die Besetzung des Stuhles von Canterbury war ein heftiger Streit zwischen Papst Innozenz III. und *König Johann* entstanden. Johann, mit Interdikt und Bann belegt, mußte sich unterwerfen. Seit der Zeit brannte in ihm ein maßloser Haß gegen Papst, Kirche und Klerus. Als er einst auf der Jagd einen Hirsch erlegt hatte und das Tier blutend vor ihm lag, sagte er zu seinen Waidgesellen: »Wie glücklich ist doch dieser Hirsch!« Und da sie ihn verwundert anschauten, fuhr er fort: »Er hat noch nie eine Messe anhören müssen.«

Beladen mit den Flüchen seines Volkes sank Johann in das

Grab. »Sogar die Hölle«, so ging es von Mund zu Mund, »wird durch seine Ankunft besudelt.«

König Heinrich III. hatte mit seinen Baronen Schwierigkeiten über Schwierigkeiten. Einst drohte er dem mächtigen Earl von Norfolk: »Ich werde dir Mäher schicken und deine Felder abernten lassen.« Der Earl gab ihm kühl zur Antwort: »Auch ich werde dir etwas schicken – die Köpfe deiner Mäher.«

An der Spitze des widersetzlichen Adels stand *Simon von Monfort.* König Heinrich III. pflegte ihm, wo er nur konnte, aus dem Wege zu gehen. Da aber geschah es, daß er von einem schweren Gewitter überrascht wurde und im Bischofspalast zu Durham Zuflucht suchen mußte. Zufällig weilte Simon von Monfort als Gast bei dem Prälaten. Er hielt es für höflich, beim Empfang dem König zu sagen, der Sturm ziehe ab und es sei nichts zu fürchten. »Nichts zu fürchten?« brauste Heinrich auf, verärgert durch dieses unvermutete Zusammentreffen. »Euch, Graf Simon, fürchte ich mehr als Blitz und Donner.«

Das Ziel, dem *König Eduard I.* am leidenschaftlichsten nachjagte, war die Eroberung Schottlands. Er ließ davon auch nicht ab, obwohl er schwer erkrankte und in den Sattel gehoben werden mußte. Dicht vor der schottischen Grenze verstarb er. Aber ehe er den letzten Atemzug tat, befahl er, eine Bahre herzurichten und seinen Leichnam dem Heere voranzutragen. Er wollte noch als Toter dabei sein, wenn es zum Kampf kam und die verhaßten Schotten geschlagen wurden.

Anno 1314, sieben Jahre nach dem Tode Eduards I., fiel bei *Bannockburn* die Entscheidung über das Schicksal Schottlands. Vor Beginn des Kampfes ließen die Schotten ihre Waffen durch einen Bischof segnen und knieten nieder zu inbrünstigem Gebet. Dieser Anblick machte die Engländer übermütig, und sie frohlockten: »Seht, sie knien, sie flehen um Gnade.« – »Jawohl«, riefen die Schotten zurück, »aber wir flehen nicht um eure Gnade, sondern um die Gnade Gottes, unseres Herrn.« Am Abend hatten sie den Sieg gewonnen und ihre Freiheit behauptet.

In dem »Hundertjährigen Kriege« konnten die Engländer anfänglich große Siege über die Franzosen gewinnen, so namentlich bei Crecy. *König Eduard III.* hatte dem Prinzen von Wales den rechten Flügel anvertraut, aber gerade dieser Flügel litt unter den wütenden Angriffen der französischen Ritterschaft schwer. Der Earl von Warwick jagte zum König und bat um Verstärkung. Gelassen fragte Eduard: »Ist mein Sohn gefallen?« »Nein, aber er wird sehr hart bedrängt und braucht Hilfe.« »Dann reite zurück und sage ihm, er soll mir keinen Boten mehr schicken, sondern sich die Sporen verdienen und den Ehrenkranz erringen!« Der Prinz schickte keinen zweiten Boten. Er warf sich ungestüm auf den Feind und siegte.

Eduard III. belagerte Calais, doch alle Stürme scheiterten an der tapferen Abwehr der Bürger. Ein volles Jahr verstrich. Dann endlich zwang der Hunger die Stadt zur Übergabe. Der König war über den hartnäckigen Widerstand so erbittert, daß es viel Mühe kostete, ihn an einem schrecklichen Würgen zu hindern. Er verlangte aber, daß sich ihm sechs Bürger bedingungslos auslieferten. An ihnen wollte er seinen unbändigen Zorn auslassen. Es fanden sich wirklich sechs todbereite Männer. Barfuß, in langen Büßerhemden, mit Stricken um den Hals, kamen sie aus dem Tore heraus, knieten und überreichten die Schlüssel zur Stadt und zur Burg. Schon stand der Richtblock bereit. Schon winkte der König dem Henker. Da warf sich plötzlich seine Gattin, die gerade in diesen Tagen in seinem Lager auf Besuch war, ihm zu Füßen und flehte für die sechs um Gnade. Lange besann er sich. Schließlich siegten ihre Tränen. Er hob die Weinende sanft auf und sprach: »Ich kann dir deine Bitte nicht abschlagen. Aber ich wollte, du wärest heute anderswo gewesen.« Dann nahm er selbst den Bürgern die Stricke ab und gab sie frei.

Als junger Prinz hatte *König Heinrich V.* es recht liederlich getrieben und manchen tollen Streich verübt. Nun sollte einer seiner Gesellen, der auf offener Straße Händel angefangen, verhaftet werden. Der Richter Gascoigne von King's Bench legte selbst die Hand auf ihn. Als Heinrich dazwischentrat und mit gezogenem Schwert drohte, er werde das zu verhindern wissen, befahl der Richter kaltblütig, auch ihn zu verhaften. Da ließ Heinrich das Schwert sinken und fügte sich ohne Widerstand. Die Sache kam vor König Heinrich IV. Nachdem er den Bericht gehört hatte, sagte er: »Glücklich der Monarch, der einen so gewissenhaften, unerschrockenen Richter besitzt, und einen Sohn, der sich so willig den Gesetzen unterwirft.«

Franzosen

König Philipp dem Schönen von Frankreich gelang es im Jahre 1300, Flandern in seine Gewalt zu bringen. Die reichste Stadt dieses reichen Landes war Brügge. Nun hielt Philipp zusammen mit seiner Gemahlin Johanna Einzug. Sie hatte sich zu diesem Anlaß aufs beste herausgeputzt, sah sich jedoch an Pracht durch die Bürgerfrauen weit übertroffen. Das kränkte sie sehr, und sie konnte es nicht unterlassen, die Bemerkung zu machen: »Ich habe geglaubt, ich sei hier die Königin, nun sehe ich aber vierhundert.«

Unter *König Johann* erlitten die Franzosen in dem Hundertjährigen Kriege mit England manche schmachvolle Niederlage. Wieder mußten sie einmal ins Feld rücken. Dabei sangen sie Lieder von Roland. Der König hörte das eine Weile an, dann rief er ihnen höhnisch zu: »Ich habe schon lange keinen Roland unter euch gesehen.« Aber ein alter Obrist wußte zu parieren: »Man würde schon einen Roland unter uns sehen«, sagte er bissig, »hätten wir an der Spitze einen Karl den Großen.«

Karl VI. war sehr verschwenderisch. Man sagte von ihm, er gäbe tausend Taler, wo sein Vater nur hundert gegeben habe. Aber die Bauern hatten unter seiner Verschwendungssucht schwer zu leiden. Der Steuerdruck wurde so unerträglich, daß viele von ihnen ihren Acker verließen und in die Wälder flüchteten. »Was kann man uns schon antun«, meinten sie in ihrer

Verzweiflung, »höchstens noch hängen oder totschlagen, und das wäre Gnade.«

Auf ihrem Wege nach dem von den Engländern belagerten Orleans traf *Jeanne d'Arc* einige verzagte französische Ritter. Sie sprach ihnen Mut zu, doch vergebens. »Es ist niemand da«, so antworteten sie, »der uns Hilfe bringen kann.« Da richtete sie sich hoch auf und rief: »Ich bringe euch Hilfe, und zwar die beste, die jemals gebracht worden ist, die Hilfe des Königs im Himmel.«

In einem Gefecht wurde Jeanne d'Arc durch einen Pfeil an der Schulter verwundet. Mit Entsetzen sahen die Ritter, daß sie blutete. Sie aber ergriff den Pfeil, zog ihn heraus und rief ihnen zu: »Es ist nicht Blut, was da fließt, es ist Ruhm.« Dann kniete sie nieder, sprach ein kurzes Gebet und führte das Heer wieder in den Kampf.

An einem Maitage des Jahres 1431 stand in Rouen Jeanne d'Arc auf dem Scheiterhaufen, von einem englischen Gericht als Teufelin und Zauberin zum Feuertode verurteilt. Bis Flammen und Qualm sie erstickten, beteuerte sie mit dem Kruzifix fest in der Hand wieder und wieder: »Die Stimmen, die ich vernommen habe, kamen von Gott, von Gott allein.« Ihr letzter Schrei war »Jesus!«. Als alles vorüber war und die Gaffer sich verlaufen hatten, blieb nur der Henker an dem Aschenhaufen zurück. Er war so erschüttert und geängstigt, daß er zu dem Beichtstuhl eilte. »Ach, ich habe heute eine Heilige getötet«, jammerte er, »ich kann nicht selig werden.«

In der Schlacht bei Nancy 1477 wurde Karl der Kühne von Burgund von den Schweizern erschlagen. Seine ungemein reichen und blühenden Länder fielen nun seiner Tochter Maria zu. Um dieses kostbare Erbe an Frankreich zu bringen, bot *König Ludwig XI.* ihr die Hand seines achtjährigen Sohnes an. Sie aber mußte darüber herzlich lachen, und ihre Hofstaaten lachten mit ihr. »Fräulein Marie«, scherzten sie, »nimmt nur einen Mann zur Ehe und kein Kind. Die Kinder kommen dann schon von selbst.«

Ludwig XII. ging mit den einkommenden Steuergeldern seiner Untertanen sehr sorgsam um. Er war vor allem darauf bedacht, die Kosten seiner Hofhaltung einzuschränken. Das mißfiel den Schranzen und Lakaien, und sie spotteten deshalb über ihn. Er hörte davon, ließ sich aber nicht dadurch beirren. »Ich will lieber«, sagte er, »daß meine Höflinge über meine Sparsamkeit lachen, als daß mein Volk über meine Verschwendung weint.«

Neuzeit

Zeitalter der Entdeckungen

SPANIER

Als *Columbus* zum erstenmal dem spanischen Hof seine Ideen vortrug, besaß er weder Geld noch Gut und war deshalb in einem recht ärmlichen Gewande gekommen. Höhnisch verzogen die Höflinge das Gesicht. »Seht«, flüsterten sie sich zu, »dieser Lumpenkerl will eine neue Welt hervorzaubern!«

Nach der ersten Audienz bei Königin Isabella von Castilien vergingen acht Jahre, ehe Columbus Schiffe und Mannschaft für sein Unternehmen zugesagt wurden. Aber noch einmal schien alles an seinen Forderungen zu scheitern. Er verlangte den Rang eines Vizekönigs in den entdeckten Ländern, die Erhebung in den Adelsstand und den Zehnten aus den zu erwartenden Kroneinkünften, dazu noch den Titel »Atlantischer Admiral«. Als Isabella sich darauf nicht einlassen wollte, war er so verärgert, daß er ausrief: »Wenn ich keinen würdigen Lohn erhalte, werfe ich lieber meine Perlen vom Rialto ins Wasser.«

Bald nach der Abfahrt von Palos brach das Steuerruder der »Pinta«. Die Matrosen hielten das für ein böses Vorzeichen, und sie jammerten: »Der Himmel selbst gibt uns eine Warnung, daß wir von unserm Abenteuer ablassen sollen.« – »Nein«, hielt ihnen Columbus entgegen, »ein zerbrochenes Steuer bedeutet nur, daß man es wieder ausbessern muß.«

Dem Matrosen, der zuerst Land sehen würde, versprach Columbus ein ansehnliches Geldgeschenk. Am 11. Oktober 1492 nachts 2 Uhr schrie der Mann im Ausguck, Rodrigo de Triana: »Land, Land!« Er hatte sich nicht getäuscht. Als am nächsten Morgen die Sonne strahlend aufging, lag vor ihnen die Neue

Welt. Daraufhin verlangte Rodrigo seine Belohnung. Er erhielt sie aber nicht, denn Columbus behauptete: »Ich habe schon zwei Stunden vor Mitternacht ein Licht blinken sehen.«

Columbus wußte sehr genau um Bedeutung und Macht des Reichtums. »Wer das Gold besitzt«, sagte er einmal, »vermag sogar die Seelen ins Paradies zu führen.«

Von vielen Seiten waren bei Königin Isabella Klagen über Columbus eingelaufen. Sie schickte deshalb Francisco Bobadilla nach San Domingo und gab ihm außerordentliche Vollmachten mit. Kaum war er gelandet, da ließ er den großen Seefahrer verhaften und in Fesseln auf ein Schiff bringen, das nach Spanien segeln sollte. Unterwegs wollte der Kapitän ihm seine Ketten abnehmen, um sein hartes Schicksal zu erleichtern. »Nein«, wehrte Columbus ab, »ich trage diese Ketten auf Befehl meiner Königin, und sie soll mich gehorsam finden wie stets. Werden sie mir aber von ihr abgenommen, dann will ich sie bewahren als Reliquie und als Zeichen des Dankes, der mir für meine Dienste zuteil geworden ist.«

Bald nach der Landung in Vera Cruz stellte sich eine Gesandtschaft des Kaisers Montezuma von Mexiko bei *Cortez* ein. Dieser erklärte den Kaziken: »Wir Spanier leiden an einer seltsamen Herzkrankheit, aber es gibt ein gutes Mittel dagegen – Gold.« Man brachte es ihm, aber dadurch wurde seine Begier nur noch mehr gereizt, und er setzte seinen Vormarsch nach Tenochtitlan fort.

Jahr für Jahr fanden in Mexiko an den Altären der Teokallis blutige Menschenopfer statt. Sie wurden so zahlreich, daß es Kaiser Montezuma schauderte. Er fragte schließlich die Priester, ob sie wirklich nötig seien. Der Oberpriester, grausam und erbarmungslos, erwiderte: »Die Götter haben Durst.«

Durch Cortez gezwungen, mußte Montezuma vom Palast aus zu seinem Volke sprechen, doch ein Hagel von Steinen und Pfeilen antwortete ihm. Die Spanier brachten den Schwerverwundeten in Sicherheit. Da trat Cortez an sein Lager und versuchte ihn noch vor seinem Tode zu bekehren. Montezuma hörte ihn eine Weile regungslos an, dann sagte er aus letzter Seelentiefe: »Ich habe nur noch wenige Augenblicke zu leben und will in dieser Stunde dem Glauben meiner Väter nicht untreu werden.«

Der Neffe Montezumas, Prinz Guatemozin, hatte die Azteken zum Freiheitskampf aufgerufen, war aber unterlegen und in Gefangenschaft geraten. Cortez argwöhnte, daß ein neuer Aufstand geplant wurde und daß Guatemozin darum wußte. Daher ließ er ihn und den Kaziken von Tezcuco auf die Folter spannen, um ihnen ein Geständnis abzupressen. Als die Schmerzen unerträglich wurden, sah der Kazike stöhnend vor Qual zu seinem Herrn hinüber. In seinen Augen lag die Bitte, gestehen zu dürfen. Aber Guatemozin blitzte ihn an: »Denkst du etwa, ich liege hier auf Rosen?« Beide schwiegen, und Cortez befahl, sie zu hängen.

In den Berichten an Kaiser Karl V. wußte Cortez die Tapferkeit seiner Offiziere nicht genug zu rühmen. Er schrieb: »In der ganzen römischen Geschichte gibt es nicht solche Helden wie sie.«

Bei seiner Rückkehr nach Spanien wurde Cortez bei Hofe mit verletzender Kälte behandelt. Es war ihm kaum möglich, eine Audienz zu erlangen. Eines Tages drängte er kurz entschlossen die Höflinge beiseite und trat vor den Kaiser. Mit Verwunderung betrachtete ihn Karl V. und fragte: »Wer sind Sie?« Stolz erwiderte Cortez: »Ein Mann, der Ihnen mehr Königreiche erobert hat, als Sie von Ihren Vorfahren ererbt haben.«

Mit knapp zweihundert Mann brach Francisco *Pizarro* von Panama auf, um das mächtige Inkareich zu erobern. Begreiflich, daß es in dem kleinen Häuflein manche Soldaten gab, die kein rechtes Zutrauen zu dem Unternehmen hatten. Sobald er das bemerkte, ließ er seine Mannschaft antreten und hielt eine kurze Ansprache: »Der Augenblick der Entscheidung naht«, sagte er, »er verlangt ein mutiges Herz. Wer deshalb umkehren will, mag das tun. Ich kann nur tapfere Leute gebrauchen, aber ihnen werde ich vorangehen, und wenn es noch so wenige sind.« Daraufhin ließen ihn im ganzen neun Mann im Stich.

Der kühnste Reiter im Heere Pizarros war Hernando de Soto. Einst wollte er dem Inkakönig Atahualpa beweisen, wie meisterhaft er die Zügel zu führen wußte. In vollem Galopp sprengte er auf ihn zu, hielt dann plötzlich vor ihm, aber so nahe, daß die Stirntroddel des Königs von dem Schnauben des Pferdes bewegt wurde. Atahualpa zuckte mit keiner Wimper, gleichsam als wäre er ein Standbild aus Marmor. Einige seiner Hofleute liefen erschreckt davon. Noch an dem gleichen Abend wurden sie hingerichtet. »Es ziemt sich nicht«, verkündete Atahualpa, »daß man vor den Fremden Furcht zeigt.«

Unter den Spaniern gab es Feinde und Neider, die Pizarro nach dem Leben trachteten. Sie rotteten sich zusammen und zogen wohlbewaffnet zu seinem Palast. Als sie unterwegs an eine Wasserpfütze kamen, ging einer von ihnen in großem Bogen um sie herum. »Was, du Kerl«, brüllten ihn die andern an, »du willst bald knietief in Blut waten und hast Angst, dir die Füße naß zu machen?« Eine halbe Stunde später war der Verspottete der erste, der seinen Dolch in die Brust Pizarros stieß.

PORTUGIESEN

Neben den Spaniern waren auch den Portugiesen große Erfolge beschieden. Diaz drang bis zum Kap der Guten Hoffnung vor. Da Gama erreichte Indien und Cabral Brasilien. Inzwischen war es *Albuquerque* gelungen, Ormuz zu erobern, eine überaus reiche Insel am Ausgange des persischen Golfes, von dem man sagte: Die Welt ist ein Ring und Ormuz der Edelstein in diesem Ringe. Nun war aber der König von Ormuz ein Vasall des Schahs von Persien gewesen, und dieser verlangte von dem Portugiesen den üblichen Tribut. Albuquerque füllte ein Becken mit Kanonenkugeln, Lanzen und Schwertern und wandte sich dann an den Gesandten mit den Worten: »Nimm! Dies ist der Tribut, wie ihn der König von Portugal dem zu zahlen pflegt, der danach lüstet.«

Die Portugiesen brüsteten sich gern mit den Leistungen ihrer Seefahrer. »Sehr schade«, prahlten sie, »daß die Welt so klein ist. Wir hätten sonst noch mehr erobern können.«

Reformation

LUTHER

Als Luther die Universität Erfurt bezog, um Rechtsgelehrter zu werden, war er ein hurtiger und fröhlicher Geselle, doch unterließ er es nie, jeden Tag mit herzlichem Gebet und Kirchgang zu beginnen. »Fleißig gebetet«, pflegte er zu sagen, »ist über die Hälfte studiert.«

Durch den plötzlichen Tod eines Freundes und ein schweres Gewitter im Innersten erschüttert, gelobte Luther in ein Kloster einzutreten und Gott in der Stille zu dienen. Auf diese Weise hoffte er, die ewige Seligkeit zu erringen. Er wurde Augustinermönch zu Erfurt, doch ohne seinen Eltern Mitteilung zu machen. Sobald sein Vater davon erfuhr, schrieb er ihm entrüstet: »Sehet zu, daß euer Schrecken nicht ein teuflischer Betrug gewesen. Man soll den Eltern um Gottes Wort willen gehorsam sein und nichts hinter ihrem Wissen und Rat anfangen.« Worte, die lange quälend in ihm nachhallten und nicht eher verstummten, als bis er die Kutte abgeworfen hatte.

Auf Veranlassung des Generalvikars Staupitz wurde Luther nach Wittenberg berufen. Der Rektor der Universität erkannte bald seine überragende Bedeutung. »Dieser Mönch«, so ließ er sich mehrfach vernehmen, »wird alle Doktores irre machen und eine neue Lehre aufbringen und die ganze römische Kirche reformieren, denn er steht auf Christi und der Apostel Wort, das keiner umstoßen und widerfechten kann.«

Der Ordenskonvent hatte beschlossen, Luther zum Doktor der Heiligen Schrift zu ernennen. Er aber bat demütig, man möge sich nach einem andern umsehen, der tauglicher und gesünder sei als er. Staupitz ließ seine Einwendungen nicht gelten. Mit tiefem Ernst sprach er zu ihm: »Es läßt sich voraussehen, unser Gott wird bald im Himmel und auf Erden viel zu schaffen bekommen. Dafür wird er viel junger und arbeitsamer Doktores haben müssen. Ihr lebt nun oder sterbet, so bedarf Gott euch in seinem Rat.«

Luthers 95 Thesen flogen wie ein brausender Sturm durch ganz Deutschland. Sie drangen auch zu dem Prior des sächsischen Klosters Steinlausig an der Mulde und erfreuten ihn dermaßen, daß er frohlockend ausrief: »Ho, ho! Der wird's tun. Er kommt, darauf wir lange gewartet haben.«

Der Kardinal Cajetan empfing Luther zu Augsburg, überzeugt, es bedürfe nicht vieler Worte, um ihm seinen Irrtum nachzuweisen. Die Demut, mit der Luther ihm zu Füßen fiel, bestärkte ihn noch in dieser Meinung. Aber sehr bald mußte er merken, daß dieser geringe Mönch ein machtvoller Streiter war, der sich in der Theologie weit besser auskannte, als er ihm zugetraut hatte. Unmöglich, ihn zum Widerruf zu veranlassen. Erbittert brach Cajetan den Wortwechsel ab. »Ich will mit dieser Bestie nicht weiter verhandeln«, erklärte er dem Ordensvikar Staupitz, »der Mönch hat tiefe Augen und wunderliche Spekulationen im Kopf.«

Anfänglich maß Papst Leo X. der Sache Luthers wenig Bedeutung bei. »Ich halte Bruder Martinus für einen guten Kopf«, äußerte er, doch hielt er im Grunde alles für »Mönchsgezänk«. Als er gewahr wurde, wie sehr er sich getäuscht hatte, ließ er eine Bulle ausgehen, in der er ihm den Bann androhte. Daraufhin wurden an manchen Orten Luthers Schriften aus den Buchläden entfernt und verbrannt. Luther aber holte ohne Zögern zum Gegenschlage aus. Die akademische Jugend Wittenbergs errichtete vor dem Elstertore einen Scheiterhaufen, dann trat er vor und warf die Dekretalen samt der Bulle ins Feuer. Dabei rief er: »Weil du gottloses Buch den Heiligen des Herrn betrübt hast, so betrübe und verzehre dich das ewige Feuer!« Am nächsten Tage hielt er zum ersten Male seine Vorlesung in deutscher Sprache.

Ein Herold erschien in Wittenberg und lud Luther nach Worms vor den Reichstag. Obwohl man ihm freies Geleit zugesichert hatte, waren seine Freunde doch sehr in Sorge um ihn. Noch auf der letzten Station vor Worms ließ ihn Kurfürst Friedrich der Weise warnen. Er war aber in seinem Entschluß nicht zu erschüttern. »Ich will hinein«, sagte er, »und wenn so viele Teufel auf mich zielten, als Ziegel auf den Dächern sind.«

Am 17. April abends, als schon die Fackeln angezündet wurden, erschien Luther vor dem Reichstage. Wie er den Palast betrat, stand dort der Kaiserliche Feldhauptmann Georg von Frundsberg. Der klopfte ihm ermutigend auf die Schulter und sprach: »Mönchlein, Mönchlein, du gehst einen schweren Gang, desgleichen ich und mancher Christ auch in unserer allerernstesten Schlacht nicht getan haben. Bist du aber auf rechter Meinung und deiner Sache gewiß, so sei nur getrost! Gott wird dich nicht verlassen.«

Auf eine Disputation war es auf dem Reichstage nicht abgesehen. So wurde denn Luther nach einigen Ausführungen sehr bald vor die entscheidende Frage gestellt, ob er widerrufen wolle. Darauf bekannte er mit fester und klarer Stimme: »Weil denn Ew. Majestät eine schlichte Antwort begehren, so will ich eine Antwort geben ohne Hörner und Zähne. Es sei denn, daß ich durch Zeugnisse der Schrift oder durch helle Gründe überwunden werde – denn ich glaube weder dem Papst noch den Konzilien allein, weil es am Tage ist, daß sie oft geirrt haben – so bin ich überwunden durch die Heiligen Schriften, und mein Gewissen ist gefangen in Gottes Wort. Widerrufen kann ich nichts und will ich nicht, dieweil wider das Gewissen zu handeln unsicher und gefährlich ist.« Darüber entstand große Unruhe im Saal, so daß nicht auszumachen ist, ob Luther noch hinzugefügt hat: »Hier stehe ich, ich kann nicht anders. Gott helfe mir! Amen!«

Unter den Landsknechten herrschte der Brauch, jubelnd die Hand hochzurecken, wenn ihnen ein guter Hieb beim Kampfspiel geraten war. So tat auch Luther, als er in seine Herberge zurückkehrte. »Ich bin hindurch«, rief er, »ich bin hindurch.«

Einst hielt Luther im Sächsischen Visitation. Da mußte denn auch ein Bauer das Glaubensbekenntnis herbeten, und er begann also: »Ich glaube an Gott den Allmächtigen ...« Befragt, was das Wort »allmächtig« denn bedeute, wußte er es nicht. Aber Luther tröstete ihn mit den Worten: »Ich und alle Gelehrten wissen's auch nicht. Glaube du nur, daß Gott dein lieber und treuer Vater ist, der dir in allen Nöten hilft.«

In den Niederlanden wurden zwei Augustinermönche der Ketzerei beschuldigt und verbrannt. Als Luther davon Kenntnis erhielt, war er sehr betrübt und weinte. Dann sagte er: »Ich vermeinte immer, ich sollte der erste sein, der um des Heiligen Evangeliums wegen sollte gemartert werden, aber ich bin des nit würdig gemacht.«

Zeit seines Lebens besaß Luther nur ein Geringes an irdischen Gütern. Nichtsdestoweniger war er stets guten Mutes und voll Herzensfröhlichkeit, namentlich seitdem er in glücklicher Ehe mit Katharina von Bora verbunden war. So konnte er denn getrost beteuern: »Ich möchte meine Armut *mit* Frau Käthe nicht gegen alle Schätze des Krösus *ohne* sie eintauschen.« Begreiflich, daß ein Mann von solcher Gesinnung für Bestechung unzugänglich war. Das wußten auch seine Gegner sehr wohl, und als ihnen jemand riet, Luther etliche hundert Gulden »in den Hals zu stecken«, erhielt er von ihnen zur Antwort: »Es hilft nichts an ihm. Die deutsche Bestie achtet keines Geldes und will keines nehmen, wenn man's ihm schon anbietet.«

Der Kurfürst Friedrich der Weise wandte sich an Reuchlin wegen eines Lehrers des Griechischen an seiner Universität. Reuchlin empfahl *Philipp Melanchthon,* fragte ihn aber zuvor, ob er das Amt annehmen wolle. »Wohin du mich schicken willst«, antwortete der Jüngling seinem Meister, »dahin will ich gehen, was du aus mir machen willst, das will ich werden.« Da entließ ihn Reuchlin mit der Verheißung, die Abraham geschah: »Gehe aus von deinem Vaterlande, von deiner Freundschaft!«

Unter dem Einfluß Melanchthons widmete sich Luther ernsthaft dem Studium des Griechischen. Gemeinsam arbeiteten sie nun an der Übersetzung des Neuen Testaments. Dabei geschah es denn, daß sie über eine Stelle in Streit gerieten. »Lieber Martin«, mahnte der behutsame Melanchthon, »mir ist es um's Griechische.« – »Und mir um's Deutsche«, antwortete Luther.

Neidlos bewunderte Luther die gründliche und umfassende Bildung seines Freundes Melanchthon. »Dieses Griechlein«, äußerte er, »übertrifft mich auch in der Theologie.« Und ein andermal meinte er: »Er wird euch viele Martine ersetzen.«

Einst besuchte Melanchthon seine Mutter. Sie war eine schlichte, gottesfürchtige Frau, sorgte sich aber sehr um den großen Religionsstreit und seufzte bekümmert, sie wisse gar nicht mehr, was und wie sie beten solle. Um Klarheit zu erhalten, sprach sie ihrem Sohn ihr Gebet vor. Als sie geendet, tröstete er sie und sagte sanft: »Bete so weiter, liebe Mutter, und überlass' das Disputieren den Doktores!«

Mit erstaunlicher Klarheit begriff Luther den Wesensunterschied zwischen sich selbst und Melanchthon. »Ich muß Klötze und Stämme ausreuten«, bekannte er, »Dornen und Hecken wegräumen, Bahn brechen und zurichten. Ich bin der grobe Waldrechter, aber Meister Philipp fährt säuberlich und stille daher, bauet und pflanzet und begießet mit Lust.«

Unter den Gelehrten jener Zeit genoß *Erasmus* das höchste Ansehen. Deshalb lag dem Kurfürsten Friedrich dem Weisen sehr viel daran, von einem solchen Manne zu hören, was er von Luther und seiner Sache halte. Als er ihn in Köln traf, fragte er ihn danach und erhielt die Antwort: »Luther hat zwei große Sünden begangen, daß er dem Papst an die Krone und den Mönchen an die Bäuche gegriffen hat. Aber dennoch ist seine Lehre ernst und schriftgemäß.« Seither war der Kurfürst sicher, daß er recht daran tue, seinen Wittenberger Professor zu schützen.

Erasmus erfuhr, daß in vielen Orten Frankreichs Luthers Schriften verbrannt worden seien. Er war darüber ganz entsetzt. »Man beginnt«, schrieb er, »mit der Verbrennung von Büchern und wird mit der Verbrennung von Menschen enden.«

Unter der Ritterschaft war keiner, der sich Luthers und seiner Lehre so feurig und leidenschaftlich annahm wie *Ulrich von Hutten*. »Latein habe ich früher geschrieben«, erklärte er, »jetzt rufe ich das Vaterland an.« Und er tat das, indem er, für jedermann verständlich, die Mißbräuche Roms vor allem Volk in deutschen Reimen geißelte. Sein Wahlspruch lautete fortan: »Der Würfel ist gefallen, ich hab's gewagt.«

KARL V. UND FRANZ I.

Auf dem Reichstag zu Worms erblickte der junge, kürzlich gewählte Kaiser zum ersten Male Luther. Schweigend hörte er zu, wie er sich verteidigte. Der Eindruck, den er von ihm gewann, war wenig günstig. »Der soll mich nicht zum Ketzer machen«, äußerte er nach der Sitzung.

Jakob Fugger hatte Karl V. dreihunderttausend Gulden für die Kaiserwahl vorgeschossen und dadurch nicht wenig zu seinem Erfolge beigetragen. Das Volk wußte davon nichts, aber welche übertriebene Vorstellung es sich von dem Reichtum des Augsburgischen Handelsherrn machte, geht daraus hervor, daß man sich erzählte, Fugger habe, als der Monarch bei ihm weilte, zum Nachtisch eine Schale mit duftendem Sandelholz bringen lassen und alle kaiserlichen Schuldscheine darin verbrannt. Dabei habe er gesagt: »Dadurch, daß Ew. Majestät mir die Ehre antaten, mein Gast zu sein, haben Sie alle Ihre Schulden bezahlt.«

Frankreichs König Franz I. war ein ungemein ehrgeiziger Mann. Gern hätte er an Stelle von Karl V. die deutsche Krone erworben und, wie er selbst zugab, drei Millionen Goldgulden dafür geopfert. Er sprach auch gelegentlich von dem großen Ziel, Sieger und Bezwinger des türkischen Reiches zu werden, vor dem Europa damals zitterte. »Bin ich erst gewählt«, so versicherte er stolz, »dann schwöre ich, daß ich in drei Jahren entweder tot bin oder in Konstantinopel.« Er wurde nicht gewählt, und was die Türkei betrifft, so wandte er sich nicht gegen sie, sondern suchte in ihr einen Verbündeten gegen Karl V.

In seinen großartigen Entwürfen mochte Franz I. es wohl mit Alexander dem Großen aufnehmen, aber er besaß nicht im entferntesten die gleiche Tatkraft, sondern vergeudete viel Zeit mit seinen Mätressen. So kam an seinem Hofe das spöttische Wort auf: »Alexander gab sich mit Frauen ab, wenn er keine Geschäfte hatte. Franz gibt sich mit Geschäften ab, wenn er gerade keine Frauen um sich hat.«

Zwischen Karl V. und Franz I. kam es schon 1521 zum ersten Kriege. Der Streit ging um Mailand. Im französischen Kriegsrat wurde lange darüber verhandelt, welchen Weg man nach Italien nehmen solle. Als man über einen brauchbaren Vorschlag einig geworden war, soll sich plötzlich der Hofnarr eingemischt und gerufen haben: »Meine Herren, Sie haben das Wichtigste vergessen.« Deswegen zur Rede gestellt, antwortete er: »Sie haben sehr klug herausgefunden, wie man nach Italien hineinkommt, aber vergessen, wie man wieder herauskommt.« Dabei schüttelte er seine lustige Schellenkappe.

Bei Pavia kam es zur Entscheidungsschlacht. Die Franzosen und die mit ihnen verbündeten Schweizer wurden von den deutschen Landsknechten unter Frundsberg und den Spaniern unter Pescara schwer geschlagen. Kurz vor Beginn des Kampfes hatte Franz I. noch geprahlt: »Heute nenne ich mich Herr von Mailand.« Wenige Stunden später war sein Heer auf der Flucht und er selbst ein Gefangener. Auf seine Bitte hin führte man ihn in eine Kirche, wo er ein Gebet verrichten wollte. Als er eintrat, sangen die Mönche gerade den Psalm: »Wohl mir, o Herr, dieweil Du mich erniedrigt hast.« Der König stutzte, dann beugte er demütig das Haupt und stimmte in den Gesang ein.

Die Frage war, was mit dem Gefangenen geschehen sollte. Gattinara, der Kanzler Karls V., gab seinem Herrn den Rat: »Entweder müssen Ew. Majestät den König von Frankreich so tief erniedrigen, daß er sich nie wieder erheben kann, oder so hochherzig behandeln, daß er sich nie wieder gegen Sie erheben mag. Das Schlimmste wäre, ihn halb befriedigt zu entlassen.« Der Kaiser ließ sich dahin vernehmen, man solle von ihm nicht wie von Hannibal sagen, er verstehe wohl zu siegen, aber nicht seinen Sieg auszunützen.

Wiederholt hatte Karl V. in Deutschland die Vollstreckung des Wormser Edikts gegen Luther angemahnt, doch immer erfolglos. Nun erschien er selbst im Jahre 1530 zu Augsburg, um mit den Protestanten zu verhandeln. Er ließ einige ihrer Fürsten vor sich kommen und verlangte von ihnen, sie sollten von der lutherischen Predigt abstehen. Aber der Markgraf Georg von Brandenburg ließ sich durch die kaiserliche Majestät nicht ängstigen. »Herr«, sagte er mit fester Stimme, »ehe ich von Gottes Wort abstünde, wollte ich lieber auf dieser Stelle niederknien und mir den Kopf abhauen lassen.« Auf so schroffen Widerstand war der wohlwollende Monarch nicht gefaßt. »Lieber Fürst, nit Köpfe ab«, entgegnete er erschreckt.

Zu welchem Ausbruch des Fanatismus der religiöse Hader führen konnte, erhellt aus dem, was in Neuburg an der Donau geschah. Dort lebte ein junger Spanier, der sich der evangelischen Lehre zugewandt hatte. Sein Bruder, aufgewachsen in dem Glauben, daß ein Ketzer der ewigen Verdammnis anheimfallen müsse, bemühte sich verzweifelt, ihn für die katholische Kirche zurückzugewinnen. Als sein Zureden nichts half, ließ er ihn durch seinen Diener mit dem Beil erschlagen, während er selbst an der Türe Wache hielt.

Die Spannungen zwischen Karl V. und den protestantischen Fürsten, die sich im Schmalkaldischen Bunde zusammengeschlossen hatten, führten schließlich zum Kriege. Bei Ingolstadt lagen die Gegner kampfbereit einander gegenüber. Der Feldhauptmann Schärtlin von Burtenbach beschwor die Fürsten, die feindlichen Schanzen zu erstürmen, ehe sie ausgebaut und vollendet seien. Sie aber machten bedenkliche Gesichter und meinten: »Wir haben Land und Leute zu verlieren.« – »Und ich habe Burtenbach zu verlieren«, wetterte der tapfere Kriegsmann. Es war umsonst, der Angriff unterblieb, und der Feldzug an der Donau ging verloren.

Bei Mühldorf an der Elbe erlitt die protestantische Sache ihre entscheidende Niederlage. Der Kaiser hatte selbst seine Mannschaft ins Treffen geführt und überraschend schnell das feindliche Heer zersprengt. Als er die Walstatt verließ, wollte man von ihm die Worte gehört haben: »Ich kam, sah – und Gott siegte.«

Nach dem Einmarsch der spanischen Truppen in Wittenberg erzählte man sich, Herzog Alba sei an den Kaiser herangetreten mit der Aufforderung, die Gebeine des Ketzers Luther ausgraben und verbrennen zu lassen. Er aber habe geantwortet: »Ich führe Krieg mit den Lebendigen, nicht mit den Toten.«

Gegen Ende seines Lebens zog sich Karl V. enttäuscht und der Händel dieser Welt überdrüssig, in das Kloster San Yuste zurück. Wie sehr ihm der Mönchsfrieden und die Gebetsstille behagten, bezeugt sein Ausspruch: »Hier genieße ich an einem einzigen Tage mehr wahres Glück als in all den Jahren meines Triumphes.«

Luthers Schriften fanden auch in England rasch Verbreitung. Sie erweckten aber bei König Heinrich VIII. heftigen Unwillen. Er griff sogar selbst zur Feder, um die Heiligkeit der sieben Sakramente gegen Luther zu erweisen. Darüber hocherfreut, verlieh Papst Leo X. ihm den Titel »Defensor fidei«. Doch gerade dieser König war es, der die Trennung Englands von Rom herbeiführte.

Als Heinrich VIII. damit umging, sich zum Oberhaupt der englischen Kirche zu machen, erhob sein Kanzler Sir Thomas More dagegen Widerspruch. Da trat der Herzog von Norfolk an ihn heran und warnte ihn. »Es ist immer gefährlich, mit Fürsten zu streiten«, sagte er, »denn der Zorn eines Fürsten bringt den Tod.« Auf More machte das keinen Eindruck. »Ist das alles, Mylord?« fragte er und fuhr fort: »Dann ist der Unterschied zwischen Euch und mir nur der, daß ich heute sterben muß und Ihr später.«

Wie der Herzog von Norfolk vorausgesagt hatte, wurde Thomas More zum Tode verurteilt. Er sollte aber durch die besondere Gnade des Königs nicht gehängt oder gerädert, sondern nur geköpft werden. »Ich bitte Gott«, versetzte er bei dieser Ankündigung, »daß er meine Freunde vor einer ähnlichen Gnade bewahren möge.«

Ebenso wie More verweigerte auch der Bischof John Fisher den Suprematseid. Papst Paul III. meinte, ihn dadurch vor Strafe retten zu können, daß er ihn zum Kardinal ernannte. Wie wenig kannte er die Rücksichtslosigkeit, mit der Heinrich VIII. sein Ziel verfolgte. »Gut«, lachte der König höhnisch auf, »mag der Papst den Kardinalshut senden, aber Fisher wird keinen Kopf mehr haben, um ihn zu tragen.«

Der Erzbischof von Canterbury, Warham, lud die geistlichen Würdenträger Englands zu einer Versammlung ein und legte ihnen die Frage vor, ob sie bereit seien, König Heinrich an Stelle des Papstes als Oberhaupt und Herrn der Kirche anzuerkennen. Alle schwiegen. »Wer schweigt«, erklärte Warham, »scheint zuzustimmen.« Da rief jemand: »Dann schweigen wir alle.«

Wieder einmal war der hohe Klerus zur Beratung zusammengetreten. Da erhob sich der Bischof von Worcester, Latimer, der wegen seiner beißenden Ironie gefürchtet war, und begann: »Ich wollte euch gern eine Frage vorlegen. Wißt ihr, wer der fleißigste und tüchtigste Prälat in England ist?« Verlegenes Schweigen. »Nun«, fuhr Latimer fort, »das ist der Teufel, der Tag und Nacht hinter seinem Geschäft her ist. Wenn ihr predigtfaulen Prälaten nicht von Gott lernen wollt, was eure Pflicht ist, dann lernt es gefälligst vom Teufel!«

König Heinrich faßte den Beschluß, die Klöster in seinem Land aufzuheben. Von den Anhängern der alten Kirche wurde das als schlimme Ketzerei verurteilt. Dagegen wandte sich Colet, der Dekan von St. Paul's. »Ketzerei?« rief er aus. »Ich will euch sagen, was in Wahrheit Ketzerei ist – das lasterhafte, durch und durch verderbte Leben der Mönche.«

Schon zwei Gemahlinnen Heinrichs waren auf sein Geheiß zum Richtblock gebracht worden. Jetzt begehrte er die Hand der Herzogin Christiane von Mailand. Sie wies den Gesandten, der seine Werbung bei ihr vorbrachte, mit den Worten zurück: »Ich besitze leider nur *einen* Kopf, und den brauche ich für mich selbst.«

Religionskriege

PHILIPP II. UND DIE NIEDERLANDE

Um die Mitte des sechzehnten Jahrhunderts war Spanien ein überaus mächtiges Reich, so mächtig, daß damals das Wort aufkam: »Wenn Spanien sich rührt, dann zittert die Welt.« Oder: »Wenn Madrid redet, dann schweigt die Welt und horcht auf.«

Philipp II. lebte zurückgezogen im Escorial. Von hier aus ließ er, ein unermüdlicher Arbeiter, zahllose Depeschen in alle Welt ausgehen. Nicht mit Unrecht durfte er von sich sagen: »Mit kleinen Papierschnitzeln regiere ich beide Halbkugeln der Erde.« Zu raschem, entschlossenem Handeln aber konnte er sich nur schwer aufraffen. Deshalb urteilte sein Minister Granvella über ihn: »In allen Dingen ist es sein einziger Entschluß, beständig unentschlossen zu sein.«

Die Überzeugung, daß ein Staat nur dann stark und gefestigt sein könne, wenn die Einheit der Religion gewahrt werde, machte Philipp zum Vorkämpfer des Katholizismus. In eigener Person wohnte er bisweilen den Autodafés bei, und als ihn einmal ein zum Feuertode Verurteilter um Gnade bat, fertigte er das Gesuch mit den Worten ab: »Und wenn es mein eigener Sohn wäre, ich würde selbst Holz herbeiholen und ihn verbrennen.«

Ebensowenig wie in Spanien wollte Philipp in anderen Teilen seines Reiches den Abfall von der Römischen Kirche dulden. Er erließ deshalb sehr strenge Religionsedikte. Da machte sich in den Niederlanden der kalvinistische Adel auf, begab sich zu der Statthalterin Margarete von Parma und forderte von ihr die Abschaffung dieser Gesetze. So viele waren gekommen, daß Margarete erschrak, doch der Staatsrat Berlaymont flüsterte ihr zu: »Fürchten Sie nichts! Es ist nur ein Haufe Bettler (gueux).« Das Wort wurde bekannt und als »Geusen« zum trotzigen Kampfruf der Aufständischen.

Margarete von Parma konnte den Aufstand in den Niederlanden nicht meistern. Eine stärkere Faust sollte dreinschlagen, und Philipp II. schickte den Herzog Alba. Wilhelm von Oranien erkannte sofort, welche Gefahr ihm und den andern Führern des Adels drohte. Er beschloß daher, all sein Hab und Gut im Stich zu lassen und sich ins Ausland zu retten. Auch dem Grafen Egmont riet er die gleiche Vorsicht an. Der aber lachte darüber im Vertrauen auf seine früheren, nicht unbedeutenden Verdienste um die spanische Krone und spottete: »Fahrt wohl, Prinz ohne Habe!« Oranien antwortete: »Fahrt wohl, Graf ohne Kopf!«

Egmont wurde verhaftet. Sobald Granvella davon erfuhr, stellte er die Frage, ob auch der Oranier festgenommen sei. Als man das verneinte, schüttelte er bedenklich den Kopf. »Wenn Alba den nicht hat, dann hat er gar nichts.«

Nach der Exekution Egmonts und Hoorns waren manche Leute sehr erstaunt, daß Alba mit erlauchten Häuptern so streng gewesen sei. Er erwiderte kühl: »Die Köpfe von einigen wenigen Lachsen sind bei weitem wertvoller als die Köpfe von vielen tausend Gründlingen.«

Albas Sohn, Don Fadrique, stand vor Haarlem, wollte aber wegen der großen Verluste die Belagerung aufheben. Da schrieb ihm sein Vater entrüstet: »Wenn du das tust, bist du nicht länger mein Sohn. Solltest du fallen, so komme ich selbst und kämpfe weiter. Falle auch ich, dann wird meine Frau aus Spanien herbeieilen und die Belagerung fortsetzen.« Die Stadt fiel, freilich erst nach monatelangem Blutvergießen. Haarlem, so hieß es deshalb, ist der Friedhof der Spanier. Alba aber hatte seinen Willen durchgesetzt.

Holland erlebte nach der Beendigung des Krieges einen großen wirtschaftlichen Aufschwung. Es war keine leere Prahlerei, wenn man in Amsterdam oder Den Haag frohlockte: »Wir haben kein Scheit Holz und doch zahllose Schiffe auf allen Meeren, keine Getreidefelder, doch einen großen Getreidehandel. Nicht eine einzige Rebe wächst bei uns, und wir verkaufen doch Wein in alle Länder. Wir besitzen keine Bergwerke und waten doch in Silber und Gold.«

ELISABETH UND MARIA STUART

Königin Elisabeth liebte die heiteren Feste und die verwegenen Schmeicheleien ihrer Höflinge. Sie tanzte gern, scherzte und lachte und ließ deutlich merken, daß sie schönen Männern gegenüber nicht gleichgültig war. Dem düsteren Einsiedler im Escorial Philipp II. erschien ein solches Treiben höchst anstößig, und er schalt Elisabeth ein sittenloses Weib. »Aber unbegreiflich bleibt mir«, fügte er grüblerisch hinzu, »wie es möglich ist, daß eine solche Buhlerin meine Politik zu durchkreuzen vermag.«

Bei jeder Gelegenheit legte Elisabeth es darauf an, durch Schönheit und Pracht zu glänzen. Wieder war es ihr einmal gelungen, alle andern Frauen zu überstrahlen. Ihres Triumphes sicher, suchte sie dem schottischen Gesandten Melville das Geständnis zu entlocken, daß sie schöner sei als Maria Stuart. Melville, ein kluger Diplomat, zog sich gewandt aus der Schlinge. »In England«, versicherte er, »kommt niemand Ew. Majestät gleich, und in Schottland ist keine Frau so schön wie meine Monarchin.«

Mitten bei einem festlichen Ball, als Elisabeth gerade vom Tanz ausruhte, meldete sich bei ihr ein Kurier. Er brachte die Nachricht, daß Maria Stuart von einem Thronerben entbunden sei. Das traf sie wie ein Blitz. Einer Ohnmacht nahe, brach sie in einem Lehnstuhl zusammen und stöhnte: »Die Königin von Schottland hat einen Sohn geboren, und ich bin nur ein unfruchtbarer Baum.«

Fürsten aus den erlauchtesten Häusern Europas bewarben sich um die Hand Elisabeths. Eine Zeitlang schien es, als sei sie entschlossen, sich mit dem Herzog von Alençon zu vermählen. Das war nicht im Sinne des treuen John Stubbs. Er veröffentlichte eine Flugschrift, in der er gegen diesen Plan scharf Einspruch erhob. Elisabeth aber war nicht geneigt, Kritik an ihren Maßnahmen zu dulden. Zur Strafe ließ sie dem unerwünschten Ratgeber die rechte Hand abhauen. Auf dem Schafott noch riß Stubbs mit der Linken den Hut vom Kopf, schwenkte ihn und rief dabei: »Gott segne die Königin!«

Über die Ermordung der Hugenotten in der Bartholomäusnacht zu Paris war Elisabeth und mit ihr ganz England sehr aufgebracht. Als der französische Gesandte bald darauf um eine

Audienz nachsuchte, ließ sie das Empfangszimmer mit schwarzem Tuch ausschlagen. Ihre Hofdamen und Minister legten tiefe Trauer an. Beim Eintritt des Gesandten herrschte Totenstille im Raum wie bei einem Begräbnis, und lange mußte er warten, bis Elisabeth endlich geruhte, einige Worte an ihn zu richten. So deutlich ließ sie merken, was sie von der Untat hielt.

Wieder und wieder schob Elisabeth ihre Gattenwahl hinaus. Das Parlament wurde unruhig und verlangte von ihr, sie möge Anordnungen über die Thronfolge treffen. Die Lords, die ihr diesen Wunsch vortrugen, herrschte sie zornig an: »Ich bin eure gesalbte Königin und lasse mich zu nichts zwingen. Sollte ich aber aus meinem Reiche vertrieben werden, so wisset: Gott hat mir in seiner Gnade solche Eigenschaften verliehen, daß ich überall mein Brot fände, selbst wenn ich im bloßen Hemde käme.«

Francis Drake kehrte von seiner Weltumseglung heim. Sein Schiff war überreich mit Schätzen beladen, mit Gold, Silber, Perlen und Diamanten, die er in den Gewässern von Chile und Peru den Spaniern abgejagt hatte. Zum Dank für seine kühne Fahrt erteilte Elisabeth ihm den Ritterschlag. Es dauerte nicht lange, da erschien der spanische Gesandte Mendoza bei ihr, führte Beschwerde über Drake und erklärte: »Wenn das so fortgeht, werden die Kanonen sprechen.« Gelassen, als spräche sie vom Wetter, entgegnete sie: »Wer mich mit solchen Drohungen belästigt, der wandert in den Kerker.«

Der Krieg zwischen Spanien und England wurde unvermeidlich. Aber die Große Armada erlitt im Kanal so schwere Verluste, daß der Herzog Sidonia den Mut verlor und, um neuen Kämpfen auszuweichen, die Heimkehr auf dem Umwege über die Orkneyinseln befahl. »Nie hat mich etwas mehr gefreut«, jubelte Drake, »als der Anblick, wie die Spanier nordwärts flohen. Ich denke, sie werden sich glücklich preisen, wenn sie wieder daheim sind unter ihren Orangenbäumen.«

Philipp II. vernahm die Nachricht vom Untergang seiner Flotte mit völliger Gelassenheit. »Ich habe meine Schiffe nicht gegen Sturm und Wetter ausgesandt«, erklärte er, »sondern gegen Menschen.« Dann befahl er zum Staunen seiner Bischöfe, in allen Kirchen feierliche Dankesmessen zu lesen. Er begründete das mit den Worten: »Gott gebührt Dank für alles, was er tut.«

Der besondere Günstling der alternden Königin war der Graf von Essex. Von seiner Jugend und Schönheit bezaubert, überschüttete sie ihn mit zahllosen Beweisen ihrer Neigung, mit hohen Ehren und einträglichen Ämtern. Aber einmal geschah es, daß er ihr im Staatsrat scharf widersprach und dabei die nötige Ehrerbietung fehlen ließ. Gereizt ging sie auf ihn zu und gab ihm eine kräftige Ohrfeige. Essex vergaß sich so sehr, daß er wütend zum Degen griff und schrie, solchen Schimpf könne er von einem Weiberrock nicht ertragen. Nur dadurch wurde Schlimmeres verhütet, daß ein Minister sich schützend vor die Königin stellte. Jeden anderen hätte Elisabeth auf dem Schafott büßen lassen. Sobald aber Essex vor ihr kniete und um Verzeihung bat, war alles vergessen.

Elisabeth konnte den Wünschen ihres Lieblings Essex selten widersprechen. Als er sich Anno 1598 in seiner Eitelkeit vermaß, er werde den Aufstand der Iren mit leichter Mühe niederschlagen, gab sie ihm trotz ihrer Bedenken nach. In Wahrheit war er der schweren Aufgabe nicht gewachsen, und so kehrte er heim, nachdem viel Blut vergossen und viel Geld nutzlos vertan worden war. Auf der Überfahrt erlebte Essex in der Irischen See ein böses Unwetter, und auf ein gleiches Unwetter machte er sich bei der Königin gefaßt. Zu seinem Staunen wurde er sehr gnädig, fast zärtlich empfangen. Als er von der Audienz zurückkam, erklärte er mit prahlerischer Zuversicht: »Auf dem Meer habe ich Sturm angetroffen und hier Windstille.« Aber Elisabeth hatte ihn nur getäuscht. Noch am Abend entsetzte sie ihn aller seiner Ämter und befahl ihm, sein Haus nicht mehr zu verlassen. Der Zwist wurde bald zur Tragödie, und Essex endete auf dem Blutgerüst.

Mit Sorgen sah der Staatssekretär Robert Cecil, wie die Kräfte seiner alternden Monarchin mehr und mehr abnahmen. Er riet ihr dringend Schonung an und wagte zu sagen: »Ew. Majestät müssen zu Bett gehen.« – »Was«, begehrte sie auf, »müssen? Ein solches Wort darf man Fürsten gegenüber nie anwenden.«

Maria Stuart wurde am französischen Hofe erzogen und sechzehnjährig mit dem Dauphin vermählt. Nach dem frühen Tod ihres Gatten kehrte sie nach Schottland zurück. Der Abschied von Frankreich wurde ihr sehr schwer. Längst war ihr Schiff aus Calais ausgelaufen, aber immer noch stand sie an die Reling gelehnt und blickte sehnsüchtig zurück zur Küste. »Lebe wohl, mein schönes Frankreich«, sagte sie unter Tränen, »ich fürchte, ich werde dich nie wiedersehen.« Ihre dunkle Ahnung ging in Erfüllung. Sie hat Frankreich nie wiedergesehen.

Die strengen Kalvinisten Schottlands sahen der Ankunft ihrer katholischen Königin mit größtem Mißtrauen entgegen. Zufällig lag an jenem Augusttage des Jahres 1561, als Maria Stuart in Leith, der Hafenstadt Edinburghs, von Bord ging, ein außerordentlich dichter, graudunkler Nebel über Meer und Land. Die Pfarrer, Knox an der Spitze, glaubten darin ein schlimmes Vorzeichen zu erkennen, und noch viele Jahre später, während Maria schon in England gefangen saß, erinnerte sich das Volk an jenen Tag. »Nie vorher und nie nachher«, so erzählte man sich, »hat der Himmel ein so trauriges, von Schmerz entstelltes Gesicht gezeigt.«

Auf dem Schachbrett der großen Politik war Maria Stuart eine wichtige Figur. Sie und nicht Elisabeth galt der katholischen Welt als die rechtmäßige Königin von England. Da keine Aussicht bestand, daß Elisabeth ihren protestantischen Glauben jemals preisgeben würde, setzte man in Rom und Madrid Hoffnung auf Maria. Philipp II. meinte deshalb: »Die schottische Königin ist die einzige Pforte, durch die unsere Religion in England wiederhergestellt werden kann. Alle anderen sind verschlossen.« Mit der Hinrichtung Maria Stuarts wurde auch diese einzige und letzte Tür zugeschlagen.

KARL IX. UND DIE HUGENOTTEN

In den ersten Jahren der Regierung Karls IX. war Michel de L'Hopital Kanzler von Frankreich. Eifrig bemühte er sich, den Hader zwischen Katholiken und Hugenotten beizulegen. »Laßt uns«, so mahnte er, »diese teuflischen Worte ›Lutheraner‹, ›Hugenotten‹, ›Papisten‹ abtun und an ihre Stelle das Wort ›Christen‹ setzen!« Aber das war in den Wind gesprochen. Die Kämpfe gingen weiter und verschärften sich von Jahr zu Jahr.

Der Führer und zugleich der edelste Charakter der Hugenotten war Admiral Coligny. Das Kriegsglück war ihm nicht sonderlich gewogen, aber nach jeder Niederlage wuchs er an Standhaftigkeit, Mut und Umsicht. Er sagte deshalb von sich: »In einer Beziehung kann ich den Vorrang vor Alexander und Cäsar beanspruchen. Sie haben zwar große Schlachten gewonnen und ich verloren, und trotzdem bin ich mit jedem Male den Feinden gefährlicher als zuvor.«

Nach drei blutigen Bürgerkriegen schien endlich Friede in Frankreich zu werden. Die Vermählung der Schwester König Karls IX. mit dem Hugenotten Heinrich von Navarra sollte die Versöhnung besiegeln. Coligny wollte an der Feier teilnehmen, aber als er aufbrach, warf sich ihm eine Bauersfrau zu Füßen. »Bleibt hier, Herr«, warnte sie ihn unter Tränen. »Wenn Ihr nach Paris geht, werde ich Euch nicht wiedersehen.« Coligny gab ihr zur Antwort: »Ich will mich lieber in Paris zu Tode schleifen lassen, als einen neuen Bürgerkrieg beginnen.«

Am Nachmittag des 23. August 1572 wurde im Louvre beschlossen, alle Hugenotten, die sich zur Hochzeitsfeier in Paris eingefunden hatten, zu ermorden. Den Abend verbrachte König Karl IX. mit La Rochefoucauld, dem er trotz seines reformierten Glaubens sehr zugetan war. Um ihn zu retten, bat er ihn, er möge die Nacht über bei ihm im Palast bleiben. La Rochefoucauld lehnte höflich ab und ging. Als die Tür sich hinter ihm geschlossen hatte, sagte Karl achselzuckend: »Nun wohl, dann ist es seine Bestimmung, heute Nacht zu sterben.«

Das Haus, in dem Coligny wohnte, wurde umstellt. Ein Haufe von Geharnischten drang bei ihm ein, als erster der Böhme Danowitz. Er brüllte den Admiral an: »Im Namen des Königs, bist du Coligny?« – »Ich bin's, aber, junger Mensch, habe Ehrfurcht vor meinen grauen Haaren!« Ein Stoß mit dem Degen war die Antwort, und viele Hiebe und Dolchstiche folgten. Schließlich warf man den zerfleischten Leichnam zum Fenster hinaus.

Keiner gebärdete sich in der Bartholomäusnacht so rasend wie der Marschall Gaspard de Tavannes. Mordgierig rannte er von Straße zu Straße und schrie dabei unaufhörlich: »Laßt sie zur Ader! Laßt sie zur Ader! Die Ärzte sagen, im August sei ein Aderlaß nicht weniger heilsam als im Mai!«

An die zweitausend Hugenotten wurden in der Bartholomäusnacht erschlagen. Doch das genügte noch nicht. König Karl wies die Gouverneure an, überall in ihren Provinzen die Ketzer auszurotten. Sie gehorchten, und vier Wochen lang wütete in Frankreich der Mord. Hier und da aber stieß der Blutbefehl auf Widerstand. So schrieb Monmorin, der Gouverneur der Auvergne: »Sire, aus Achtung vor Ew. Majestät muß ich annehmen, daß Ew. Majestät Befehl gefälscht ist. Wenn er aber, was Gott verhüte, echt ist, dann habe ich zu viel Achtung vor Ew. Majestät, ihn auszuführen.«

Zwei Jahre nach der Bluthochzeit starb Karl IX. In seinen letzten Tagen quälten ihn die Schreckensbilder jener Nacht. Oft fuhr er aus seinen Fieberträumen hoch und stöhnte: »Ach, wie viel Blut, wie viel Mord!« Seine Amme, die an seinem Bett wachte, suchte ihn zu trösten: »Sire«, sprach sie, »Blut und Mord mögen über die kommen, die Euch den Rat dazu gegeben haben.«

HEINRICH IV. UND SULLY

Nach dem Tode Karls IX. bestieg Heinrich von Navarra den französischen Thron, stieß aber als Hugenotte auf heftigen Widerstand. Vor allem war es die Hauptstadt Paris, die ihm ihre Anerkennung verweigerte. Ohne Paris aber konnte er nicht hoffen, wirklich Herr in Frankreich zu werden und dem furchtbaren Glaubenskriege ein Ende zu machen. Das veranlaßte ihn, zur Römischen Kirche überzutreten. Entweder er selbst oder sein Freund Baron von Rosny (Sully) erklärte damals: »Paris ist wohl eine Messe wert!«

Nach dem Willen Heinrichs IV. sollten Katholiken und Hugenotten friedlich nebeneinander leben. Durch das Toleranzedikt von Nantes hoffte er, dieses Ziel zu erreichen. »Ich, der König«, verkündigte er, »bin euer aller Hirte. Ich sammle meine Schafe um mich und werde nicht zulassen, daß Blut vergossen wird, keines einzigen. Ob Katholiken oder Hugenotten, ihr sollt alle gute Franzosen sein.«

Genau wie sein König wollte auch Sully den Religionshaß bannen und die Wunden heilen, die der Bürgerkrieg Frankreich geschlagen hatte. Er gehörte zwar dem reformierten Bekenntnis an, war aber gänzlich frei von jedem Fanatismus. »Die Katholiken«, so ließ er sich vernehmen, »behaupten, daß wir als Ketzer alle verdammt seien, und unsere Prediger behaupten, daß die Katholiken alle verdammt seien. Ich glaube keines von beiden. Wer Gott liebt und seinen Nächsten und die zehn Gebote hält, der wird gewiß selig werden.«

Papst Clemens VIII. kannte sehr wohl die Bedeutung Sullys und den großen Einfluß auf seinen König. Er hätte ihn deshalb gern für seinen Glauben gewonnen, und so schrieb er ihm: »Ich bete täglich für deine Bekehrung.« Sully antwortete mit einem sehr höflichen Brief, konnte es aber nicht unterlassen, die ironische Bemerkung einzuflechten: »Und ich, Heiliger Vater, bete ebenfalls täglich für deine Bekehrung.«

Auf der Fahrt vom Louvre zum Arsenal, wo er Sully besuchen wollte, wurde Heinrich IV. von dem düsteren Schwärmer Ravaillac ermordet. Als seine Gattin Maria von Medici die Nachricht empfing, begann sie laut zu jammern: »Der König ist tot!

Der König ist tot!« Ein Minister, der das hörte, trat auf sie zu und bedeutete ihr: »Madame, in Frankreich stirbt der König nie. Es lebe Ludwig XIII.«

Der Dreißigjährige Krieg

DIE ANFÄNGE

Bei dem Fenstersturz in Prag kamen sowohl die Statthalter Slawata und Martinitz wie auch ihr Geheimsekretär Fabricius mit dem Leben davon. Fabricius eilte sofort nach Wien und meldete dort als erster die Gewalttat. Um ihn für den ausgestandenen Schrecken zu entschädigen, verlieh ihm Kaiser Matthias Adelsrang mit dem Titel »Ritter von Hohenfall«.

Kaiser Matthias starb im März 1619. Sein Nachfolger wurde Ferdinand II. Von den Jesuiten zu Ingolstadt erzogen, war er den Dienern seiner Kirche mit solcher Ehrfurcht ergeben, daß man von ihm sagte: »Geschähe es, daß ihm ein Engel und ein Ordensmann gleichzeitig begegnen, dann würde er zuerst dem Ordensmann Reverenz erweisen.«

Eine Abordnung österreichischer Protestanten drang in die Hofburg ein und wollte Ferdinand II. zum Waffenstillstand mit den aufständischen Böhmen zwingen. Da er unbeugsam blieb, packte ihn ihr Sprecher Thonradl an den Knöpfen seines Wamses und fuhr ihn zornig an: »Willst unterschreiben, Nandl, oder nicht?« Plötzlich ertönte von draußen heller Fanfarenklang. Fünfhundert kaiserliche Kürassiere unter Obrist Dampierre jagten heran, und eilig zerstreuten sich die Deputierten.

In der Schlacht am Weißen Berge bei Prag wurde der böhmische Aufstand niedergeschlagen. Noch am gleichen Tage schickte Herzog Maximilian von Bayern, dessen Truppen unter Tilly den Sieg errungen hatten, Botschaft an Papst Paul V. Wie einst

Karl V. nach der Schlacht bei Mühlberg erklärte er: »Ich kam, sah und – Gott siegte.«

Nach der Niederlage am Weißen Berge nahm Herzog Christian, genannt der »Tolle Halberstädter«, sich der protestantischen Sache an. Der Gattin des vertriebenen Winterkönigs schwur er zu, nicht eher zu rasten, als bis er ihr Böhmen zurückerobert habe. Fortan trug er ihren Handschuh an seinem Hut und ließ in seine Fahne die Devise sticken: »Alles für Gott und für sie.«

Im Dom zu Paderborn entdeckte Christian die Statuen der zwölf Apostel, alle aus schwerem Silber getrieben. »Was steht ihr hier so müßig!« schalt er sie. »Steht nicht geschrieben: Geht hinaus in alle Welt? So will ich euch denn hinausschicken.« Und ungesäumt gab er den Befehl, sie einzuschmelzen, zu münzen und mit der Inschrift zu versehen: »Gottes Freund und der Pfaffen Feind.«

TILLY UND PAPPENHEIM

Tilly, der Feldherr der Liga, aufgewachsen in einem Jesuitenkloster, lebte von Jugend an in strenger Askese. Er pflegte lange Stunden im Gebet versunken vor dem Bild der Jungfrau Maria zu knien. Man hat ihn deshalb den »Mönch im Harnisch« genannt. In seinen alten Tagen – das war, ehe er mit Gustav Adolf zusammenstieß – sagte er von sich selbst: »Ich war nie berauscht. Ich habe nie ein Weib berührt und nie eine Schlacht verloren.«

Bei Breitenfeld kam es gegen den Willen Tillys zur Schlacht. Die Schuld daran trug sein Kavalleriechef, Graf Heinrich von Pappenheim, der sich durch sein Ungestüm zu einem übereilten Angriff hinreißen ließ. Um ihn herauszuhauen, führte Tilly seine Truppen ins Gefecht, rang aber verzweifelt die Hände und brach in die Worte aus: »Dieser Mensch wird mich um Ehre und guten Namen bringen und den Kaiser um Land und Leute.«

Mit der Niederlage bei Breitenfeld verlor Tilly den Glauben an seine Unbesiegbarkeit. Bald darauf traf ihn ein zweiter Schicksalsschlag. Er belagerte Nürnberg, mußte aber unverrichteter Dinge abziehen, weil sein ganzer Pulvervorrat in die Luft flog. Zweiundsiebenzig Jahre zählte er damals. »Nun sehe ich wohl«, klagte er schmerzbewegt, »daß ich alter Mann von dem schlüpfrigen Glück nichts mehr zu hoffen habe. Es hat mir die Ferse gewiesen.«

Trotz aller Bitten Maximilians setzte Tilly sich bei Rain am Lech rücksichtslos dem schwedischen Geschützfeuer aus. Eine Kugel traf ihn und zerschmetterte ihm das rechte Bein. Sterbend noch beschwor er seinen Fürsten, das wichtige Regensburg zu retten. »Regensburg, Regensburg!« rief er ein über das andere Mal mit verlöschendem Atem.

In mehr als vierzig Gefechten hatte Graf Heinrich von Pappenheim dreingehauen und dabei so viele Narben davongetragen, daß seine Soldaten ihn den »Schrammenheinz« nannten. Zu Lützen ereilte ihn der Schlachtentod. Während man sich um den Schwerverwundeten mühte, hörte er rufen, der Schwedenkönig sei gefallen. Da blitzte ein letzter Triumph aus seinen Augen. »Meldet dem Herzog von Friedland«, brachte er mit erbleichenden Lippen hervor, »daß es mit mir zu Ende geht, aber daß ich gern sterbe, weil der größte Feind meines Glaubens in der gleichen Stunde verschieden ist.«

GUSTAV ADOLF

Als Kaiser Ferdinand II. von der Landung Gustav Adolfs auf Usedom erfuhr, war er darüber wenig in Sorge. »So haben wir halt a Feindl mehr«, äußerte er leichthin.

Ähnlich wie Luther pflegte Gustav Adolf zu sagen: »Je mehr Betens, je mehr Siegens. Fleißig gebetet ist halb gesiegt.« So sah man ihn vor allen Schlachten, die Hände am Degengriff gefaltet und den Blick zum Himmel gerichtet, seine Sache Gott anvertrauen. Dann erst, durch das Gebet gestärkt, gab er den Befehl zum Angriff.

Die schwedischen Truppen nahmen bei Breitenfeld Aufstellung. Gustav Adolf bestieg seinen Hengst, ritt durch ihre Reihen und rief ihnen zu: »Bei mir könnt ihr selig werden, aber nicht reich.«

Im schwedischen Kriegsrat gab es tapfere Obristen, die vom Angriff abrieten, nachdem sie die starke Stellung Tillys am Lech gesehen hatten. Gustav Adolf ließ sich dadurch nicht beirren. »Wir sind über die Ostsee und über viele große Ströme in Deutschland gesetzt«, entgegnete er, »und sollten nun vor diesem Bach unser Unternehmen aufgeben?« Mitten im feindlichen Feuer ließ er eine Brücke schlagen. Der Übergang gelang und führte zu einem großen Siege.

Vor Ingolstadt wurde das Pferd Gustav Adolfs von einer Kugel tödlich getroffen und er selbst gestreift. Einige Offiziere sprangen ihm bei. »Die Birne ist noch nicht reif«, wehrte er ihre Hilfe ab.

Gustav Adolf hielt Einzug in München. Im Zeughaus fand er merkwürdigerweise nur leere Lafetten vor, aber keine Rohre. Er brauchte nicht lange nach ihnen zu forschen, denn man verriet ihm, daß sie unter den Dielen eingegraben waren. »Nun will ich einmal ein Wunder tun«, sagte er schmunzelnd und rief dann mit lauter Stimme: »Steht auf von den Toten und kommt zu Gericht!« Und sie kamen wirklich hervor, als die Dielen aufgerissen wurden, doppelte, ganze und halbe Kartaunen, einhundertundneunzehn an der Zahl.

Überall, wo Gustav Adolf als Befreier erschien, wurde er mit überschwenglicher Freude begrüßt und wie ein Gott gefeiert. Das war nicht nach seinem Sinn. Wenige Tage vor seinem Hinscheiden sagte er voll dunkler Ahnung zu seinem Feldprediger Fabricius: »Magister, es steht ein Unglück bevor. Die Leute machen zu viel aus mir.«

Genau zu der Zeit, als Gustav Adolf nach Deutschland kam, forderten die Kurfürsten auf Betreiben des geheimnisvollen, vielgewandten Paters Joseph, der im Interesse Frankreichs handelte, die Entlassung Wallensteins. Kaiser Ferdinand II. fügte sich ihnen sehr gegen seinen Willen, machte aber seinem Unmut Luft mit den Worten: »Ein armer Kapuziner hat mich mit seinem Rosenkranz entwaffnet und in seine Kapuze, so klein sie auch ist, sechs Kurhüte hineingeschoben.«

Vor den Gesandten, die bei Wallenstein erschienen, um ihm seine Absetzung mitzuteilen, bewahrte er völligen Gleichmut. Er holte ein Schriftstück hervor, das die Horoskope des Kaisers und des Kurfürsten von Bayern enthielt, zeigte es ihnen und sagte dazu: »Ihr Herren, aus den Sternen habe ich schon von eurem Auftrag gewußt; denn sie zeigen, daß der spiritus des Kurfürsten den des Kaisers dominieret. Deshalb gebe ich dem Kaiser auch keine Schuld.« Von dem geheimen Wirken des mächtigen Paters Joseph wußte er nichts.

Seines Kommandos enthoben, residierte Wallenstein düster grollend zu Prag. Er verfolgte aber sorgfältig den weiteren Verlauf des Krieges, und als er von der Niederlage Tillys bei Breitenfeld hörte, bekannte er: »Wenn mir das begegnete, so nähme ich mir das Leben.«

Der großartige Siegeszug Gustav Adolfs zwang den Kaiser, Wallenstein wieder einzusetzen. Es gelang dem Friedländer überraschend schnell, ein großes Heer zu sammeln. In Neumarkt bei Eger hielt er über sechzigtausend Mann mit achtzig Feuerschlünden Revue. Der Stolz auf diese mächtige Armada riß ihn zu der Äußerung hin: »Nun wird sich bald zeigen, wer von uns beiden, ich oder der Schwede, Herr in Deutschland sein wird.« Ein andermal drückte er sich derber aus: »Zwei Hennen auf einem Mist können sich nicht vertragen.«

Als Vertreter Spaniens erschien im Oktober 1633 der Graf Oñate am Hofe zu Wien. Er war sehr bestürzt, als er merkte, wie abhängig der Kaiser von Wallenstein war, und riet dazu, diesen Menschen auf die eine oder andere Art zu beseitigen. Was er wünschte, ging wenige Monate später in Erfüllung. Am 24. Februar des nächsten Jahres wurde der Friedländer zu Eger ermordet. Oñate aber frohlockte: »Das ist eine große Gnade, die Gott dem Hause Österreich erwiesen hat.«

Absolutismus

KARL I. UND CROMWELL

Bei dem Versuch Karls I., eine unbeschränkte Monarchie zu errichten, war der Earl von Strafford sein fähigstes und wichtigstes Werkzeug. Um so mehr war er bei der Opposition verhaßt, aber der König versicherte ihm, er werde nicht dulden, daß man ihm auch nur ein Haar krümme. Bald darauf wurde Strafford vom Parlament wegen Hochverrats angeklagt und die Todesstrafe über ihn verhängt. Trotz seiner Versprechungen bestätigte Karl das Urteil. Als es dem Eingekerkerten verlesen wurde, entrang sich ihm das Wort: »Verlaßt euch nie auf Fürsten!« Dann schritt er stolz und aufrecht zum Schafott.

Um den Widerstand des Unterhauses zu brechen, begab sich Karl in den Sitzungssaal. In eigener Person wollte er die Führer der Opposition, namentlich seinen Hauptwidersacher Pym verhaften. Die aber waren, vorher gewarnt, der Tagung ferngeblieben. Auf die Frage des Königs, wo Pym sei, antwortete ihm tödliches Schweigen. Abermals stellte er seine Frage, jetzt aber unmittelbar an den Präsidenten Lenthall. Dieser fiel ehrerbietig auf die Knie. »Majestät«, sprach er mit festem Ton, »ich habe hier kein Auge zu sehen und kein Ohr zu hören als nur das, was dem Wunsch und Willen des Parlaments entspricht.« Ärgerlich wandte sich Karl von ihm ab. »Ich merke wohl«, sagte er, »die Vögel sind ausgeflogen, aber ich werde sie zu finden wissen.«

Schon mit achtundzwanzig Jahren hatte Oliver Cromwell einen Sitz im Unterhaus erlangt. John Hampden, einer der einflußreichsten Männer im Parlament, beobachtete ihn sehr sorgfältig. Bald wußte er, was von ihm zu halten war, und er faßte sein Urteil über ihn in die Worte zusammen: »Er ist ein Stück Holz, aus dem man einen großen Mann schnitzen kann.«

Der Streit zwischen Karl I. und dem Parlament verschärfte sich dermaßen, daß es schließlich zum Bürgerkrieg kam. Manche Führer des Parlamentsheeres aber scheuten sich aus angeborener Loyalität vor rücksichtslosem Kampf gegen ihren Monarchen. »Wenn wir den König schlagen«, gab der ängstliche Earl von Manchester zu bedenken, »bleibt er immer noch König. Schlägt er uns, wird er uns alle als Rebellen hängen lassen.« Er riet deshalb zur Vorsicht. Cromwell war anderen Sinnes. Er erklärte: »Wer das Schwert gegen seinen König zieht, muß die Scheide wegwerfen.« Ja, er soll sogar versichert haben: »Träfe ich den König in der Schlacht, würde ich meine Pistole auf ihn abfeuern wie auf jeden andern.«

In der Schlacht bei Marston Moor wurde mit unerhörter Leidenschaft gefochten. Nach dem Siege fand Cromwell auf dem blutbedeckten Felde einen seiner »Eisenseiten«, der im Sterben lag. Er wollte ihm Zuspruch leisten, erhielt aber die Antwort: »Nicht meine Wunden quälen mich, sondern daß Gott mir nicht erlaubt, noch länger der Scharfrichter seiner Feinde zu sein.«

Nach seiner Niederlage im Bürgerkriege wurde Karl I. zu Schloß Holmby bei Newcastle von Kornett Joyce verhaftet. Mit der Pistole in der Hand und im staubbedeckten Brustpanzer trat er vor ihn hin. Als der König verlangte, seine Befehle zu sehen, wies Joyce auf die Dragoner hin, die zugleich mit ihm in das Gemach eingedrungen waren. »Da sind sie!« lautete seine Antwort. »Solche Befehle« scherzte Karl, »habe ich noch nie gesehen, doch sie sind in kräftiger und gut lesbarer Schrift geschrieben.«

Auf dem Wege zur Westminsterhalle, wo Gericht über Karl gehalten werden sollte, erscholl aus vielen Soldatenkehlen der

Ruf: »Gerechtigkeit! Hinrichtung! Hinrichtung!« Der König kehrte sich scheinbar nicht daran. Er ließ nur verächtlich das Wort fallen: »Gebt diesen Wichten ein paar Schillinge, und sie schreien genau dasselbe gegen Cromwell!«

Der Präsident des Gerichts, Bradshaw, eröffnete die Verhandlungen gegen Karl I. mit den Worten: »Im Namen des englischen Volkes.« Weiter kam er nicht, denn plötzlich erscholl von der Galerie her der schrille Klang einer Frauenstimme: »Nicht eines Zehntels des Volkes.« Sofort stürzten Soldaten hinauf und brachten die kühne Ruferin aus dem Saal. Es war die Gattin eines Generals, der in vielen Kämpfen das Parlamentsheer geführt hatte – Lady Fairfax.

Die Leiche König Karls I. wurde im offenen Sarge mitten im Bankettsaal von Whitehall aufgebahrt. Da soll Cromwell hereingetreten sein, lange den Toten betrachtet und nachdenklich gesagt haben: »Ein wohlgebildeter Körper, der ein langes Leben versprach.«

Cromwell kehrte von seinem Feldzuge in Irland sieggekrönt nach London zurück. In den Straßen drängte sich das Volk dicht an dicht. Ein Offizier seines Gefolges machte ihn auf das Gewühl aufmerksam und meinte: »Welch eine Menschenmenge, um Eurer Herrlichkeit Triumph zu sehen!« Cromwell, sehr skeptisch gegen die wandelbare Volksgunst, entgegnete: »Es würden noch viel mehr sein, könnten sie mich hängen sehen.«

Bei Dunbar stand Cromwell dem schottischen Heer gegenüber. Er befand sich in sehr mißlicher Lage, denn seine Gegner hatten eine schwer angreifbare Stellung auf einem Höhenzuge besetzt. Dadurch ließ er sich aber nicht entmutigen. In der Nacht vor dem Treffen ritt er bei prasselndem Regen durch das Lager und rief seinen »Eisenseiten« zu: »Vertraut auf Gott und haltet euer Pulver trocken!«

In seinen letzten Tagen wurde Cromwell von namenlosen Schmerzen gepeinigt. Einmal zur Nacht, als gerade die Donner eines mächtigen Gewitters über Whitehall krachten, fuhr er aus seinem Fieberwahn auf und schrie: »Es ist furchtbar, in die Hand des lebendigen Gottes zu fallen!« Näher und näher kam der Tod und rührte schon mit schwerer Hand an sein Herz. Da richtete er an den Geistlichen, der an seinem Lager betend kniete, aus tiefster Seelennot die Frage: »Ist es möglich, aus der Gnade zu fallen?« – »Nein«, war die tröstliche Antwort, »wer einmal Gottes Gnade empfangen hat, kann nie verloren gehen.« »Dann habe ich Ruhe«, brachte Cromwell mit leiser Stimme mühsam hervor, »denn ich weiß, daß ich einmal in der Gnade war.«

Zwei Jahre nach dem Tode Cromwells ging sein Werk, Republik und Protektorat, unter. König Karl II. hielt Einzug in London. Auf seinem ganzen Wege begleitete ihn das Freudengeschrei des Volkes. Fahnen flatterten hoch. Rauschende Musik ertönte. Verwundert über diesen festlichen Empfang, äußerte Karl lächelnd: »Bei Gott, ich habe wohl selbst Schuld, daß ich nicht schon früher gekommen bin; denn ich habe keinen getroffen, der mir nicht beteuerte, er habe meine Ankunft längst ersehnt.«

LUDWIG XIV.

Das System des Absolutismus war in Frankreich durch Richelieu und Mazarin begründet worden. Nach Mazarins Tode befanden sich die Geheimen Räte in größter Verlegenheit; denn sie waren gewohnt gewesen, von ihm ihre Befehle zu empfangen. Sie kamen nun zu dem jungen Ludwig XIV. und fragten: »Sire, an wen haben wir uns nun zu wenden?« Hochaufgerichtet gab ihnen der König den Bescheid: »An mich!«

Bis Ludwig XIV. mündig wurde, lag die Regierung Frankreichs in den Händen seiner Mutter. Gelegentlich nahm sie sich die Zeit, den heranwachsenden Knaben zu belehren. So sagte sie zu ihm: »Mein Sohn, du mußt stets deinem Großvater nacheifern, aber nicht deinem Vater.« Ludwig fragte verwundert: »Weshalb machst du diesen Unterschied?« Da erklärte sie ihm:

»Weil man bei dem Tode Heinrichs IV. weinte und bei dem Tode Ludwigs XIII. lachte.«

Korsaren von der nordafrikanischen Küste fügten dem französischen Seehandel großen Schaden zu. Um ihnen das Handwerk zu legen, ließ Ludwig XIV. durch seine Flotte ihre Raubnester bombardieren, vor allem Tripolis. So groß war die Zerstörung der Stadt, daß der Bey um Gnade bat und den Frieden mit einer halben Million Livres erkaufte. Dieser Erfolg machte Ludwig sehr stolz, und er verstieg sich zu der Äußerung: »Ohne meine Erlaubnis darf sich niemand im Mittelmeer auch nur die Hände waschen.«

Ludwig XIV. beschloß, das Edikt von Nantes aufzuheben und die Hugenotten gewaltsam zum Katholizismus zu bekehren. »Mein Großvater«, sagte er, »liebte die Hugenotten und fürchtete sie nicht. Mein Vater liebte sie nicht und fürchtete sie. Ich aber liebe sie nicht, noch fürchte ich sie.«

Im April des Jahres 1691 fuhr Ludwig XIV. von Versailles ab, um der Belagerung von Mons beizuwohnen. Seine Mätresse Madame de Maintenon war darüber in großer Sorge. Sie eilte zu dem Kriegsminister Louvois und beschwor ihn, alle Maßnahmen zu treffen, daß kein Unglück geschehe. »Ich mache Sie für das Leben des Königs verantwortlich«, warnte sie ihn. »Nein«, wehrte Louvois ab, »ich bin nur verantwortlich für seinen Ruhm.«

Ludwig XIV. führte viele lange und sehr blutige Kriege. Einst kam ein Offizier vom Regiment d'Orleans nach Versailles und meldete einen Sieg. Bei der Audienz ließ er durchblicken, daß er für diesen Dienst mit einem hohen Orden, dem Kreuz des Heiligen Ludwig, belohnt werden wollte. Der König wies ihn lächelnd ab. »Für eine solche Auszeichnung sind Sie zu jung«, meinte er. Da wurde das Gesicht des Offiziers ernst. »Sire«, sagte er bedeutungsvoll, »in Ihrem Regiment d'Orleans lebt man nicht lange.«

Im Spanischen Erbfolgekrieg erlitt das französische Heer eine Niederlage bei Ramillies. Die Nachricht traf Ludwig XIV. sehr schwer. Durch die Austreibung der Hugenotten meinte er, die besondere Gnade des Himmels verdient zu haben. Nun war er so enttäuscht, daß er in die Worte ausbrach: »Gott hat vergessen, was ich für ihn getan habe.«

Der Spanische Erbfolgekrieg ging schon in das neunte Jahr. Die Kräfte Frankreichs waren erschöpft, und Ludwig XIV. hätte gern Frieden gemacht. Er war zu großen Zugeständnissen bereit, sogar zu dem Verzicht auf die spanische Monarchie. Aber seine Gegner stellten an ihn die Forderung, seinen Enkel Philipp von Anjou mit Waffengewalt zur Preisgabe des spanischen Thrones zu zwingen. Das war zu viel. Empört wies er die Zumutung zurück. »Wenn ich schon Krieg führen muß«, sagte er, »so will ich mich lieber mit meinen Feinden als mit meinen Kindern schlagen.«

Während seiner letzten Krankheit ließ Ludwig XIV. sich von dem Staatssekretär Torcy die Amsterdamer Zeitung vorlesen. Plötzlich stockte Torcy und begann in größter Unruhe zu stammeln und verlegene Worte zu machen. Der König wurde neugierig, und als Torcy noch immer zögerte, befahl er ungeduldig, ihm zu sagen, um was es sich handele. Da kam es heraus, daß man in London hohe Wetten abgeschlossen habe, er werde den 1. September nicht mehr erleben. Ludwig wußte sich im Augenblick zu beherrschten. Er schwieg, war aber aufs tiefste verletzt und ließ schon bei der Abendtafel seiner Entrüstung über die Engländer freien Lauf. Drei Monate später, am 1. September, starb er.

Kurz vor seinem Ende bat Ludwig XIV. Madame de Maintenon an sein Lager. »Was mich beim Abschied tröstet«, brachte er mühsam hervor, »ist die Hoffnung, daß wir uns bald in der Ewigkeit wiedersehen werden.« Sie tat sehr beglückt und lächelte ihm sanft zu. In Wahrheit aber waren diese Worte nicht nach ihrem Geschmack. Nachdem sie das Sterbezimmer verlassen hatte, äußerte sie: »Das ist ein merkwürdiges Rendezvous, das mir der König gegeben hat.« Echte Liebe hatte sie für Ludwig nie empfunden.

Einer der ruhmreichsten französischen Feldherren war der *Prinz von Condé.* Nach seinem Siege über die Holländer und die Kaiserlichen bei Seneffe 1674 wurde er zur Audienz befohlen. Um ihn zu ehren, erwartete Ludwig XIV. ihn hoch oben auf der Freitreppe. Nun war aber Condé ein von der Gicht gequälter Mann, und er vermochte nur langsam von Stufe zu Stufe emporzusteigen. Endlich beim Könige angelangt, entschuldigte er sich, daß er ihn so lange habe warten lassen. Ludwig empfing ihn mit bezaubernder Güte. »Beeilen Sie sich nicht«, mahnte er, »wer so mit Lorbeeren beladen ist wie Sie, kann nicht rasch gehen.«

Condé besaß eine stattliche Körpergröße. Aber sein Sohn war sehr klein geraten und sein Enkel fast zwergenhaft. Daraufhin scherzte er: »Wenn mein Stamm so weitermacht, dann wird zuletzt gar nichts mehr davon übrig bleiben.«

Unter den Marschällen Frankreichs ragte neben Condé der *Vicomte de Turenne* hervor. Er war bei den Soldaten sehr beliebt. Einmal mußten sie mitten im Winter einen überaus langen und anstrengenden Marsch machen. Darüber begann ein junger Rekrut zu murren. Er wurde aber sofort von einem älteren Kameraden belehrt. »Glaube mir«, sagte er, »Turenne grämt sich darüber mehr als wir. Er ist uns wie ein Vater und würde uns diese Strapazen nicht zumuten, wenn es sich vermeiden ließe.«

In der Schlacht von Sasbach unweit Kehl fand Turenne den Tod. Eine Kanonenkugel hatte ihn getroffen. Seinem Begleiter, General Saint-Hilaire, wurde der rechte Arm zerschmettert. Da stürzte sein Sohn mit einem Schreckensschrei herbei und bemühte sich unter Klagen und Tränen um den Verwundeten. Der General aber fuhr ihn barsch an und deutete auf Turenne: »Hier, diesen beweine! Seinesgleichen wird unser Vaterland nie wieder finden.«

Jeder Soldat kannte den Schecken, den Turenne zu reiten pflegte. Als nach dem Tode des großen Marschalls die Offiziere untereinander stritten, welche Marschroute sie wählen sollten, riefen ihnen die Soldaten zu: »Setzt den Schecken an die Spitze, und wir werden ihm folgen, wohin er trabt.«

Der *Marschall Catinat* sah mit Entsetzen, wie seine Truppen bei einer Schlacht in der Lombardei vor den anstürmenden Kaiserlichen unter Prinz Eugen zurückfluteten. Obwohl selbst verwundet, suchte er sie zu sammeln und aufs neue ins Feuer zu führen. Darüber ereiferte sich ein entmutigter Offizier und schrie ihn an: »Vor uns ist der Tod!« »Aber hinter uns die Schande«, donnerte Catinat.

Bei Cap La Hogue 1692 erlag die französische Flotte unter *Admiral Tourville* den Engländern. Sie erlitt große Verluste. Sogar das Flaggschiff »Die königliche Sonne« ging in Flammen auf. Ludwig XIV., von diesem Unglück in Kenntnis gesetzt, stellte nur eine kurze Frage: »Ist Tourville gerettet?« Das wurde bejaht. Da atmete er auf. »Schiffe kann ich wieder finden«, sagte er gelassen, »aber niemals einen Admiral wie Tourville.«

Das französische Offizierkorps zu Lande wie zur See bestand ausschließlich aus Adligen. Nun war da ein Bürgerlicher, *Jean Bart* mit Namen, ein alter, rauher Fahrensmann von großer Tüchtigkeit, der schon manchen englischen Segler gekapert hatte. Ludwig XIV. ließ ihn an seinen Hof kommen, besprach sich gnädig mit ihm und ernannte ihn am Ende der Audienz zum Kommodore eines Geschwaders. »Daran tun Sie recht, Sire«, meinte Jean Bart treuherzig. Über diese Antwort konnten die Höflinge ihr spöttisches Lachen nicht verbeißen. Aber Ludwig verwies ihnen das. »Lachen Sie nicht«, sagte er, »so redet ein Mann, der seinen Wert kennt und noch Großes leisten wird.«

Auf die Nachricht hin, daß Ludwig XIV. wieder eine Schlacht gewonnen habe, wurde der junge Herzog von Maine durch seinen Präzeptor vom Unterricht dispensiert. Er eilte zum König und beklagte sich darüber. »Majestät«, beteuerte er, »ich werde ewig ein Ignorant bleiben, wenn ich jedesmal frei bekomme, sobald Eure Majestät eine Siegesnachricht erhält.«

Bei einem Empfang wandte sich der König an den Herzog von Gramont. »Sagen Sie mir die Wahrheit«, begann er, »Sie sind doch gewiß achtzig Jahre alt.« Der Herzog küßte ihm ehrfurchtsvoll die Hand. »Eure Majestät sind zu gütig und können das Schenken nicht lassen. Sie haben mir mehr Jahre geschenkt, als ich besitze.« Ein anderer Höfling antwortete auf die Frage des Königs, wie alt er sei: »So alt, wie Eure Majestät befehlen.«

Man erzählt, Ludwig XIV. habe sich einmal in Versen versucht und sie von Boileau, dem berühmten Verfasser der Art poétique, begutachten lassen. Boileau geriet in nicht geringe Verlegenheit, wußte sich aber gut aus der Schlinge zu ziehen. »Nichts ist Eurer Majestät unmöglich«, versicherte er, »Sie haben schlechte Verse machen wollen, und das ist Ihnen vorzüglich gelungen.«

Auch Madame de Maintenon wurde eifrig von den Höflingen umschmeichelt. Auf einer Gesellschaft sagte der Leibarzt des Königs, Fagon, mit so lauter Stimme, daß sie es hören mußte: »Das einzige, was ich am Christentum zu bemängeln habe, wäre, daß es nicht erlaubt ist, der Madame de Maintenon Altäre zu bauen, um sie anzubeten.« Dafür dankte sie ihm mit einem gnädigen Lächeln.

Ein Poet meinte, Ludwig XIV. eine besondere Huldigung darzubringen, indem er ihn als den glänzendsten Stern am Himmelsgewölbe feierte. Zu seinem Schrecken war der König darüber sehr verärgert. Der unglückliche Versemacher hatte nicht bedacht, daß Ludwig sich Sonnenkönig nannte und keinen andern Vergleich gelten ließ als den Vergleich mit der weltbeherrschenden Sonne.

PRINZ EUGEN UND MARLBOROUGH

Schon als Knabe hatte Eugen mehrere geistliche Pfründe erhalten. Da er nur von schmächtiger Gestalt war, nannte man ihn in

Versailles spöttisch den »kleinen Abbé«. Zwanzig Jahre alt, setzte er es sich in den Kopf, Offizier zu werden, wandte sich an Ludwig XIV. und bat um Aufnahme in die Armee. Der aber mochte sich von dem »kleinen Abbé« keine wesentlichen Dienste versprechen und wies ihn kühl ab. Erbittert erklärte Eugen: »Ich werde künftig einem andern Herrn dienen und Frankreich nicht anders betreten als mit dem Degen in der Faust.«

Als Prinz Eugen, zum Feldmarschall ernannt, den Oberbefehl im Kriege gegen die Osmanen übernahm, waren die Truppen sehr verwundert. Sie hatten einen stattlicheren Kriegsmann erwartet. Auch mißfiel es ihnen, daß er nicht eine glänzende Uniform, sondern einen schlichten, kapuzinerfarbenen Rock trug. Sie meinten daher untereinander: »Dieses Kapuzinerlein wird den Türken nicht viele Haare aus dem Barte raufen.« Aber bei Zenta bewies er, wie gut er sich auf das Haarausraufen verstand, und der Spott über den kleinen, unscheinbaren Mann hatte ein Ende.

Seit dem Siege von Zenta, durch den die Herrschft der Türken über Ungarn gebrochen wurde, war Prinz Eugen eine europäische Berühmtheit. Ludwig XIV. hätte nun den einst verschmähten kleinen Abbé gern in seinen Dienst gezogen. Er bot ihm die Würde eines Marschalls an. Dazu ein Jahresgehalt von zweitausend Louisd'ors. Aber damit konnte er einen Mann, der sich den Wahlspruch gesetzt hatte: »Österreich über alles« nicht locken. Eugen ließ antworten: »Melden Sie dem Könige, daß ich kaiserlicher Feldmarschall bin, und das ist genau so viel wert wie ein französischer Marschallstab. Geld brauche ich nicht, denn davon werde ich stets genug haben, solange ich meinem Herrn pflichtgemäß diene.«

Wie im Osten gegen die Türken so leistete Eugen auch im Westen während des Spanischen Erbfolgekrieges dem Kaiserhaus die größten Dienste. An der Spitze seiner Siege steht wohl die Schlacht von Höchstädt, durch die Österreich aus tödlicher Gefahr gerettet wurde. Hier hatte er einen Waffenbruder, der ihm an Tüchtigkeit nicht nachstand – den Herzog von Marlborough. Als die beiden Feldherren sich zum erstenmal begegneten und der Prinz das englische Heer besichtigte, meinte er: »Ich sehe in den Augen der Truppen etwas blitzen, was mit Geld nicht zu bezahlen ist und die Victoria verbürgt.« Galant erwiderte Marlborough: »Es ist Ihre Gegenwart, die meinen Leuten diesen Feuergeist einflößt.«

Während der Schlacht von Höchstädt geschah es, daß ein englisches Kavallerieregiment zweimal vergeblich attackierte und dann auf Befehl seines Kommandanten den Rückzug antrat. Marlborough jagte hinter ihm her und rief den General an: »Mein Herr, Sie sind im Irrtum. Der Feind steht dort.« Beschämt warf der General die Zügel herum und ließ zu neuem, diesmal erfolgreichem Angriff blasen.

Bei Höchstädt gerieten viele Tausende von Franzosen in Gefangenschaft. Unter ihnen befand sich einer, der durch seine hochragende, kräftige Gestalt auffiel. Marlborough ritt an ihn heran und sagte: »Hätte es in deiner Armee mehr Kerle von deiner Sorte gegeben, wir würden nicht gewonnen haben.« Schlagfertig versetzte der Soldat: »Leute wie mich haben wir genug, aber was uns fehlt, ist ein Mann wie Sie!«

Anno 1717 belagerte Eugen Belgrad. Da rückte zum Entsatz eine türkische Armee heran, die ihm an Zahl erheblich überlegen war. Das raubte einem österreichischen General den Mut. Er eilte zu dem Prinzen und fragte ihn ängstlich: »Was meinen Durchlaucht, wie die Schlacht ausgehen wird?« Gelassen griff Eugen zu seiner Tabaksdose, schnupfte und gab zur Antwort: »Sehr einfach. Entweder werde ich die Türken schlagen oder sie mich.«

Der »Atlas der österreichischen Monarchie«, wie Friedrich der Große den Prinzen Eugen nannte, hatte drei Kaisern gedient. Alt geworden und in seinem Schlosse Belvedere von der Last des Lebens ausruhend, charakterisierte er seine Beziehungen zu den Monarchen mit den Worten: »Leopold war mein Vater, Joseph mein Bruder, und Karl ist mein Herr.«

Bis zu seinem Tode genoß Prinz Eugen die Liebe und Verehrung des ganzen Volkes. Anders sein Waffengefährte Marlborough. Er wurde allgemein – ob mit Recht oder Unrecht – für maßlos geizig gehalten und deshalb in witzig erfundenen Anekdoten verspottet. So soll einst ein Bettler den Lord Peterborough mit Marlborough verwechselt und ihn um ein Almosen angefleht haben. Der Lord habe ihm geantwortet: »Ich bin nicht Marlborough, und um dir das zu beweisen, schenke ich dir dieses Goldstück.« Tatsache aber ist, daß die politischen Gegner Marlboroughs ihm vorwarfen, er habe Schmiergelder von den Kriegslieferanten genommen, und daß er wegen Unterschlagung vom Oberhaus verurteilt wurde. Der Pöbel von London rannte hinter seinem Wagen her und schrie ihm zu: »Dieb! Dieb! Dieb! Haltet den Dieb!« Nur durch Flucht ins Ausland konnte er sein Leben retten.

DER GROSSE KURFÜRST

Fürstliche Heiraten waren im Zeitalter des Absolutismus ein wesentliches Mittel der Politik. Auch König Wladislaus von Polen wollte davon Gebrauch machen und seine Tochter mit dem brandenburgischen Kurfürsten verbinden. Friedrich Wilhelm hingegen verfolgte andere Pläne und lehnte ab. Er tat das mit Wohlbedacht in einer solchen Form, daß sein mächtiger Nachbar sich nicht gekränkt fühlen konnte. Er schrieb: »Solange ich mein Land nicht in Frieden regieren kann, darf ich mich nach keiner anderen Geliebten umsehen als nach meinem Degen.«

Beim Tode Kaiser Ferdinands III. 1658 zielte die französische Politik darauf ab, dem Hause Habsburg die deutsche Kaiserkrone zu entreißen. Kurfürst Friedrich Wilhelm versprach sich davon nichts Gutes und trat für Leopold, den Sohn des Verstorbenen, ein. Nun spielte aber schon seit geraumer Zeit bei den Wahlen das Geld eine große Rolle. So sparte er in Frankfurt nicht mit Dukaten, und es gelang ihm auch, auf diese Weise die Absichten Mazarins zu durchkreuzen. Enttäuscht berichtete der französische Gesandte Antoine de Gramont dem Pariser Hofe:

»Das Gold des Brandenburgers war in Frankfurt beredter als Cicero in Rom und Demosthenes in Athen.«

Während der Kurfürst mit seinen Truppen an dem Reichskriege gegen Frankreich 1675 teilnahm, fielen plötzlich die Schweden in die Mark Brandenburg ein. Seine Räte meinten, in dieser Not gäbe es keine andere Rettung, als den Zaren um Hilfe zu bitten. »Nein, nein«, wies er sie unwirsch ab, »die Russen sind Bären. Wenn man sie einmal losläßt, ist es schwer, sie wieder anzubinden.« Er brach auf und führte sein Heer in Eilmärschen nach – Fehrbellin.

Derfflinger hatte es trotz seiner geringen Geburt schon unter den Schweden bis zum Generalmajor gebracht, war dann aber in brandenburgische Dienste getreten und hier wegen seiner hervorragenden Leistungen zum Feldmarschall befördert worden. Häufig genug mußte er eingebildete adlige Herren zurückweisen, die ihm hämisch seine Herkunft vorhielten und sogar verbreiteten, er habe früher das Schneiderhandwerk betrieben. Der französische Gesandte griff diese Mär auf und wandte sich bei Tisch an den Kurfürsten mit der Frage: »Ist es wahr, daß Ew. Durchlaucht einen Feldmarschall in Dienst haben, der früher Schneidergeselle gewesen?« Rasch sprang Derfflinger auf und funkelte den Franzosen an: »Hier ist der Mann, von dem das gesagt wird. Hier ist aber auch die Elle, mit der ich Hundsfötter nach Länge und Breite messe.« Dabei schlug er zornig an seinen Degen, und erschrocken verstummte der Franzose.

Von dem schwer verschuldeten Holländer Benjamin Raule kaufte der Kurfürst mehrere Schiffe. Er verwandte sie als Kaperer gegen Spanien, das ihm die versprochenen Hilfsgelder nicht zahlen wollte. Später lockte es ihn, Brandenburg unter die Kolonialmächte einzureihen. Es gelang ihm auch, an der afrikanischen Küste in Guinea Fuß zu fassen. Aber zu seinem Kummer konnte diese Kolonie nicht zur Blüte kommen. Sie brachte so geringe Erträge, daß er einmal seufzte: »Jeder Dukaten, den ich aus dem Goldsande schlage, kostet mich zwei.«

Kurfürst Friedrich Wilhelm wurde im Dom zu Berlin bestattet. Über sechzig Jahre ruhte er dort. Als dann Anno 1747 das Gotteshaus abgerissen und der Neue Dom erbaut wurde, mußte der Sarkophag umgebettet werden. Friedrich der Große nutzte die Gelegenheit und ließ ihn öffnen. Da lag der Tote vor ihm im vollen kurfürstlichen Ornat. Seine Gesichtszüge waren noch ganz kenntlich. Friedrich betrachtete ihn geraume Zeit in ehrfürchtigem Schweigen. Endlich kehrte er sich seinem Gefolge zu und sprach sichtlich ergriffen: »Messieurs, der hat viel getan. Macht den Sarg wieder zu!«

ZAR PETER I. UND KARL XII.

Es war das Ziel Peters, Rußland zu einem europäischen Staat zu machen. »Meine Untertanen«, erklärte er seinem Kanzler, »sind nur wilde Tiere, aber ich werde sie lehren, auf den Hinterfüßen zu gehen. Ich werde sie zivilisieren, freilich mich selbst zu zivilisieren, daran denke ich nicht.« Und ein andermal äußerte er: »Wir brauchen Europa für einige Jahrzehnte, dann aber wollen wir ihm den Hintern kehren.«

Um Europa kennenzulernen und Erfahrungen zu sammeln, begab Peter sich auf Reisen. Er kam auch nach England. Nichts machte dort auf ihn so großen Eindruck wie die englische Flotte. »Wäre ich nicht Zar von Rußland«, meinte er, »möchte ich englischer Admiral sein.« Auch die strenge Disziplin gefiel ihm gut, und er wünschte einmal, mit eigenen Augen das berüchtigte »Kielholen« zu sehen. Es war aber zufällig kein straffälliger Matrose zur Hand. Da befahl Peter, einen Russen zu nehmen und an ihm das Kielholen vorzuführen. Der englische Admiral weigerte sich. »Ihre Leute, Majestät«, sagte er, »befinden sich zur Zeit in England und stehen deshalb unter dem Schutze unserer Gesetze.«

In Kopenhagen bestieg der Zar zusammen mit dem dänischen Könige Friedrich IV. einen hohen Turm. Das Gespräch kam darauf, wer von ihnen die größere Macht über seine Untertanen habe. Um den Beweis zu erbringen, wie grenzenlos ergeben ihm seine Russen seien, ließ Peter einen Kosaken kommen und befahl ihm, in die Tiefe zu springen. Der arme Kerl gehorchte ohne ein einziges Widerwort. Triumphierend wandte sich Peter an seinen königlichen Wirt und fragte: »Haben Sie solche Untertanen?« – »Glücklicherweise nicht«, gab Friedrich zurück.

Nachdem Zar Peter viele deutsche und holländische Städte gesehen und ihre schönen Bauten, ihre gepflegten Straßen und Gärten bewundert hatte, stieß er zornig hervor: »Wenn ich an Moskau denke, dann möchte ich es niederbrennen.«

Für die europäischen Monarchen war es ein sehr zweifelhaftes Vergnügen, von Peter und seinen Hofstaaten mit der Ehre eines Besuches ausgezeichnet zu werden. In Berlin bewohnten die russischen Gäste das Schloß Monbijou. Nach ihrer Abreise wurde es von der Prinzessin Wilhelmine besichtigt. Da war kein Spiegel, keine Glasscheibe, kein Bild, kein Möbelstück mehr heil. Alles war zerschlagen und beschmutzt. »Mein Gott«, sagte Wilhelmine, »hier sieht es ja aus wie nach der Zerstörung Jerusalems.«

Bei der Rückkehr von seiner Auslandsreise fand Peter die Schützenregimenter der Strelitzen in Aufruhr. Sie wurden überwältigt und zu Hunderten zum Tode verurteilt. Der Zar war bei der Hinrichtung zugegen und sah befriedigt einen Kopf nach dem anderen fallen. Nun kam die Reihe an Orlow. Aufrecht schritt er zum Schafott. Dabei stieß er die Leichen, die ihm im Wege lagen, mit dem Stiefel beiseite und fluchte: »Was zum Teufel ist das für eine Wirtschaft! Muß man sich hier noch selbst Platz schaffen, damit man seinen Kopf verlieren darf?« Dieser tolle Humor angesichts des Todes gefiel dem Zaren so sehr, daß er ihn begnadigte.

In seinem Haß gegen das patriarchalische Rußland ging Peter so weit, daß er dekretierte, alle Einwohner seiner Städte sollten nach westlichem Vorbild Kinn und Wange glattrasiert tragen. Wenn daher ein Langbart den Aufsehern in die Hände fiel, dann wurde er rücksichtslos geschoren. Nun war aber der Bart den Altrussen geradezu ein Heiligtum, und so machte der Ukas des

Zaren viel böses Blut. Zwei Männer vermaßen sich sogar, sie wollten lieber ihre Köpfe verlieren als ihre Bärte. Das erklärten sie auch dem Metropoliten Dmitriy von Rostow. Der beschwichtigte sie. »Was wird wieder wachsen«, fragte er, »der abgehauene Kopf oder der geschorene Bart?«

Nach dem Tode des Patriarchen Adrian begab sich der russische Klerus zum Zaren und bat ihn, einen Nachfolger zu benennen. Kaum hatte er gehört, was man von ihm wollte, fuhr er grollend auf: »Hier ist euer Patriarch.« Und dabei schlug er sich auf die Brust.

Der gefährlichste Gegner Peters war Karl XII. Schon in früher Jugend ließ er merken, welch maßloser Ehrgeiz ihn beherrschte. Sein Lehrer Nordenhjelm legte ihm einst die Frage vor: »Wie gefällt dir Alexander der Große?« Der Knabe antwortete feurig: »Ich möchte es ihm gleichtun.« Der Hinweis, daß Alexander nur zweiunddreißig Jahre alt geworden sei, rührte ihn nicht. »Wenn man ein ganzes Weltreich erobert hat«, beharrte er, »dann hat man lange genug gelebt.«

Bei Narwa erlitt der Zar eine furchtbare Niederlage durch die Schweden. Seine Zuversicht auf den Endsieg wurde aber dadurch nicht erschüttert. »Mein Bruder Karl«, versicherte er, »wird uns so lange besiegen, bis wir von ihm selbst gelernt haben, ihn zu besiegen.«

Um Europa näher zu sein, gründete Peter an der Newamündung eine neue Stadt – Sankt Petersburg – und machte sie zu seiner Residenz. Als Karl XII. davon hörte, lachte er spöttisch auf: »Der Zar mag sich damit begnügen, Städte zu bauen. Ich behalte mir die Ehre vor, sie zu erobern.«

Von der Kaltblütigkeit Karls XII. wußten seine Soldaten, die »Karoliner«, viel zu erzählen. Er diktierte gerade seine Befehle, als plötzlich eine Bombe in das Haus einschlug. Dem Schreiber entfiel vor Schreck der Gänsekiel. Zitternd entschuldigte er sich bei dem Könige: »Majestät, die Bombe ...« – »Was hat die Bombe mit meinem Diktat zu tun?« fragte Karl verwundert.

Bis tief in das Innere Rußlands war Karl XII. eingedrungen. Schon umrauschte ihn der Ruf, unbesiegbar zu sein. Da wurde er bei Poltawa vernichtend geschlagen. Zar Peter triumphierte: »Jetzt stehen die Mauern von Petersburg unerschütterlich fest.«

Karl XII. fiel in den Laufgräben vor der norwegischen Festung Frederikshald. Den Schlachtentod zu sterben war stets sein Wunsch gewesen. Schon viele Jahre zuvor im Kriege gegen Sachsen, als er das Schlachtfeld von Lützen aufsuchte und sich die Stelle zeigen ließ, wo Gustav Adolf verblutet war, hatte er bekannt: »Ich habe mich allezeit bemüht, zu leben wie er. Vielleicht tut Gott mir die Gnade und schenkt mir einst auch einen so schönen Tod.«

FRIEDRICH WILHELM I.

Der Vater des »Soldatenkönigs« richtete seinen Blick nur allzu gern auf den Hof Ludwigs XIV. und war ständig bemüht, es ihm an Glanz und Prunk gleichzutun. Als seine Gattin auf dem Sterbebette lag und ihre Hofdamen jammern hörte, wie tief unglücklich und verzweifelt der König sein werde, sagte sie: »O nein, seien Sie unbesorgt! Die Anordnung meines Leichenzuges wird ihn zerstreuen, und wenn bei dieser Zeremonie alles mit gebührender Pracht zugeht, so wird er sich vollkommen trösten.«

Schon als Kronprinz hatte Friedrich Wilhelm die Verschwendung seines Vaters bedauert. Sobald er nun die Regierung übernommen hatte, ließ er sich den Etat des königlichen Hofhaltes vorlegen. Es war eine lange Liste von Kammerherren, Kammerjunkern, Pagen, Lakaien und Stallknechten. Ärgerlich nahm er eine Feder und machte einen dicken Strich durch den ganzen Etat. Den im Vorzimmer versammelten Hofstaaten aber verkündete der General von Tettau: »Meine Herren, unser guter König ist tot, und der neue König schickt euch alle zum Teufel.«

Die Beamten ohne Ausnahme, vom höchsten bis zum geringsten, bekamen bald zu spüren, welch neuer Wind durch die Amtsstuben wehte. »Ach«, seufzten sie, »die guten Zeiten sind vorbei. Jetzt heißt es: an die Karre oder auf Festung, wer seine Schuldigkeit nicht tut.«

Die Hauptsorge des Königs galt seinen »lieben blauen Kindern«. Er vermehrte das Heer um das Doppelte, nicht aus Liebhaberei und Spielerei, sondern aus den bitteren Erfahrungen seiner Jugend, als Deutschland nicht imstande war, die Übergriffe seiner Nachbarn zurückzuweisen. »Meinen Kindern«, so äußerte er, »will ich Pistolen und Degen in die Wiege legen, daß sie die fremden Nationen, die sich hier als Herren gebärden möchten, abhalten.«

Obwohl Friedrich Wilhelm unablässig damit beschäftigt war, seine Armee zu verstärken und im Geist strengster Disziplin zu erziehen, wollte er doch vom Kriegführen nichts wissen. An den europäischen Höfen spottete man deshalb: »Er spannt den Hahn immerwährend, aber er drückt nie los.«

Am häufigsten ist der König verlacht worden wegen seiner Marotte, möglichst »lange Kerls« für seine Garde anzuwerben. Er hat in der Tat oft Tausende von Talern für einen einzigen hochgewachsenen Burschen ausgegeben und kein Mittel verschmäht, seiner habhaft zu werden. Als einmal der Rektor der Universität zu Halle sich bei ihm beschwerte, weil ein Student, ein wahrer Enakssohn, wider seinen Willen zum Soldatendienst gepreßt worden war, beschied er ihn barsch: »Soll nicht räsonnieren. Ist mein Untertan.«

Über geringe Versehen im Dienst konnte der König sich maßlos ereifern. Nicht nur die Grenadiere bekamen seinen hitzigen Zorn zu spüren, sondern auch die Offiziere. Einmal geschah es, daß er sogar einen Major mit dem Stocke prügelte. Da griff dieser zur Pistole und schlug auf ihn an, richtete sie aber plötzlich gegen sich selbst und feuerte ab. Er wollte weder den König erschießen noch die Beleidigung überleben. Seit der Zeit hat Friedrich Wilhelm sich davor gehütet, einen Offizier zu schlagen.

Man hat wohl gesagt, das Bambusrohr sei der Zauberstab gewesen, mit dem Friedrich Wilhelm I. sein Land regiert habe. Das trifft insoweit zu, als er Faulenzern und Müßiggängern wie z. B. einem säumigen Torschreiber das Pflichtbewußtsein eigenhändig einbleute. Dabei gebrauchte er die heftigsten Schimpfworte wie Hundsfott, Kujon, Halunke. Wenn aber einer, wie es vorgekommen ist, vor ihm Reißaus nahm, dann setzte er ihm nach und schrie, den Stock schwingend: »Lieben sollt ihr mich, lieben und nicht fürchten.«

Leuten, die dem Könige mit Schmeicheleien kamen, spielte er gern einen Possen. Als er wieder einmal, von der Gicht gequält, einen von den »langen Kerls« malte, fragte er seinen Kammerherrn, für welchen Preis sich wohl das Bild verkaufen lasse. »Hundert Dukaten wären ein billiger Preis«, schmeichelte der Höfling. »Schön«, sagte der König mit boshaftem Lächeln, »ich sehe, du verstehst etwas von der Kunst. Deshalb lasse ich es dir für fünfzig Dukaten ab.« Was blieb dem Kammerherrn weiter übrig? Er mußte kaufen und zahlen.

Die Tragödie im Leben Friedrich Wilhelms I. war das Verhältnis zu seinem Sohn Friedrich. Er konnte und wollte das Unsoldatische in ihm nicht ertragen und ließ sich dazu hinreißen, den »Querpfeifer und Poeten«, wie er ihn verächtlich nannte, mit hartem Schelten und sogar mit Tätlichkeiten in seinem Sinne zu erziehen. Es kam so weit, daß der junge Prinz den Versuch machte, ins Ausland zu fliehen. Vor den König gebracht und gefragt, warum er habe desertieren wollen, antwortete Friedrich: »Weil Sie mich nicht wie Ihren Sohn, sondern wie einen niederträchtigen Sklaven behandeln.«

Friedrich wurde einem Verhör unterworfen. Dabei geriet der König in so grenzenlose Wut, daß er den Degen herausriß und seinen Sohn umbringen wollte. Das wäre auch geschehen, wenn der General Mosel nicht dazwischengetreten wäre mit dem Ausruf: »Sire, durchbohren Sie mich, aber schonen Sie Ihres Sohnes!«

Der Leutnant Hans von Katte, der an den Vorbereitungen zur Flucht großen Anteil gehabt hatte, wurde zum Tode verurteilt. Der König befahl: »Wenn man ihm publizieret, daß er mit dem Schwerte vom Leben zum Tode gebracht werde, so soll man ihm sagen, es wäre besser, er stürbe, als daß die Justiz aus der Welt käme.«

Im Lauf der Zeit fand eine Aussöhnung zwischen Vater und Sohn statt. Friedrich hatte sich ganz dem Willen des Königs unterworfen und nicht einmal Widerspruch erhoben, als er gezwungen wurde, die ungeliebte Prinzessin von Braunschweig-Bevern zu heiraten. Welche Hoffnungen Friedrich Wilhelm nun auf ihn setzte, das zeigte sich Anno 1735, als er, der kaisertreue Mann, von Österreich schwer gekränkt wurde. Er deutete auf seinen Sohn und sagte: »Da steht einer, der mich rächen wird.«

In seiner letzten Krankheit litt Friedrich Wilhelm an heftigen Schmerzen. Trotzdem rang er sich täglich einige Stunden für die Regierungsgeschäfte ab. Die Ärzte empfahlen Schonung, drangen aber bei ihm nicht durch. »Könige müssen mehr als andere Menschen ertragen«, behauptete er. Besorgt eilte Kronprinz Friedrich herbei, und liebevoll schloß ihn der Vater in die Arme. »Mein Gott«, sagte er noch kurz vor seinem Tode, »ich sterbe zufrieden, weil ich einen so würdigen Sohn zum Nachfolger habe.«

FRIEDRICH DER GROSSE

Regierungsantritt

Als Konprinz hatte Friedrich zu Rheinsberg ein heiter-ausgelassenes Leben geführt. Seine Freunde glaubten nun, es würde nach seiner Thronbesteigung so fortgehen. Auch der Markgraf von Schwedt dachte so und wagte deshalb bei Hofe einen dreisten und unziemlichen Scherz. Da funkelte ihn Friedrich hochaufgerichtet an: »Monsieur, jetzt bin ich König.«

Ein anderer aus dem Rheinsberger Kreise lud einen Pariser Freund ein, nach Berlin zu kommen. Hier wird es ein lustiges Leben geben, schrieb er. Noch ehe er geendet, trat Friedrich ins

Zimmer. Rasch nahm er den Brief, las und zerriß ihn. Dann sagte er in ernstem Ton, während die Papierfetzen flogen: »Die Possen haben nun ein Ende.«

Eine der ersten Regierungsmaßnahmen Friedrichs war die Abschaffung der Tortur. Die Juristen entsetzten sich darüber und wollten auf die Folter nicht verzichten. Sie behaupteten, alle Diebesbanden aus ganz Europa würden sich nach Preußen wenden. Friedrich ließ sich durch ihren Lärm nicht beirren. Die Verfügung blieb in Kraft.

Der junge König veranlaßte die Herausgabe einer neuen Zeitung in Berlin. Gleichzeitig untersagte er jede Zensur. »Gazetten«, so betonte er, »wenn sie interessant sein sollen, dürfen nicht genieret werden.« Dem Minister Thulemeyer aber schien es höchst bedenklich, den Skribenten solche Freiheit zu gewähren. Er gab daher dem Dekret die Warnung mit auf den Weg: »Wegen des Artikels Berlin ist dieses indistincte zu observieren, wegen auswärtiger puissancen aber cum grano salis und mit guter Behutsamkeit.«

Ein halbes Jahr nach seiner Thronbesteigung ließ Friedrich seine Generale kommen. »Ich unternehme einen Krieg«, begann er seine Ansprache, »bei dem ich keinen anderen Bundesgenossen habe als Ihre Tapferkeit. Ehrenzeichen und Belohnungen warten nur darauf, daß Sie sie durch glänzende Taten verdienen. Reisen Sie ab! Ohne Verzug folge ich Ihnen zum Sammelplatz des Ruhmes, der unser wartet.«

Die Schlesischen Kriege

Bei Mollwitz kam es zur ersten Schlacht. Sie nahm für Preußen einen so ungünstigen Verlauf, daß Friedrich von General Schwerin gedrängt wurde, das Schlachtfeld zu verlassen. Er nahm den Rat übel auf, fügte sich aber doch und ritt fort. Böse Zungen nannten ihn deshalb den »Läufer von Mollwitz«. Daß in seiner Abwesenheit der Sieg erfochten wurde, hat der junge, in seinem Stolz gekränkte König lange nicht verwinden können.

In einem Gefecht 1744 bei Thein an der Moldau fiel der Leutnant von Wedell. Friedrich wurde durch die Nachricht erschüttert; denn der junge Offizier war ihm sehr lieb. Er ritt über das Schlachtfeld und fragte unter den Verwundeten hin und her: »Wo ist Wedell?« Da richtete sich ein Schwerverletzter mühsam auf und antwortete: »Majestät, hier liegen lauter Wedells.«

Als Friedrich zum drittenmal um Schlesiens willen ins Feld zog, schrieb er an Voltaire: »Der Stier muß Furchen ziehen, die Nachtigall singen, der Delphin schwimmen, und ich – muß Krieg führen.«

»Seltsam«, spottete Friedrich, als er nach dem Einmarsch in Dresden im Palais des Staatsministers Brühl eine Unmenge von Reiterstiefeln und Perücken vorfand, »seltsam, so viele Reiterstiefel für einen, der nie zu Pferde saß, und so viele Perücken für einen, der keinen Kopf hat.«

Bei Kolin bemühte sich Friedrich der Große verzweifelt, seine hart angeschlagene Truppe wieder ins Gefecht zurückzuführen. Er setzte sich selbst an ihre Spitze, bemerkte aber gar nicht, daß niemand sich ihm anschloß. Entsetzt jagte sein Adjutant herbei, fiel seinem Pferde in die Zügel und rief ihn an: »Sire, wollen Sie die feindliche Batterie allein erobern?« Wie aus einem bösen Traum erwachend, blickte Friedrich um sich, dann wendete er sein Pferd und ritt stumm davon.

Vor der Schlacht von Roßbach prahlte ein Marquis zu Versailles: »Nun werden wir bald den König von Preußen als Gefangenen sehen.« »Ja«, erwiderte die Herzogin von Orleans, »dann sähe ich doch endlich einmal einen – König.«

Bei Roßbach gewann Friedrich einen seiner glänzendsten Siege. »Kein Wunder«, meinte er trocken, »mein Gegner, der Herr von Soubise, hat zwanzig Köche und einen Spion. Ich habe zwanzig Spione und einen Koch.«

Am Abend nach dem schwer erkämpften Siege von Leuthen, als die Wachtfeuer loderten, stimmte ein preußischer Grenadier aus tiefer Brust den Choral an: »Nun danket alle Gott!« Die Feldmusik fiel ein, und bald sangen ihr viele Tausende nach. Seit dieser Zeit wird dieser Choral »der Choral von Leuthen« genannt.

Im Oktober 1758 bezog Friedrich ein schlecht geschütztes Lager bei Hochkirch. Marschall Keith warnte: »Wenn die Österreicher uns hier ruhig lassen, verdienen sie den Galgen.« Aber Friedrich lachte: »Pah, sie fürchten uns mehr als den Galgen.« Sein Leichtsinn rächte sich. Zur Nacht überfallen und geschlagen, konnte er nur mit Mühe die Trümmer seines Heeres retten. Ganz verstört erklärte er einem Vertrauten: »Ich will versuchen, meine Lage zu verbessern. Aber auf alle Fälle habe ich etwas, womit ich dieses Trauerspiel schließen kann.« Er meinte das Giftfläschchen, das er bei sich trug.

Oft mußte Friedrich trotz seiner Not den Soldaten gegenüber den Zuversichtlichen spielen. Als sie am Morgen nach Hochkirch an seiner Lagerstätte vorüberzogen, rief er ihnen zu: »Kanoniers, wo habt ihr eure Kanonen gelassen?« – »Der Teufel hat sie bei Nachtzeit geholt«, brummten sie. »Macht nichts«, scherzte Friedrich, »dann nehmen wir sie ihm bei Tage wieder ab.« Und die Soldaten lachten wieder.

Der schwerste Schicksalsschlag, der Friedrich traf, war die Niedermetzelung seines halben Heeres bei Kunersdorf. Da überkam ihm die Verzweiflung so übermächtig, daß er auf dem Schlachtfelde umherirrte und den Tod suchte. »Gibt es denn keine vermaledeite Kugel für mich?« klagte er, als er verschont blieb. Und nach Berlin an den Minister von Finkenstein schrieb er: »Alles ist verloren. Retten Sie die königliche Familie! Adieu für immer.«

Jahr für Jahr verstrich, ohne daß der Friede in Sicht kam. »Meine Jugend«, so grollte Friedrich, »habe ich dem Vater, mein Mannesalter dem Vaterlande geopfert.« Sein ganzes Elend entschleierte er einmal in einem Brief an seinen Freund Algarotti. »Der irrende Jude Ahasver«, schrieb er, »hat kein so irrendes Leben geführt, wie das meine ist. Man wird am Ende wie die Dorfkomödianten, die keinen Herd und keine Heimat haben. Wir laufen durch die Welt, um unsere blutigen Tragödien da aufzuführen, wo die Feinde uns eben erlauben, unser Theater aufzuschlagen.«

Friedrich hatte sich so oft rücksichtslos dem feindlichen Feuer ausgesetzt, ohne verwundet zu werden, daß er schließlich Warnungen mit der Äußerung zurückwies: »Die Kugel, die mich treffen soll, kommt von oben.«

Nach der Schlacht von Torgau wurde dem König die Verlustliste vorgelegt. Sie enthielt eine erschreckend hohe Zahl. Friedrich riß dem Offizier die Liste aus der Hand. »Es kostet ihn seinen Kopf«, drohte er, »wenn die Zahl bekannt wird.«

Nach sieben langen Jahren kam es in Hubertusburg zu Friedensverhandlungen. Auch Schweden wollte dabei beteiligt sein, obwohl es nicht mehr getan hatte, als mit den preußischen Husaren zu scharmützeln. Friedrich lehnte die Forderung ab. »Der König von Schweden«, beschied er den Gesandten, »hat mit meinem Oberst Belling Krieg geführt. Also mag er auch mit ihm Frieden schließen.«

Als endlich der Frieden geschlossen war, gratulierte man Friedrich mit den Worten, das sei gewiß der schönste Tag seines Lebens. Friedrich aber knurrte: »Papperlapapp, der schönste Tag im Leben ist, wenn man es verläßt.«

Der Spötter von Sanssouci

Weder katholische noch protestantische Eiferer waren bei Friedrich beliebt. »In meinen Staaten« erklärte er, »müssen alle Religionen tolerieret werden und ein jeder nach seiner Façon selig werden.« Er nahm sich aber oft und gern die Freiheit, gläubige Menschen zu verspotten.

Mit besonderem Behagen richtete Friedrich seine Ironie gegen den Wunderglauben. Auf seiner Tafel stand ein künstlicher

Springbrunnen, aus dem duftendes Wasser fließen sollte. Trotz aller Bemühungen des Hofkonditors tat er seine Schuldigkeit nicht. Aber nach einer Weile begann er plötzlich ohne sichtbaren Anlaß zu springen. Friedrich wandte sich lächelnd an den Abbé Bastiani: »Nicht wahr«, fragte er, »in einem katholischen Lande würde man das für ein Mirakel halten?« Gelassen antwortete der Abbé: »In Ew. Majestät Gegenwart schwerlich.«

Ein preußischer Soldat hatte von einem Muttergottesaltar Silber gestohlen, behauptete aber, Maria habe sich über seine Not erbarmt und ihm erlaubt, das Silber zu nehmen. Friedrich durchschaute den Kerl und war boshaft genug, bei der katholischen Geistlichkeit anzufragen, ob es derartige Mirakel gäbe. So peinlich das war, sie mußte die Möglichkeit zugeben. Wasser auf die Mühle Friedrichs. Zum Ärger des bestohlenen Klosters gab er den Dieb frei, bedeutete ihm aber, er solle sich hüten, je wieder ein Geschenk von der Heiligen Jungfrau anzunehmen.

Der katholische Klerus in Berlin kam bei Friedrich darum ein, die Fronleichnamsprozession abhalten zu dürfen. »Ich erlaube es«, entschied er, »aber ob die Straßenjungen Berlins es erlauben, das ist eine andere Frage.«

Der Pastor zu Bernau richtete an den König ein Gesuch um Aufbesserung seines kärglichen Traktaments. Er erhielt den Bescheid: »Die Apostel sind nicht gewinnsüchtig gewesen. Sie haben umsonst gepredigt. Wenn er nach den Gütern dieser Welt trachtet, so hat er keine apostolische Seele.«

An der Nikolaikirche zu Potsdam wurden einige Umbauten vorgenommen. Das hatte zur Folge, daß das Innere der Kirche an Helligkeit verlor. Daraufhin beschwerten sich Pastor und Vorsteher beim Könige und baten, den Umbau einzustellen. Die Eingabe ging an sie zurück mit der Bemerkung: »Selig sind, die nicht sehen und doch glauben.«

Bisweilen kam Friedrich mit seinem beißenden Witz an den Unrechten, so bei Zieten, der ein frommer Mann war und gern das heilige Abendmahl zu nehmen pflegte. Als Friedrich darüber eine überaus boshafte Bemerkung machte, fuhr der Alte empört auf: »Majestät, es gibt einen über uns, der ist mehr als Sie und ich und mehr als alle Menschen. Das ist mein Heiland Jesus Christus. Diesen Heiland lasse ich nicht antasten und verhöhnen. Halten zu Gnaden!« Totenstille herrschte bei diesen Worten an der Tafelrunde. Friedrich aber reichte Zieten die Hand und sagte beschämt: »Es soll nicht wieder geschehen, Alter.«

Lange Jahre war Sir Andrew Mitchell Gesandter am Berliner Hofe. Durch seine Hände gingen die Hilfsgelder, die Preußen von London empfing. Auch ihn verschonte Friedrich nicht mit seinen Sticheleien. »Stimmt es«, redete er ihn einmal an, »daß Ihre Truppen Quebec erobert haben?« – »Ja«, antwortete Mitchell, »mit Gottes Hilfe.« – »Wie«, fragte Friedrich mit gut gespieltem Erstaunen weiter, »gehört denn der liebe Gott auch zu Ihren Alliierten?« Schlagfertig gab der Engländer zurück: »Allerdings, Sire, und er ist der einzige, dem wir keine Subsidien zahlen.«

Merkwürdig, daß Friedrich bei aller Freigeisterei nicht von Aberglauben frei war. Eine preußische Prinzessin wollte an einem Montag Hochzeit halten. Er schlug ihr rundweg die Bitte ab mit der Begründung, er halte das für einen ungünstigen Tag. »An einem Montag«, schrieb er ihr, »habe ich niemals eine Bataille gewonnen.«

Der alte Fritz

In Berlin wurde ein Schauspiel aufgeführt, in dem der König stets der »alte Fritz« genannt wurde. Der Oberst von Scheele fand das unehrerbietig und wollte den Direktor der Truppe bestrafen. Friedrich verbot das und schalt: »Der Scheele muß bei Roßbach und Leuthen nicht dabei gewesen sein. Sonst wüßte er, daß ich schon vor zwanzig Jahren der ›alte Fritz‹ hieß, und jünger bin ich seitdem nicht geworden.«

Mancher empfand das Regiment des strengen Alten als recht unbequem. Auch sein Bruder Prinz Heinrich gehörte zu den Unzufriedenen. Nun unternahm er im Jahre 1784 in diplomatischer Mission eine Reise nach Paris. Hier hörte er den König so oft loben, daß er schließlich verärgert auffuhr: »Es ist leicht, ihn auf tausend Meilen Entfernung zu lieben.«

Das Staatsmonopol auf Kaffee, das Friedrich einführte, machte viel böses Blut. Karikaturenzeichner stellten ihn dar, wie er alt und zitterig mühsam die Kaffeemühle drehte. Einst kam er die Jägerstraße herauf und sah, wie die Leute sich um ein solches Spottbild drängten. Schon fürchtete man, er werde mit dem Krückstock dreinfahren, er aber befahl: »Niedriger hängen, daß die Leute sich nicht die Hälse ausrenken müssen!«

Friedrich erkrankte, doch seine Ärzte machten ihm noch einmal Hoffnung auf Genesung. Zufällig besuchte ihn um diese Zeit der Thronfolger Friedrich Wilhelm, von dem er argwöhnte, daß er schon mit Ungeduld nach der Königskrone verlangte. Halb scherzend, halb boshaft sagte er zu ihm: »Pardon, mein Neffe, wenn ich Sie noch ein wenig warten lasse.«

In seinen letzten Lebensjahren blickte Friedrich oft sorgenvoll in die Zukunft. »Ich bin am Ende meiner Karriere«, sagte er düster, »und mein Tagewerk ist bald absolvieret. Ich fürchte, nach meinem Tode wird es pêle-mêle gehen. Die Massen fangen an, von unten auf zu drängen, und wenn dies zum Ausbruch kommt, ist der Teufel los.«

Die Ärzte, die Friedrich behandelten, mußten oft anhören, wie er sich über sein Alter und seine Krankheit beklagte. So sagte er: »Ich bin nichts mehr als ein altes Gerippe. Ich tauge zu nichts mehr, als hingeworfen zu werden auf den Anger.« Oder: »Ich bin ein alter, verbrauchter Schlingel, den bald der Teufel holen wird.«

Ein einfältiges Bäuerlein im Schwäbischen kratzte sich bei der Nachricht vom Tode Friedrichs ratlos den Kopf und fragte: »Wer wird nun die Welt regieren?«

Im Bayrischen Erbfolgekriege hatte Friedrich Bayern davor bewahrt, österreichisch zu werden. Seit der Zeit war er dort sehr populär. In einer Dorfschenke sah ein Reisender das Bild des Preußenkönigs neben dem Bilde des Heiligen Corbinian an der Wand hängen und davor ein Licht brennen. Das verwunderte ihn sehr, und er forschte nach dem Grunde. Treuherzig berichtete ihm der Wirt: »Dieser da ist unser Schutzpatron auf Erden und dieser unser Schutzpatron im Himmel.« So teilten sich der Spötter von Sanssouci und der katholische Heilige friedlich in den frommen Schein der Kerze.

KATHARINA II.

Katharina, Prinzessin von Anhalt-Zerbst, war sechzehn Jahre alt, als sie nach Rußland geschickt und mit dem Thronerben Peter vermählt wurde. Sie wuchs zu einem schönen und lebensstarken Weibe heran, er aber blieb ein infantiler Schwächling, der sich mit seinen Puppen und Zinnsoldaten vergnügte. So wurde es eine schlimme Ehe. Keiner kümmerte sich um den andern. »Ich bin froh, daß Sie mir meine Frau abnehmen«, sagte Peter zu Sergey Saltykow, von dem er wußte, daß er ein Liebesverhältnis mit Katharina unterhielt, »so brauche ich doch wenigstens ihr saures Gesicht nicht zu sehen.«

Die Soldatenspielerei Peters wurde zur Leidenschaft. Statt Zinnsoldaten drillte er nun Grenadiere, und zwar nach preußischem Vorbilde. Seine ganze glühende Verehrung galt nämlich Friedrich dem Großen. Bei einem Festmahl füllte er sein Glas mit Wein, kniete vor dem Bild des Preußenkönigs nieder und rief: »Mein Bruder, wir zusammen werden die Welt erobern.«

Der Tabakgenuß war Peter äußerst widerwärtig. Eines Tages überraschte ihn sein Lehrer Stehlin, wie er munter die Pfeife rauchte, und sprach darüber seine Verwunderung aus. Peter erwiderte ihm mit sichtbarem Stolz: »Hast du jemals einen tüchtigen Soldaten gesehen, der nicht seine Tabakspfeife rauchte?«

Im Jahre 1762 bestieg Peter als Peter III. den Thron. Schon nach wenigen Monaten war er so verhaßt, daß der Plan entstand, ihn gewaltsam abzusetzen. Katharina wußte davon. Aber das Geheimnis wurde verraten, und Graf Rasumowski eilte bestürzt zu ihr: »Erschrecken Sie nicht!« Katharina antwortete gelassen: »Sie wissen, daß ich nie erschrecke.« Unverzüglich warf sie sich aufs Pferd, jagte von Kaserne zu Kaserne und brachte die Truppen auf ihre Seite.

Die kühnste Rolle bei der Palastrevolution spielte Alexey Orlow. Er war es, der Peter III. eigenhändig erdrosselte. Aber eines Tages mußte er seinen Platz als Günstling Katharinas vor Potemkin räumen. Die beiden begegneten sich zufällig auf der Schloßtreppe. »Was gibt es Neues?« fragte Potemkin. »Oh, nichts Besonderes«, versetzte Orlow, »außer, daß ich hinuntersteige und Sie hinauf.«

Vor der Welt gab Katharina sich mit Vorliebe als Philanthropin. In Wahrheit aber verfuhr sie genau so autokratisch wie die früheren Zaren. Dieser Widerspruch war ganz offenkundig, aber nur einer, der von ihr sehr verehrte Diderot, wagte es, sie darauf aufmerksam zu machen. Lächelnd hörte sie ihn an. Dann rechtfertigte sie sich mit den Worten: »Ihr Philosophen seid glückliche Leute. Ihr schreibt auf geduldiges Papier, ich arme Kaiserin aber auf die kitzelige Haut lebendiger Menschen.«

Katharina gründete über einhundert Schulen, aber nur wenige Lernbegierige stellten sich. Eine solche Gleichgültigkeit verdroß den Gouverneur von Moskau, und in einem Bericht an die Kaiserin machte er seinem Ärger Luft. Tröstend schrieb sie ihm zurück: »Es ist doch nicht für meine Russen, daß ich Schulen gebaut habe. Es ist für Europa, wo wir auf die öffentliche Meinung Eindruck machen müssen. Denn wenn erst einmal bei unsern Bauern der Bildungsdurst erwacht, werden weder Sie noch ich lange in unserer Stellung bleiben.«

Ein Donkosake mit Namen Pugatschew entfesselte in Südrußland einen Aufstand. Dadurch, daß er den Bauern Abschaffung der Leibeigenschaft verhieß und sein Unternehmen zu einer sozialen Revolution stempelte, gewann er großen Zulauf. Endlich nach schweren Kämpfen überwältigt, wurde er auf Befehl Katharinas hingerichtet. Kurz vor seinem Tode schrie er den Gaffern zu: »Ich bin nur der erste Rabe, aber die Raben werden weiterfliegen.«

JOSEPH II.

War Maria Theresia bei Reformen besonders vorsichtig und behutsam gewesen, so meinte ihr Nachfolger Joseph II. von heute auf morgen mit dem Alten aufräumen und seine philanthropischen Ideale verwirklichen zu können. Die Folge waren viele recht gewaltsame und allzu hastige Experimente. Diese Überstürzung veranlaßte Friedrich den Großen zu dem Urteil: »Er tut stets den zweiten Schritt vor dem ersten.« Ein andermal äußerte er: »Joseph möchte gern den Kaiser Marc Aurel nachahmen, ohne seine Vorzüge zu besitzen.«

Joseph II. war ein durchaus frommer Mann. Wenn er auf der Straße einen Priester mit dem Venerabile traf, stieg er sogleich vom Pferde und beugte das Knie. Aber an seinen scharfen Maßnahmen gegen den Klerus und die Mönchsorden – er hob nicht weniger als siebenhundertachtunddreißig Klöster auf – änderte das nichts. Einst ging er mit dem Plan um, entgegen dem bisherigen Brauch einen Friedhof außerhalb der Stadt anzulegen. Entrüstet erhob der Kardinal von Wien Einspruch und stellte ihm die Frage: »Wo werden dann künftig die Bischöfe ihre Grabstätte haben?« Schlagfertig gab Joseph ihm zur Antwort: »Ein Hirte muß bei seinen Schafen ruhen.«

Die Kurie war über die Reformen in Österreich so sehr beunruhigt, daß Papst Pius VI. sich nach Wien begab, um dort persönlich einzugreifen. Bei diesen Besprechungen blieb Joseph stets der höflichste Wirt und der beste Katholik. Bei der Abreise unterließ er es auch nicht, seinen hohen Gast bis zum Kloster Maibrunnen zu geleiten. Kaum aber hatte er sich von ihm mit allen Zeichen der Ehrfurcht verabschiedet, hob er das Kloster auf.

Wenige Jahre nach dem Siebenjährigen Krieg kam es zu einer Zusammenkunft zwischen Friedrich dem Großen und Joseph II.

Die beiden Monarchen verkehrten miteinander auf das herzlichste. Joseph versicherte: »Nun sehe ich meine Wünsche erfüllt, da ich die Ehre habe, den größten König und Feldherrn, zu umarmen.« Dann fügte er bedeutsam hinzu: »Für Österreich gibt es kein Schlesien mehr.«

Eine besondere Freude machte Joseph seinen Wienern dadurch, daß er ihnen den Prater freigab, den bislang nur der Hof und der Adel betreten durften. Am Eingang wurde eine Tafel angebracht. Darauf stand zu lesen: »Allen Menschen gewidmeter Belustigungsort.« Das machte bei den adeligen Herren böses Blut. Wie peinlich, daß man nun im Prater nicht mehr unter sich war! Sie beschwerten sich also beim Kaiser. Der aber beschied sie kurzerhand: »Wollte ich nur mit meinesgleichen umgehen, so müßte ich zu meinen Ahnen in die Kapuzinergruft hinabsteigen.«

Unter dem Namen Graf Falkenstein reiste einst Joseph II. nach Paris, um seine Schwester Marie Antoinette zu besuchen und ihr auch ein wenig ins Gewissen zu reden. Sie empfing ihn mit einer Frisur von erstaunlicher Höhe. »Toni«, lachte er auf, als er sie erblickte, »deine Frisur erinnert mich an den Stephansturm.«

In einer Gesellschaft zu Paris sprach man über die aufständischen amerikanischen Kolonien. Frankreich war damals mit ihnen im Bunde, und überall schwärmte man von Washington und Lafayette. Gern hätte Joseph als Gast im fremden Lande sein Urteil zurückgehalten, aber schließlich aufgefordert, seine Meinung zu sagen, erklärte er: »Sie werden verzeihen, aber mein Handwerk ist es nun einmal, Royalist zu sein.«

Zahllose Neugierige bedrängten Kaiser Joseph auf seinem Spaziergang durch Paris. Mit Kolbenstößen machten die Soldaten ihm Bahn. »Nicht so grob«, besänftigte er sie, »so viel Platz braucht ein Mensch gar nicht, um sich zu ergehen.«

Gegen Ende seines Lebens mußte Joseph erkennen, wie wenig von seinem himmelstürmenden Reformprogramm in Erfüllung gegangen war. Da sagte er traurig: »Ich wollte, man schriebe auf meinen Leichenstein: Hier ruht ein Fürst, dessen Absichten rein waren, der aber das Unglück hatte, alle seine Pläne scheitern zu sehen.«

L'ANCIEN RÉGIME

Das Erbe des Sonnenkönigs fiel nacheinander an Monarchen, die weder seine Kraft noch seine Würde besaßen, an den Herzog von Orléans als Regenten, dann an Ludwig XV. und schließlich an Ludwig XVI. Sie galten als unumschränkte Herren im Lande; tatsächlich aber stießen sie überall auf Schranken und Hindernisse. Der Graf von Montlosier drückte das so aus: »Der König existiert eigentlich nur im Innern seines Schlosses.« Hier war er der strahlende Mittelpunkt, um den sich der festliche Reigen der Grandseigneurs drehte. Freilich mußte auch er sich vor einer stärkeren Macht beugen – der Etikette.

Die Königin war soeben von ihren Damen ganz ausgekleidet worden. Madame Campan hielt das Hemd bereit und präsentierte es der Hofdame, die es der Königin überwerfen sollte. In diesem Augenblick trat die Herzogin von Orléans ein. Das Hemd ging an die Campan zurück und wurde von ihr der Herzogin gereicht. Wieder öffnete sich die Tür, und es erschien die ranghöhere Gräfin von Provence. Abermals trat das Hemd seine Wanderschaft an, bis es endlich nach so viel Umwegen zur Königin gelangte. Sie hatte die ganze Zeit, während sich die Damen komplimentierten, nackt, wie Gott sie geschaffen, dabeistehen und frierend warten müssen. Die Etikette hatte gesiegt.

Ludwig XV. ärgerte sich einmal über das laute und ständige Wagengerassel vor dem Schloß. Er seufzte: »Wenn ich Polizeileutnant wäre, würde ich diese Cabriolets verbieten.«

Das Leben am Hofe war eine ständige Jagd nach Gnadenbeweisen, Sinekuren und Pfründen. Wer sie erlangen wollte, mußte sich häufig dem Könige zeigen und daher einen großen Teil seines Lebens stehend im Vorzimmer verbringen. So konnte der Präsident de Mesmes auf die Frage, was ein Höfling sei, antworten: »Ein Pfeiler im Antichambre Seiner Majestät.«

Derjenige, mit dem der König einige Worte zu wechseln geruht hatte, fühlte sich über die Maßen beseligt, namentlich wenn er es verstanden hatte, auf gute Art seine Devotion auszudrükken – etwa wie der Herr von Souvré. Ihm sagte einst Ludwig XV., der es liebte, mit betagten und gebrechlichen Leuten vom Tode zu reden: »Sie werden alt. Wo wollen Sie sich begraben lassen?« – »Zu Füßen Eurer Majestät!« lautete die Antwort.

Jedermann handelte nach dem Grundsatz: Reich werden. Wenn es möglich ist, in Ehren; aber auf alle Fälle reich werden. Der Herzog von Villeroy verriet daher kein Geheimnis, als er in aller Öffentlichkeit sagte: »Wer auch immer Finanzminister wird, ich erkläre, daß ich sein Freund und sogar ein wenig verwandt mit ihm sein werde.«

Sehr gute Aussichten auf Reichtum eröffneten sich, als der Schotte John Law in Paris eine Aktienbank gründete und überaus hohe Gewinne auszahlte. Es war aber schwer, in den Besitz einer solchen Aktie zu kommen. Eine Dame hochadligen Geblüts, die wegen der vielen Bittsteller nicht bis zu ihm vordringen konnte, befahl ihrem Kutscher, den Wagen vor seiner Haustür umzuwerfen. Er tat das auch. Law lief erschrocken hinzu; denn er meinte, sie habe sich Hals oder Bein gebrochen. Da gestand sie ihm lachend, sie habe das mit Absicht getan, um ihn sprechen zu können und eine Aktie zu erhalten.

Die Erniedrigung, die der Adel beim Tanz um das Goldene Kalb auf sich nahm, berührte seinen Dünkel in keiner Weise. Die Madame Maréchal erklärte zuversichtlich: »Gott wird es sich zweimal überlegen, ehe er einen vom Adel zur Hölle verdammt.«

Der Herzog von Aumont betrachtete sich wohlgefällig im Spiegel. »Aumont«, redete er sich an, »Gott hat dich zum Edelmann geschaffen und der König zum Herzog. Nun mußt du auch selbst etwas für dich tun. Geh und rasiere dich!«

Sie hatten nicht viel zu tun, diese vornehmen Hofdamen. Ein junges Mädchen bot sich einer Marquise als Kammerjungfer an. Sie wollte ihre Tüchtigkeit ins rechte Licht setzen und sagte ahnungslos: »Madame, ich kann sehr schnell frisieren.« – »Mon Dieu«, seufzte die Marquise, »wenn Sie mich so schnell frisieren, was soll ich dann den ganzen Tag machen?«

Der Klerus

Der hohe, aus dem Adel stammende Klerus trieb es um nichts besser als seine Standesgenossen am Hof. Auch bei ihm Luxus und Mätressen, dazu aber noch Unglaube. Ludwig XVI. tadelte den Erzbischof von Narbonne wegen seiner maßlosen Verschwendung. »Herr Erzbischof«, sagte er, »man erzählt mir, daß Sie sehr tief in Schulden stecken.« – »Sire«, erwiderte dieser mit heiterer Gelassenheit, »ich werde mich sofort bei meinem Intendanten erkundigen und dann um die Ehre nachsuchen, Eurer Majestät berichten zu dürfen.«

Nach dem Tode des Kardinals von Paris wurde dem Könige der als Freigeist bekannte Erzbischof von Brienne zum Nachfolger empfohlen. Entsetzt rief Ludwig aus: »Aber, meine Herren, der Kardinal von Paris muß doch wenigstens an Gott glauben.«

Als die Frage erörtert wurde, ob es nicht ratsam sei, den Kirchenzehnten zu verkürzen oder ihn vielleicht ganz zu beseitigen, erhob sich der Erzbischof von Aux und begann: »Der Zehnte, dieses freiwillige Opfer der gläubigen Christen ...« Weiter kam er nicht. Der Herzog von Rochefoucault unterbrach ihn. »Freiwilliges Opfer? Ja, so sehr freiwillig, daß seinetwegen in Frankreich vierzigtausend Prozesse geführt werden.«

Von den reichen Einkünften der Kirche gelangte nur sehr wenig zu den Dorfpfarrern. Diese wußten jedoch ihrer Armut abzuhelfen, und zwar in der Weise, daß sie den Aberglauben ihrer Bauern ausnutzten. Wer etwas Geld beibrachte, den nahmen sie in die »Kompanie des Himmels« auf. Die Zahlungskräftigeren wurden zu Unter- und Oberleutnants im Himmel ernannt und unter das Kommando eines Heiligen gestellt.

Voltaire wurde aus Frankreich ausgewiesen und seine Schriften vom Henker verbrannt. Er meinte daraufhin: »Verbrennen ist nicht widerlegen.«

Die geheime Polizei spielte im Ancien Régime eine bedeutende Rolle. Sie unterhielt überall Aufpasser und Angeber. Einer der berüchtigsten war der Abbé Fouquet. Nun war wieder einmal ein Häftling in der Bastille eingeliefert worden. Neugierig blickte er umher und bemerkte dabei einen Hund. »Was hat denn dieser Hund verbrochen?« wollte er wissen. »Oh«, sagte man ihm scherzend, »er hat den Hund des Herrn Abbé gebissen.«

Es war keine allzu große Übertreibung, was der Polizeioffizier Lenoir zu einem Journalisten sagte: »Vergessen Sie nie, daß überall, wo drei Menschen zusammen sind, ich dabei bin!«

Krieg

Wenn die Grandseigneurs in das Feld rückten, dann wollten sie von den Genüssen des Friedens nichts entbehren. Sie nahmen Hunderte von Lakaien, Köchen, Friseuren, Bereitern und Stallknechten mit sich, ja sogar Komödianten, Opernsänger und ein ganzes Orchester. Im Lager wurde fleißig Theater gespielt, und der Marschall de Saxe pflegte, sobald der Vorhang gefallen war, die Befehle für den nächsten Tag auszugeben. Sie lauteten einmal so: »Morgen keine Aufführung wegen der Schlacht. Übermorgen ›Der Hahn im Korbe‹.«

Bei Fontenoy im Jahre 1745 lag der Marschall de Saxe den Verbündeten unter dem Herzog von Cumberland gegenüber. Vor Beginn der Schlacht grüßten die englischen Offiziere die Franzosen durch Abnehmen des Hutes. Die Offiziere der französischen Garde erwiderten den Gruß in der gleichen Weise.

Dann rief Lord Charles Hay zu der feindlichen Schlachtreihe hinüber: »Meine Herren von der Garde, bitte, schießen Sie zuerst!« Mit lauter Stimme antwortete der Kommandeur des französischen Regiments: »Wir schießen niemals als erste. Bitte, schießen Sie!« Da rollte die englische Salve.

Im Siebenjährigen Krieg erlitt die französische Armee Niederlage auf Niederlage. Die schlimmste von allen war die bei Roßbach. Als der König davon erfuhr, zeigte er sich sehr betrübt. Seine Mätresse, die Pompadour, aber richtete ihn wieder auf mit den Worten: »Was tut das schon! Wir werden genau so lustig weiterleben wie bisher. Nach uns die Sündflut.«

Die Finanzen

Die maßlose Verschwendung am Hofe und die unglücklichen Kriege bürdeten Frankreich eine schwere Schuldenlast auf. Der Finanzminister Terray bemühte sich, durch allerhand zweifelhafte Manipulationen das Defizit zu decken. »Sie stehlen ja den Leuten das Gold aus der Tasche«, warf man ihm vor. »Woher soll ich es sonst nehmen?« antwortete er trocken.

König Ludwig XV. fragte nach der prächtigen Hochzeitsfeier des Dauphins mit Marie-Antoinette den Finanzminister Terray: »Nun, wie fanden Sie die Festlichkeiten?« – »Unbezahlbar.«

Der leichtfertige Calonne war Finanzminister geworden. Marie-Antoinette äußerte einmal einen Wunsch, meinte aber, es wäre wohl schwierig, ihn zu erfüllen. »Wenn es nur schwierig ist«, beruhigte Calonne die Königin, »so wird es gemacht. Wenn es unmöglich ist, wird es sich schon machen lassen.«

Der Kaufpreis des Schlosses St. Cloud, das Calonne für Marie-Antoinette erstand, betrug mehrere Millionen. Das Volk erfuhr davon und machte nun die Königin für die Staatsschulden verantwortlich. Sie erhielt den verhängnisvollen Spitznamen »Madame Deficit«.

Der Finanzintendant Foulon hatte eine neue Steuer ersonnen. Der Einwand, daß sie das Volk zu sehr belasten würde, tat er verächtlich ab. »Das Volk? Pah, das Volk möge Heu fressen.«

Die Not der Bauern

Ludwig XV. jagte einst in dem Walde von Senart zu einer Zeit, als Teuerung im Lande war. Da begegnete er einem Manne, der einen Sarg trug. »Wohin bringst du den Sarg?« fragte er teilnahmsvoll. »In das Dorf dort drüben.« – »Und wer ist dort gestorben?« – »Ein Bauer.« – »Und woran starb er?« – »Am Hunger.« Da fragte der König nicht mehr, sondern ritt rasch davon.

Ein andermal wollte der König einem Bauern, dessen Armut ihm leid tat, einige Taler schenken. Der aber schlug bitter lächelnd an seinen mageren Hosensack und sagte dazu: »Sire, sie kommen doch wieder zu Ihnen.«

Ein Engländer kam auf seiner Reise durch Frankreich in ein Dorf bei Bordeaux. »Wieviele Ochsen etwa werden hier geschlachtet?« fragte er. »Fünf bis sechs im Jahr«, erhielt er zur Antwort. Der Engländer staunte. »So viele schlachtet bei uns jedes Dorf in der Woche.«

Am Vorabend der Revolution

Marie-Jeanne Phlipon, die spätere Madame Roland, durfte in ihrer Jugend einmal eine Woche im Schloß von Versailles verbringen. Zu ihrer Mutter zurückgekehrt, erklärte sie: »Noch ein paar Tage, und ich hätte nicht gewußt, wohin mit meinem Abscheu und meinem Haß gegen diese Menschen.«

Der Herzog von Richelieu, der noch den Hof des Sonnenkönigs gekannt hatte, nahm sich den Freimut, zu Ludwig XVI. zu sagen: »Unter Ludwig XIV. schwieg man, unter Ludwig XV. wagte man zu flüstern, unter Ihnen, Sire, spricht man laut.«

In seinem letzten Lebensjahr – es war das zweiundneunzigste – erhielt der Herzog von Richelieu die Nachricht von der Einberufung der Generalstände. Da schüttelte er sorgenvoll den Kopf. »Was würde Ludwig XIV. dazu sagen!«

Rückblickend auf die Zeit des Ancien Régime sagte viele Jahre später Herr von Talleyrand: »Wer nicht vor der Revolution gelebt hat, kennt nicht die Süßigkeit des Lebens.«

»Ach, die gute alte Zeit!« seufzte ein Grandseigneur. »Früher brachte man einen Stallknecht um, ohne daß ein Hahn danach krähte. Jetzt darf man ihn nicht einmal mehr prügeln.«

Frankreichs große Revolution

DIE BASTILLE

Als Sinnbild des alten Despotismus galt die Bastille. Am 14. Juli 1789 wurde sie »erstürmt«. Das war das erste, weithin sichtbare Fanal der beginnenden Umwälzung.

Pierre Besenval, der Kommandant der Pariser Garnison, lag noch in tiefem Schlaf. Da wurde plötzlich der Vorhang seines Bettes zur Seite gerissen, und vor ihm stand im grauen Zwielicht ein todblasser Mensch, der ihn wie mit Geisterstimme anschrie: »Herr Baron, ich warne Sie. Wenn heute Blut fließt, wehe dem, der es vergießt. Versuchen Sie keinen Widerstand!« Wer dieser Eindringling war, ist nie geklärt worden. Besenval jedenfalls hat ihn nicht erkannt. Er war so von Schreck gelähmt, daß er es versäumte, ihn verhaften zu lassen. Er versäumte an diesem 14. Juli noch mehr. Tatenlos ließ er es geschehen, daß die Volksmenge sich bewaffnete und die Bastille stürmte.

Den Aufständischen war ein großer Munitionsvorrat in die Hände gefallen, und sie begannen, das Pulver auszuteilen. Da kam ein Betrunkener herein, setzte sich auf ein Pulverfaß und steckte seine Pfeife an. Er rauchte drauflos, daß die Funken flogen. Jeden Augenblick konnte ein Unglück geschehen. Schließlich trat der Abbé Lefèvre an ihn heran und erbot sich, ihm die Pfeife für drei Franken abzukaufen. Der Kerl ließ sich erfreut auf diesen Handel ein und empfing sein Geld. Lefèvre aber schleuderte die Pfeife in weitem Bogen fort.

In Versailles hatte König Ludwig XVI. sich schon zur Ruhe begeben, als der Herzog von Liancourt auf schäumendem Pferd heransprengte, um ihm die Nachricht von dem Bastillesturm zu überbringen. Trotz des Widerstandes der Kammerdiener erlangte er Zutritt zum Schlafgemach und stattete erregt seine Meldung ab. »Das ist ja eine Revolte«, meinte der König. Liancourt erwiderte: »Nein, Sire, das ist eine Revolution.«

Über den 14. Juli trug Ludwig in sein Tagebuch ein: Rien. Er hatte nämlich, wie er es so gern tat, wieder einmal gejagt, aber den ersehnten Hirsch nicht erlegt.

In einer Gesellschaft, bei der auch Graf Mirabeau zugegen war, diskutierte man heftig über die grauenvolle Niedermetzelung des Kommandanten der Bastille, Marquis de Launy. Sie wurde streng getadelt und barbarisch gescholten. Mirabeau aber sagte gleichmütig: »Nun ja, das sind die Kinderkrankheiten der Revolution.«

Einige Tage nach dem Sturm auf die Bastille wurde der Dramatiker La Mierre von einem Freunde gefragt, wann man wieder eine Tragödie von ihm erwarten könne. »Meine Tragödien«, gab er zur Antwort, »sind nun überflüssig geworden. Es gibt jetzt genug Tragödien – auf der Straße.«

MIRABEAU

Unter den Männern, die bei Beginn der Revolution maßgebenden Einfluß ausübten, ragte am mächtigsten Mirabeau hervor. Abstoßend häßlich, das Gesicht von Blattern zerfressen und von Leidenschaften verwüstet, besaß er doch eine zwingende Macht über die Menschen. Obwohl adliger Herkunft, schloß er sich dem tiers état an und wurde sein wortgewaltigster Sprecher. Die Reichsstände sollten auf Befehl des Königs aufgelöst werden. Adel und Klerus gehorchten; die Abgeordneten des dritten Standes aber blieben. Der Befehl des Königs wurde wiederholt. Da sprang Mirabeau empört auf die Tribüne und donnerte den Zeremonienmeister de Brézé an: »Sagen Sie dem, der Sie geschickt hat, daß wir hier versammelt sind nach dem Willen des Volkes und daß wir nur der Gewalt der Bajonette weichen werden.«

Im Sturm der allgemeinen Begeisterung wagte Mirabeau die Prophezeiung: »Die französische Revolution wird die Reise um die Welt machen.«

Alle Vorrechte und Privilegien des Adels wurden in der Nachtsitzung vom 4. August 1789 aufgehoben. Auf dem Wege nach Haus schwärmte Mirabeau von dieser glorreichen Tat. »Ah«, sagte er zu seinem Begleiter, »alle Stände sind nun gleich. Wir haben alle Titel auf dem Altar des Vaterlandes geopfert.« Daheim war ihm ein Bad bereitet worden, doch die Temperatur des Wassers behagte ihm nicht. Er klingelte seinem Kammerdiener und schalt ihn aus. Der entschuldigte sich und sagte: »Das Bad ist genauso angerichtet worden wie immer, mein Herr.« Mirabeau fuhr auf. »Wie? Was? Herr sagst du? Ich denke, Kerl, für dich bin ich immer noch der Graf Mirabeau.«

Ein schlimmes Wort lief unter den Deputierten um. »Für Geld tut Mirabeau alles, sogar ein gutes Werk.«

Die bösen Zungen hatten recht. Mirabeau war vom Hofe gekauft worden. Er kannte die Gefahr, die ihn wegen seines Doppelspiels umlauerte, riefen doch schon die Zeitungsjungen auf der Straße die Schlagzeile aus: »Hochverrat! Graf Mirabeau! Ein Sou!« Als er wieder einmal sich anschickte, die Rednertribüne zu besteigen, äußerte er: »Ich weiß, von da oben komme ich herunter entweder im Triumph oder in Stücke zerfetzt.«

Von der Königin Marie-Antoinette heimlich in Audienz empfangen, bat Mirabeau darum, ihr die Hand küssen zu dürfen. Sie gewährte es ihm. Diese Gnade riß ihn zu der Prahlerei hin: »Madame, die Monarchie ist gerettet.«

Das Übermaß seiner Leidenschaften, seiner Arbeiten und Anstrengungen zehrte an seiner Lebenskraft. Er nahm aber darauf keine Rücksicht. Einst kam er von einer Sitzung, auf der er fünfmal das Wort ergriffen hatte, völlig erschöpft nach Hause zurück. Sein Arzt warnte ihn: »Wenn Sie so weitermachen, töten Sie sich.« Mirabeau, pathetisch wie immer, antwortete: »Kann man weniger tun für die Gerechtigkeit und für eine große Sache?«

Kaum zweiundvierzig Jahre alt, lag Mirabeau schon auf dem Sterbebett. Von draußen her drang plötzlich ferner Kanonendonner an sein Ohr. »Fängt sie schon an«, fragte er, »die Leichenfeier – Achills?«

Freunde versuchten dem Sterbenden Linderung zu verschaffen, indem sie ihn etwas aufrichteten. Er dankte ihnen. »Ja, stützt nur mein Haupt! Ich wollte, ich könnte es Euch vermachen.«

Viele Tausende geleiteten Mirabeau zu Grabe. Es war ein heißer Apriltag, und der Staub wirbelte in Schwaden auf. »Verdammt, man hätte die Straßen spritzen lassen sollen«, fluchte einer im Trauerzuge. Er bekam zur Antwort: »Der Magistrat rechnete auf unsere Tränen.«

LAFAYETTE

Lafayette hatte sich durch seine Teilnahme am amerikanischen Unabhängigkeitskriege und durch seine Freundschaft mit Washington einen großen Namen gemacht. Bei seiner Rückkehr nach Frankreich wurde er als »Scipio Americanus« gefeiert.

Auf seinen Reisen besuchte er auch Berlin. Von Friedrich dem Großen zur Tafel hinzugezogen, begann der Schwärmer Amerika zu preisen, weil es dort weder Könige noch Adel gäbe und niemals geben würde. Friedrich blickte ihn scharf an. »Ich habe einmal einen jungen Mann gekannt«, sagte er, »der Länder besucht hatte, in denen Freiheit und Gleichheit walteten. Er setzte sich dann in den Kopf, sie auch in seiner Heimat einzuführen. Wissen Sie, was aus ihm geworden ist?« Lafayette verneinte. »Nun, er ist am Galgen gestorben.«

Lafayette an der Spitze der neugeschaffenen Nationalgarde spielte in den ersten Jahren der Revolution eine bedeutsame Rolle. Das verleitete ihn zu dem eitlen Gerede: »In Amerika habe ich den englischen König in seiner Macht, in Frankreich den König in seinem hohen Ansehen und in Paris das Volk in seiner Wut besiegt.«

Wenn er sich in der Öffentlichkeit zeigte, was er oft und gern tat, prachtierte er auf einem Schimmel edelsten Geblüts. Noch war er der Liebling der Massen, und man sagte bewundernd von ihm: »Auf diesem Schimmel reitet er in die künftigen Jahrhunderte.«

Am 5. Oktober 1789 jagte er eilig dem wüsten Weiberhaufen nach, der nach Versailles zog und den König nach Paris holen wollte. Er meldete sich bei Ludwig mit den Worten: »Sire, ich bin gekommen und will mein Leben in die Schanze schlagen, um das Leben Eurer Majestät zu retten.« Dann quartierte er sich nicht im Schlosse ein, wo er bei Gefahr schnell zur Hand gewesen wäre, sondern in dem Hotel Noailles. Spät zu Bett gekommen, schlief er so fest in Morpheus' Armen, daß man am Morgen Mühe hatte, ihn zu wecken. Da war es zu spät. Die Weiber hatten sich den Zugang zu den Gemächern Ludwigs erkämpft, einige seiner Getreuen erschlagen und ihn ihrem Willen gefügig gemacht. Seitdem wurde Lafayette nicht mehr »Scipio Americanus« genannt, sondern »General Morpheus«.

In der Folgezeit verlor Lafayette alle Volksgunst. Er wurde geächtet und mußte sich durch die Flucht ins Ausland retten. Weil man in Paris ihn selbst nicht hängen konnte, richtete man eine Strohpuppe her mit der Inschrift »Lafayette, der Verräter« und ließ diese an seiner Statt baumeln. Dann wurde die Puppe verbrannt und ihre Asche in alle Winde verstreut. Friedrich der Große hatte nicht gerade falsch prophezeit.

DIE KÖNIGSFAMILIE

Fünfzehn Jahre zählte Marie-Antoinette, als sie von Wien nach Versailles fuhr, um mit Ludwig XVI. vermählt zu werden. Auf der Reise kam sie über Straßburg. Der Saal, in dem sie empfangen wurde, war mit Gobelins ausgeschmückt. Die kostbaren und prächtig gewebten Schildereien fanden große Bewunderung. Goethe aber, damals junger Student in Straßburg, betrachtete sie mit äußerster Empörung, denn sie stellten die unglücklichste Hochzeit der antiken Sage dar – die Hochzeit Jasons und Krëusas. Er war der einzige, der sich darüber Gedanken machte.

Der Bürgermeister von Straßburg begrüßte die junge Königin mit einer feierlichen Ansprache auf deutsch. Sie unterbrach ihn. »Reden Sie nicht weiter«, bat sie, »von heute ab will ich keine andere Sprache hören als Französisch.«

Am 8. Juni 1775 hielt Marie-Antoinette zum erstenmal Einzug in Paris. Triumphbogen waren aufgebaut worden, Fahnen flatterten, und jubelnde Zuschauer drängten sich in den Straßen. Als Marie-Antoinette vom Balkon der Tuilerien aus die ungeheure, wogende Menge sah, erschrak sie fast und sagte verwirrt: »Mein Gott, wie viele Menschen!« Der Gouverneur von Paris, Marschall Brissac, verbeugte sich galant. »Madame, Sie sehen zweihunderttausend Menschen, die in Sie verliebt sind.«

König Ludwig XVI. war ein armseliger, gutmütiger Schwächling, der sich niemals gegen die Revolution entschlossen zur Wehr setzte. Anders die stolze Marie-Antoinette. Mirabeau urteilte deshalb über sie: »Der einzige Mann am Hofe des Königs, das ist – seine Frau.«

Die königliche Familie wurde in die Tuilerien überführt und streng bewacht. Da erst versuchte sie sich durch die Flucht zu retten. Bei Nacht schlich sie sich aus dem Schloß und verließ heimlich Paris. Als das bekannt wurde, verlangten die Weiber zornig nach Waffen. »Mit den Männern ist es nichts«, schrien sie, »die haben den König entschlüpfen lassen, den wir nach Paris brachten.« – »Darauf dürft ihr euch nichts einbilden«, antworteten die Männer, »es war kein großes Geschenk.«

Bei dem Sturm auf die Tuilerien am 10. August 1792 war das Leben der königlichen Familie in solcher Gefahr, daß sie sich zu ihrem Schutz in die Nationalversammlung begab. Bei seinem Eintritt in den Sitzungssaal erklärte Ludwig: »Ich bin gekommen, um ein großes Verbrechen zu verhindern. Ich denke, ich kann nirgends sicherer sein als in Ihrer Mitte.«

In einer dunstigen und stickigen, auf das kümmerlichste ausgestatteten Loge mußten Ludwig und Marie-Antoinette der langen Debatte beiwohnen. Niemand fragte danach, was der König dazu zu sagen habe. In seiner stumpfen Gleichgültigkeit fühlte er nicht einmal seine tiefe Erniedrigung. Nur besorgt um seinen Magen, ließ er sich Essen bringen und kaute, kaute zum Entsetzen von Marie-Antoinette, während drunten im Saal sein Königtum Stück für Stück in Scherben zerschlagen wurde.

Der Maler David, ein unbedingter Jakobiner, drang in die Loge ein und begann den König zu skizzieren. Er wurde mit seinem ständigen Beobachten so lästig, daß der König schließlich fragte: »Wann sind Sie mit meinem Porträt fertig?« David antwortete: »Nur der Kopf fehlt noch, aber den male ich erst, wenn ich ihn im Sack vor mir liegen sehe.«

Auf der Fahrt zum Gefängnis, dem Temple, saß neben dem König der Maire von Paris, Pétion. Der Wagen kam über den Platz Vendôme, wo am Tage zuvor das Denkmal Ludwigs XIV. umgestürzt worden war. Hämisch wies Pétion auf den Trümmerhaufen. »Da sehen Sie nun, wie das Volk seine Könige behandelt.« – »Gebe Gott«, erwiderte der König, »daß seine Wut sich nur an leblosen Dingen austobt.«

Im Temple erhielt der König durch seinen Anwalt Malesherbes stets die neuesten Zeitungen, angefüllt mit den Schmähreden und den wilden Drohungen der Deputierten. Ludwig las sie so, als enthielten sie ganz belanglose Nachrichten. Malesherbes erstaunte. »Wie können Eure Majestät das alles lesen ohne Entsetzen?« fragte er. »Ach, ich will bloß sehen, wie weit die Schlechtigkeit der Menschen geht. Man wird nie ihresgleichen finden.«

Über die Tür des Zimmers, in dem der König gefangensaß, schrieb ein roher und boshafter Schließer: »Die Guillotine erwartet den Tyrannen Ludwig XVI.« Der treue Kammerdiener Cléry wollte die Worte auslöschen. Der König verbot es ihm.

Im Konvent wurde über Leben und Tod des Königs verhandelt. Auch der Herzog von Orleans, der sich Philipp Egalité nannte, um dan Jakobinern zu schmeicheln, mußte sein Votum abgeben. Obwohl er der Oheim Ludwigs war, stimmte er unbedenklich für Tod. Das war sogar seinen eigenen Parteifreunden zu viel. Ein lautes Murren erhob sich, und voll Ekel rief ein Abgeordneter: »O dieser Schurke!«

Am 21. Januar 1793 um 10 Uhr dröhnte ein Kanonenschuß. Eine Engländerin mit Namen Elliot glaubte, das sei das Zeichen zum Aufstand und zur Befreiung des Königs. Die Wahrheit erfuhr sie erst, als sie einen alten Arbeiter traf, der ein blutgetränktes Taschentuch trug. »Ich habe mein Taschentuch in das Blut meines Königs getaucht«, sagte er weinend. »Ich trage es nach Hause als eine heilige Reliquie.«

Marie-Antoinette wurde in der Conciergerie untergebracht, jenem furchtbaren Kerker, den nur selten ein Gefangener lebend verließ. Die Pforte war sehr niedrig, und bei ihrem Eintritt stieß sie heftig gegen einen Balken. Ihr Begleiter fragte sie, ob sie sich wehe getan habe. »Nein«, antwortete sie, »mir kann nichts mehr wehe tun.«

Eine ungeheure Menge umlagerte das Schafott, auf dem die Königin gerichtet werden sollte. Aus den zweihunderttausend

Liebenden waren zweihunderttausend Hasser geworden. »Meine Leiden«, sagte Marie-Antoinette zu ihnen, »enden jetzt, aber eure beginnen erst.«

TREUE SCHWEIZER

Seit alters standen geworbene Schweizer in französischen Diensten. Sie erhielten gute Löhnung. Darüber ärgerte sich ein Minister Ludwigs XIV. und meinte: »Mit dem Golde, das unsere Könige der Schweizer Garde gegeben haben, könnte man eine Straße von Paris bis Basel pflastern.« Oberst Peter Stuppe aus Luzern hörte das. »Jawohl«, sprach er, »das ist vielleicht wahr. Man könnte aber ebensogut mit dem Blut, das die Schweizer für die Könige von Frankreich vergossen haben, einen Kanal von Paris bis Basel füllen.«

Beim Sturm auf die Tuilerien wurden die Schweizer aufgefordert, die Waffen zu strecken. Dann werde ihnen nichts geschehen. Der Korporal Blaser rief zurück: »Wir sind Schweizer, und Schweizer lassen ihre Waffen nur mit dem Leben!«

Der verängstigte König gab den Schweizern den Befehl, das Gefecht abzubrechen und den Schloßgarten zu räumen. Die Trommeln schlugen an zur Retraite. Aber die Soldaten zögerten. Sie wollten ihre verwundeten Kameraden nicht im Stich lassen. Da richtete sich ein Korporal aus seiner Blutlache mühsam auf. »Kameraden, habt ihr nicht das Signal gehört? Tut eure Pflicht und geht!« Sie gehorchten; der Korporal aber wurde von den eindringenden Haufen umgebracht.

Ein Schweizer fing seinen schwerverwundeten Fähnrich in seinen Armen auf und wollte ihn fortschaffen. »Laß mich sterben« rief der Fähnrich mit letzter Kraft, »aber rette die Fahne!«

Von dem Fenster eines nahegelegenen Hauses aus beobachtete ein junger Artillerieoffizier mit dem Scharfblick des geborenen Soldaten den Sturm auf die Tuilerien. »Mit einigen Kanonenschüssen«, so urteilte er später, »hätte man die ganze Kanaille wie mit einem eisernen Besen hinwegfegen können.« Dieser Artillerieoffizier war – Napoleon.

DIE GIRONDISTEN

Im Kampf der republikanischen Parteien um die Macht erlagen die Girondisten den radikaleren Jakobinern. Am 3. Oktober 1793 standen sie vor dem Revolutionstribunal. Vergniaud, ihr Führer und glänzendster Redner, verhehlte sich nicht, welches Schicksal sie erwartete. Er prägte das Wort: »Die Revolution verschlingt wie Saturn ihre eigenen Kinder.«

Bei dem Verhör bemerkte Vergniaud, daß sein Freund und Mitangeklagter Valazé plötzlich erblaßte und taumelte. »Hast du Furcht?« fragte er ihn. »Furcht? Nein, ich sterbe.« Valazé hatte sich das im Mantel verborgene Messer blitzschnell ins Herz gestoßen.

Bei der Verkündigung des Todesurteils schäumte Lasource auf und drohte zu den Richtern hinüber. »Ich sterbe an einem Tage, an dem das Volk seinen Verstand verloren hat. Ihr werdet sterben, wenn es seinen Verstand wiedererlangt hat.«

Um sich und seine Parteigenossen vor dem Fallbeil zu bewahren, hatte Vergniaud Gift in das Gefängnis eingeschmuggelt. Doch das Fläschen enthielt so wenig von dem tödlichen Saft, daß es nur für ihn allein gereicht hätte. Da schleuderte er es von sich.

Marie-Jeanne Roland, die kluge und einflußreiche Egeria der Girondisten, entging nicht ihren jakobinischen Feinden. An ihrem letzten Tage kleidete sie sich sorgsam in blendendes Weiß zum Zeichen ihrer Herzensreinheit. In dunklen Locken floß ihr Haar hinab bis zum Gürtel. Droben auf dem Blutgerüst bewahrte sie unerschüttert ihre Fassung. Kurz ehe sie auf das Brett geschnallt wurde, fiel ihr Blick auf die Statue der Freiheit. Sie verneigte sich vor ihr und sagte: »O Freiheit, wie viele Verbrechen begeht man in Deinem Namen!«

Viel Blut war seit Beginn der Revolution schon geflossen, aber es war noch immer nicht genug. Barrère, den man den Anakreon der Guillotine nannte, weil er das Fallbeil mit dichterischen Redeblumen umkränzte, forderte unablässig neue Opfer. Er begründete das mit den Worten: »Der Baum der Freiheit kann nicht wachsen, wenn er nicht mit Blut begossen wird.« Und dem Konvent rief er zu: »Setzen wir den Schrecken auf die Tagesordnung!«

Je schneller die Guillotine arbeitete, um so peinlicher war man bemüht, politischen Gesprächen auszuweichen. Nun war gerade ein riesenhafter Elefant nach Paris gekommen und zur Schau gestellt worden. Er erregte großes Aufsehen. Als in einer Gesellschaft jemand die Rede auf die Politik bringen wollte, beugte Duclos vor und riet: »Sprechen wir lieber von dem Elefanten! Das ist das einzige Ungeheuer, von dem man heute ohne Gefahr sprechen kann.«

Der Kommissar des Konvents, Javogues, brüstete sich, er wolle nur diejenigen als Patrioten anerkennen, die ihren Vater, ihre Mutter, ihre Schwester anzeigten und ein Glas mit ihrem Blut tränken. »Ich jedenfalls«, behauptete er, »bin dazu bereit.«

Es war zu dieser Zeit nicht geraten, sich ohne Kokarde, das Abzeichen patriotischer Gesinnung, sehen zu lassen. Desaugiers tat das einmal doch. Schon wurde er von Männern umringt, die ihm ans Leben wollten. Er nahm seinen Hut ab, drehte und wendete ihn mit gutgespielter Verwunderung hin und her. »Unbegreiflich«, sagte er kopfschüttelnd, »ich habe die Kokarde an meiner Nachtmütze gelassen.« Dieser Einfall rettete ihn.

Besonders schlimm war derjenige dran, dem kein Bürgerausweis bewilligt wurde. Er war rechtlos und konnte jederzeit verhaftet werden. Nun geschah es, daß ein armer Teufel sein »Certificat de Civisme« verloren hatte. Er kam und bat um ein neues; doch zuvor wollte man von ihm wissen, ob er ein Royalist, ein

Aristokrat, ein Föderalist oder ein Brisonnist sei. »Ach du liebe Zeit!« jammerte der arme Tropf, »ich bin Scherenschleifer.«

Der Anwalt König Ludwigs, Malesherbes, wurde vor das Revolutionstribunal gestellt. Er wußte, daß er keine Gnade zu erwarten hatte. Auf der Treppe stolperte er. »Ein Römer würde umkehren«, meinte er, »und nach Hause gehen.«

Jemand legte einem Geschworenen die Frage vor, was die soeben zum Tode Verurteilten verbrochen hätten. »Ich habe keine Ahnung«, erhielt er zur Antwort, »aber wenn du es gern wissen willst, brauchst du nur hinter ihnen herzulaufen. Die Karren fahren gerade ab.«

Zu den Opfern der Guillotine zählte auch Lavoisier, der bedeutendste Chemiker seiner Zeit. Er bat dringend um Aufschub der Hinrichtung, da er noch ein Experiment zu Ende führen wolle. Ihm wurde bedeutet: »Die Republik braucht weder Gelehrte noch Chemiker.«

Ein eigentümlicher Sonderling, der Graf von Schlabrendorf aus Schlesien, der sich in Paris ansässig gemacht hatte, war in den Kerker geworfen worden. Der Karren rollte vor, um ihn und viele andere zur letzten Fahrt abzuholen. Angekleidet war er rasch, nur die Schuhe fehlten ihm noch. Alles Suchen war vergeblich. Da wandte er sich an den Schließer und sagte treuherzig: »Ohne Schuhe kann ich nicht fort. Das sehen Sie doch ein. Nehmen Sie mich morgen mit statt heute! Auf einen Tag kommt es ja nicht an.« Der Schließer lachte. »Gut, also morgen!« Am nächsten Tage stand Schlabrendorf wohlbeschuht zur Abholung bereit; aber sein Name wurde nicht aufgerufen. Er wurde nie mehr aufgerufen. Die Liste, auf der er gestanden hatte, war abgetan, und er galt als guillotiniert.

Die Stadt Lyon wagte es, sich gegen die Schreckensherrschaft zu erheben. Der Konvent schickte Truppen und die Kommissare Fouché und Collot d'Herbois. Ihr Auftrag lautete, den Aufstand in Blut zu ersticken, die Stadt vom Erdboden zu vertilgen und eine Säule zu errichten mit der Inschrift: ›Lyon führte Krieg gegen die Freiheit. Lyon ist nicht mehr.‹ Um Zeit zu gewinnen, ließen Fouché und Collot d'Herbois die Verurteilten reihenweise durch Geschützfeuer abtun. Einst waren zwei Leute mehr an die Wand gestellt worden als die Liste auswies. Collot d'Herbois entschied: »Gleichgültig. Wenn sie heute sterben, brauchen sie nicht morgen zu sterben.«

In Nantes vollzog Carrier ein furchtbares Strafgericht an den Priestern, die sich geweigert hatten, einen Eid auf die neue Kirchenverfassung abzulegen. Er ließ sie auf angebohrte Kähne laden, zur Loire hinausfahren und ertränken oder, wie er sagte, »aus der großen Tasse trinken«. Dann rühmte er: »Welch ein revolutionärer Strom ist doch diese Loire!«

ROBESPIERRE UND DANTON

Zwei Männer wirkten besonders stark auf den Gang und die Gestaltung der Revolution ein, Robespierre, der strenge Asket, und Danton, der machtberauschte Schwelger. Anfänglich hatte man Robespierre für einen harmlosen und lächerlichen Narren gehalten. Als er in der Gesetzgebenden Versammlung einen törichten Antrag einbrachte, geriet ein Deputierter darüber in heftigen Zorn und verlangte stürmisch das Wort. Der Präsident Condorcet mahnte ihn zur Ruhe. »Es hat doch keinen Sinn«, sagte er, »die Keule des Herkules gegen einen Floh zu schwingen, der doch mit dem Winter verschwinden wird.«

Anders urteilte Mirabeau. Nachdenklich hörte er Robespierre reden. Dann schüttelte er sein Löwenhaupt und meinte: »Dieser Mensch wird einmal etwas ausrichten. Er glaubt nämlich jedes Wort, das er spricht.«

Robespierre gewann mehr und mehr an Einfluß. Alle seine Rivalen wußte er zu beseitigen. Der letzte, der ihm noch im Wege stand, war Danton. Auch sein Haupt sollte fallen. Pâris, ein Freund Dantons, erfuhr davon. Er schlich im Nachtdunkel zu ihm, um ihn zu warnen. Aber Danton wehrte ab. »Sie werden es nicht wagen«, trumpfte er auf. Seine Frau bestürmte ihn mit Tränen, er solle fliehen. »Nein«, grollte er, »man trägt sein Vaterland nicht an den Schuhsohlen mit sich.«

Vor dem Tribunal begann ein Schreiber umständlich, Danton nach Namen, Alter, Geburt usw. zu fragen. Mit seiner donnergleichen Stimme schmetterte er in den Saal: »Ich bin Danton, in der Revolution zur Genüge bekannt, fünfunddreißig Jahre alt. Meine Behausung wird bald das Nichts sein; aber mein Name wird im Pantheon der Geschichte fortleben.«

Im Gefängnis Luxembourg erinnerte Danton sich daran, daß er es gewesen war, der das Revolutionstribunal geschaffen hatte. »Ich bitte Götter und Menschen um Verzeihung«, sagte er, »daß ich das getan habe.«

Der Henker wollte ihn mit zwei Riemen anbinden. Danton widersetzte sich. »Ein Riemen genügt. Den anderen hebt auf für Robespierre!«

Die Menge überhäufte Danton mit wüsten Schimpfworten. Da schrie er ihr entgegen: »Undankbares Volk!« Zum Henker gewandt sprach er: »Du mußt meinen Kopf hochheben und dem Volke zeigen. Einen solchen sieht man so bald nicht wieder.«

Mit Danton zusammen starb Camille Desmoulins, der einst auf den Trümmern der Bastille Freiheit und Gleichheit verkündet hatte. Auf dem Wege zum Blutgerüst wurde er von unzähligen Neugierigen umringt, die um den besten Platz stritten. »Bürger«, trotzte er, »ihr habt es gar nicht nötig, euch zu drängen. Robespierre wird schon dafür sorgen, daß noch der ganze Konvent drankommt.«

Auf dem Gipfel der Macht dekretierte Robespierre die Existenz eines »Höchsten Wesens«. Bei dem prunkvollen Fest, das er aus diesem Anlaß feiern ließ, erschien er in einem himmelblauen Frack, weißen Kniehosen, blauweißroter Seidenschärpe und am Hut eine prächtig wallende Straußenfeder. Da meinte ein

Arbeiter: »So ein Kerl! Es ist ihm nicht genug, daß er der Herr ist. Jetzt will er noch der liebe Gott sein.«

Wie schon an so vielen erfüllte sich auch an Robespierre das Wort Vergniauds, daß die Revolution wie Saturn ihre eigenen Kinder verschlinge. Am 9. Thermidor des Jahres II vom Konvent gestürzt, wurde er auf das Schafott geschleppt. Das Beil fiel. Aber einer Mutter, die ihre beiden Söhne durch die Guillotine verloren hatte, war das nicht genug. In wahnwitzigem Haß schrie sie dem Henker zu: »Noch einmal! Noch einmal!«

Sobald die Hinrichtung Robespierres vollzogen war, liefen viele Leute zu den Kerkern, um den Gefangenen ein Zeichen zu geben, daß der Tyrann tot sei und daß sie nun auf Befreiung hoffen dürften. Da ihre Stimmen nicht bis zu den Gitterfenstern reichten, hoben sie zuerst den Rock hoch (robe), dann einen Stein (pierre) und machten dazu die Gebärde des Köpfens.

NACH DEM 9. THERMIDOR

Die Menschen wagten wieder, ohne Scheu zu reden. Das tat auch ein Zeuge, der vor Gericht gegen den früher maßlos gefürchteten Ankläger des Revolutionstribunals, Fouquier-Tinville, auszusagen hatte. Bei seiner freimütigen Schilderung der Schreckenszeit fuhr Fouquier-Tinville wütend auf: »Der 9. Thermidor hat Dich so unverschämt gemacht.« »Nein«, erhielt er zur Antwort, »ich bin nicht unverschämt geworden. Ich habe nur nicht mehr die ständige Angst, umgebracht zu werden.«

Ein angeklagter Jakobiner versuchte sich dadurch zu rechtfertigen, daß er alle Schuld Robespierre zuschob. »Wir waren nur das Beil. Sitzt man denn über ein Beil zu Gericht?«

Die Jakobiner bekamen bald zu spüren, daß es mit ihrer Macht aus war. Sogar in ihrem eigenen Klub fiel manches spöttische Wort über ihr Treiben. Darüber erbost, begann einer ihrer Redner zu schelten: »Die Royalisten erheben wieder ihr Haupt. Die Aristokraten erheben wieder ihr Haupt. Die Föderalisten erheben wieder ihr Haupt. Die Feuillants erheben ...« Da wurde er unterbrochen. Eine laute Stimme rief: »Und ich erhebe meinen Hintern!« Sprach's und verließ den Jakobinerklub.

Sieryés wurde gefragt, was er während der Schreckenszeit getan habe. »Ich habe gelebt«, lächelte er. Sein Geheimnis bestand darin, daß er bei den Sitzungen des Konvents nie den Mund aufgemacht und sich scheintot gestellt hatte.

Das Zeitalter Napoleons

NAPOLEONS AUFSTIEG

Der Schicksalstag im Leben des jungen Napoleon ist der 13. Vendémiaire des Jahres VII (1795). Hier zum ersten Male wirkte sein eiserner Wille im Mittelpunkt des Staates.

Die royalistischen Gruppen von Paris hatten sich gegen den Konvent erhoben. Die Sache sah sehr bedrohlich aus, und man suchte einen tüchtigen Offizier, der den Aufstand niederschlagen sollte, da Barras, der Oberbefehlshaber, nicht viel vom Soldatenhandwerk verstand. Er wußte aber Rat. »Ich kenne einen kleinen Korsen«, sagte er, »der keine Umstände machen wird.« Er täuschte sich nicht. Der kleine Korse Napoleon schmetterte mit Kartätschen in die Menge und trieb sie auseinander.

Zum Dank für die Rettung des Konvents wurde Napoleon an die Spitze der Armee in Italien gestellt. Er war damals noch nicht siebenundzwanzig Jahre alt. Kriegsminister Aubry meinte deshalb, er sei noch recht jung für ein solches Kommando. Napoleon darauf: »Man altert schnell auf dem Schlachtfelde.«

Nach der Rückkehr aus Italien war Napoleon so sehr in die Erzählung seiner Siege vertieft, daß er vergaß, das Zeichen zur Aufhebung der Tafel zu geben. Da schlug ihn seine Gattin Josephine sanft auf die Schulter. Napoleon wandte sich an seine

Gäste. »Meine Herren, ich nehme Sie zu Zeugen, daß meine Frau mich schlägt.« Man lachte und rief: »Alle Welt weiß, daß sie die einzige ist, die dieses Vorrecht hat.«

An der Expedition nach Ägypten nahmen auch Mathematiker, Naturforscher, Geographen und Historiker teil. Auf Eseln reitend, begleiteten sie das Heer. Bei den Pyramiden kam es zur Schlacht mit den Mamelucken. Napoleon feuerte seine Truppen mit den Worten an: »Vier Jahrtausende schauen auf euch herab.« Dann erging der Befehl: »Die Karrees gebildet!« Ein spottlustiger Oberst aber fügte hinzu: »Gelehrte und Esel in die Mitte!«

Nach der siegreichen Schlacht eilte General Kleber zu Napoleon und schloß ihn begeistert in die Arme. »Sie sind groß wie die Welt«, schwärmte er, »aber die Welt ist zu klein für Sie!«

Es wurde Napoleon gemeldet, daß seine Flotte bei Abukir vernichtet worden sei. Das war für ihn ein furchtbarer Schlag, aber er faßte sich, zuckte die Achseln und sagte: »Ich kann nicht überall dabei sein.«

Der Sieger von Abukir hieß Nelson. Sobald er die französische Flotte in Sicht bekommen hatte, ließ er ein festliches Mahl in der Messe rüsten. »Meine Herren«, sprach er beim Abschiednehmen, »in vierundzwanzig Stunden habe ich entweder die Pairswürde oder einen Denkstein in der Westminster Abbey gewonnen.«

Als die Schlacht von Abukir geschlagen war, empfing Nelson von Kapitän Hallowell ein höchst seltsames Geschenk – einen Sarg, geschnitzt aus dem Großmast des französischen Flaggschiffs »L'Orient«; Hallowell schrieb dazu: »Auf daß Sie, wenn Sie des Lebens müde geworden sind, in einer Ihrer Trophäen ausruhen können.«

Aus Ägypten zurückgekehrt, erzwang Napoleon eine neue Staatsverfassung. Zusammen mit zwei beratenden Konsuln trat er als »Erster Konsul« an die Spitze Frankreichs. Nach der ersten Sitzung der drei nahm der Konsul Roger Ducos seinen Kollegen Siéyès beseite und sagte zu ihm: »Wir haben jetzt einen Herrn, der alles zu machen versteht, alles machen kann und alles machen will.«

In dem Kriege gegen Österreich Anno 1800 verlief die Schlacht bei Marengo zunächst so unglücklich, daß Napoleon schon den Rückzug anordnete. In letzter Stunde erschien, angelockt von dem Kanonendonner, General Désaix mit einer frischen Division. Kaltblütig überschaute er den mit Leichen und Verwundeten bedeckten Kampfplatz. Dann zog er seine Uhr und sagte: »Die Schlacht ist allerdings verloren. Aber es ist erst fünf Uhr. Wir haben also noch Zeit genug, eine neue zu gewinnen.« Er hielt Wort, bezahlte aber den Sieg mit seinem Leben.

Napoleon beabsichtigte, einen Orden der Ehrenlegion zu stiften. Dem Staatsrat Berlier mißfiel der Plan. »Solche Ehrenzeichen«, gab er zu bedenken, »sind nur ein Spielzeug der Monarchie.« Napoleon dagegen erklärte: »Jawohl, es sind nur Spielzeuge, aber mit Spielzeugen leitet man die Menschen.«

Frauen gegenüber war Napoleon oft wenig galant. Er sagte sogar bisweilen recht unpassende Dinge. Auf einem Ball blieb er plötzlich bei einer Komtesse stehen, die den Ruf hatte, etwas leichtfertig zu sein. »Nun, Madame«, redete er sie an, »haben Sie noch immer die Männer so gern?« – »Jawohl«, fertigte sie ihn ab, »wenn sie höflich sind.«

Madame de Staël richtete an den Ersten Konsul die verfängliche Frage: »Welche Frau würden Sie am höchsten schätzen?« Sie hatte erwartet, daß er einer geistreichen und klugen Schriftstellerin, z. B. ihr, den ersten Rang zuerkennen würde. Er aber knurrte: »Diejenige, die die meisten Kinder hat.«

Um die Jahrhundertwende fühlte sich England durch den Zusammenschluß von Dänemark, Schweden, Rußland und Preußen bedroht. Wenn die Flotten dieser Staaten gemeinsam operierten, waren sie der britischen Seemacht gewachsen. Dänemark allein verfügte über 23 Linienschiffe. Hyde Parker erhielt den Auftrag, sie in Kopenhagen zu überfallen und zu vernichten. Bei dem Angriff erlitt aber das Geschwader, das Nelson führte, so schwere Verluste, daß der besorgte Flottenchef ihm durch Signal den Befehl zum Rückzuge gab. Nun hatte Nelson schon vor Jahren sein rechtes Auge eingebüßt. Er wandte sich an Kapitän Foley: »Sie wissen, daß ich nur ein Auge habe. Ich habe also das Recht, bisweilen blind zu sein.« Dann hielt er das Fernrohr vor die leere Augenhöhle und sagte: »In der Tat, ich sehe das Signal nicht.« Er griff erneut an und errang einen großen Sieg.

Unter Bruch des Völkerrechts hatte Napoleon den Herzog Enghien aus dem Geschlecht Bourbon-Condé verhaften lassen. Am 21. März 1804, nachts zwei Uhr, wurde der Unglückliche und völlig Schuldlose in Vincennes erschossen. Zu der gleichen Stunde lag Talleyrand, der außenpolitische Berater Napoelons, lässig auf dem Lehnstuhl im Salon der Baronin Laval. Als die Uhr auf dem Kamin zweimal anschlug, blickte er schläfrig auf und sagte: »In diesem Augenblick hat der letzte Condé aufgehört zu leben.« Das war sein Kommentar zu diesem frevelhaften Justizmord.

Gegen Ende des Jahres 1804 erfuhr man in Paris, daß Napoleon mit dem Gedanken umging, sich zum Kaiser krönen zu lassen. »Ich verstehe das nicht«, sagte ein Franzose kopfschüttelnd, »Bonaparte ist der größte Feldherr der Welt, und nun will er Majestät werden. Er glaubt wohl, dadurch an Achtung zu gewinnen. Mir aber scheint, der Name Bonaparte klingt stolzer als alle Titel.«

In Anwesenheit Napoleons wurde die Kaiserkrönung durchgeprobt. Dabei geschah es, daß Julie-Maria, die Gattin seines Bruders Joseph, sich recht ungeschickt benahm. Napoleon fuhr sie ärgerlich an: »Sie werden uns allesamt lächerlich machen.« »Verzeihen Sie, Sire«, versetzte sie weinend, »es ist das erstemal, daß ich Komödie spiele.« Lätitia, die Mutter Napoleons, äußerte nach der Krönung: »Das ist alles recht schön und gut, vorausgesetzt, daß es Bestand hat.«

TRAFALGAR UND AUSTERLITZ

Napoleons hartnäckigster Gegner war England. Er zog bei Boulogne eine starke Armee zusammen, mit der er die Invasion wagen wollte. »Laßt uns nur sechs Stunden die Herrscher im Kanal sein«, erklärte er, »und wir sind die Herren der Welt.«

Die sechs Stunden, die Napoleon für die geplante Invasion brauchte, konnten ihm seine Admirale nicht verschaffen. Statt gegen England zog er nun gegen Österreich. Von Boulogne zur Donau ist aber ein weiter Weg, und seine Soldaten mußten marschieren und wieder marschieren. Da stöhnten sie: »Unser kleiner Korporal hat eine neue Art von Krieg erfunden. Er führt ihn mehr mit unseren Beinen als mit unseren Bajonetten.«

Auf der Fahrt nach dem österreichischen Kriegsschauplatz wurde Napoleon in Arras mit Jubel empfangen. Der Präfekt der Stadt sagte in seiner Ansprache: »Gott schuf Bonaparte und ruhte.« Als Herr von Narbonne davon erfuhr, spottete er in intimem Kreise: »Gott hätte wohl daran getan, ein wenig früher zu ruhen.«

Während Napoleon gegen Österreich operierte, wurde bei Trafalgar die bedeutendste Seeschlacht des Zeitalters geschlagen. Nelson befehligte die englische Flotte. Mit dem Signal »England erwartet, daß jedermann seine Pflicht tut«, führte er sie in den Kampf. Als die tödliche Kugel ihn traf, flüsterte er sterbend: »Gott sei Dank, ich habe meine Pflicht getan.«

Napoleon prüfte lange die Höhen von Pratzen bei Austerlitz. Dann endlich zog er langsam den Handschuh ab, das Zeichen zur Schlacht. Er ritt die Reihen seiner Soldaten entlang und rief ihnen zu: »Wir werden den Krieg mit *einem* Donnerschlage enden.«

Austerlitz wurde ein Donnerschlag, der nicht nur Österreich, sondern auch England traf. William Pitt, der britische Premierminister, wurde darüber so krank, daß sich seine Gesichtszüge veränderten. Insgeheim nannten seine Freunde das den »Austerlitzblick«. Bald darauf verschied er. Sein letztes Wort lautete: »O mein Vaterland! In welchem Zustande lasse ich mein Vaterland zurück!«

Zwischen Napoleon und Kaiser Franz II. kam es auf dem Schlachtfelde von Austerlitz zu einer Begegnung. Napoleon wies auf sein Zelt hin und sagte: »Das ist der Palast, den ich, durch Eure Majestät gezwungen, seit drei Monaten bewohnen muß.« Franz erwiderte: »Sie brauchen mir deshalb nicht zu zürnen, denn Sie haben großen Nutzen daraus gezogen.« Später, als die Aussprache beendet war, äußerte er zu seinem Adjutanten: »Jetzt, wo ich Napoleon gesehen habe, mag ich ihn schon gar net leiden.«

ZUSAMMENBRUCH PREUSSENS

Bei Ausbruch des Krieges 1806 mit Preußen prahlte ein dünkelhafter Offizier in Berlin: »Der Bonaparte verdient nicht einmal, Korporal in der preußischen Armee zu sein.«

König Friedrich Wilhelm III. erschrak, als er die mangelhaften Dispositionen zur Schlacht von Jena und Auerstädt bemerkte. »Das kann nicht gut gehen«, sagte er, »es herrscht eine unbeschreibliche Konfusion.« Auch viele Offiziere erkannten das und äußerten in ihrem Unmut über den Herzog von Braunschweig, ihren Oberbefehlshaber: »Er weiß nicht, was er tut, noch was er will, weder wo er geht, noch wo er steht.«

Die Niederlage der Preußen bei Jena und Auerstädt war so vernichtend, daß der General Phull wie ein Wahnsinniger den Hut zog und schrie: »Adieu, preußische Monarchie.«

In Berlin ging man mit dem Gedanken um, sich zu bewaffnen und die Stadt zu verteidigen. Der Gouverneur von der Schulenburg aber ließ am 18. Oktober 1806 anschlagen: »Der König hat eine Bataille verloren. Ruhc ist des Bürgers erste Pflicht. Ich fordere hierzu alle Berliner auf.«

Napoleon betrat die Gruft Friedrichs des Großen in Potsdam. Ehrfurchtsvoll entblößte er sein Haupt und sprach zu seinen Offizieren: »Wenn dieser Mann noch lebte, dann stünden wir sicherlich nicht hier.«

Blücher mußte in Ratekau bei Lübeck kapitulieren. Wütend unterzeichnete er, fügte aber mit eigener Hand den Satz hinzu: »Ich kapithullire, weil ich kein brot und keine Muhnitsion nicht mehr Habe.«

Der Kommandant von Kolberg, der mutlose Loucadou, ließ durchblicken, daß er die Festung den Franzosen ausliefern wolle. Da fuhr Nettelbeck, Schiffer und Bürgerrepräsentant der Stadt, zornig auf: »Hören meine Ohren, daß irgendein Bürger oder Soldat von Kapitulation redet, so renne ich ihm auf der Stelle meinen Degen durch den Leib.«

Und in Graudenz lehnte der hochbetagte General Courbière die Übergabe mit den Worten ab: »Wenn es keinen König von Preußen mehr gibt, so gibt es doch noch einen König von Graudenz.«

Nach dem Frieden von Tilsit schrieb die Königin Luise ihrem Vater: »Wir sind eingeschlafen auf den Lorbeeren Friedrichs des Großen und mit der Zeit nicht fortgeschritten. Deshalb überflügelt sie uns.«

KONGRESS ZU ERFURT

Napoleon stand auf dem Gipfel der Macht. In Erfurt scharten sich die Fürsten Europas um ihn wie um ihren Herrn, und die Bürger der Stadt empfingen ihn mit Glockenläuten und Transparenten. Eines von ihnen trug die Aufschrift:

Gäb's jetzt noch einen Göttersohn,
So wär's gewiß Napoleon.

Während einer Besprechung mit Talleyrand meldete ein Kammerherr, der König von Württemberg sei gekommen, um dem Kaiser seine Aufwartung zu machen. »Ich bin sehr beschäftigt«, ließ ihm Napoleon sagen, »hoffe aber, Seine Majestät heute abend im Theater zu sehen.« Unmittelbar darauf erschien der Kammerherr wieder und meldete: »Der Schauspieler Talma!« Napoleon nickte. »Er soll eintreten. Ich habe noch das Programm mit ihm zu besprechen.«

Talma spielte vor einem Parterre von Königen. Er gab den »Ödipus« von Voltaire. Als er den Vers deklamierte: »Die Freundschaft eines großen Mannes ist eine Gnade des Himmels«, erhob sich Zar Alexander wie überwältigt von dieser Wahrheit, ergriff die Hand Napoleons, drückte sie leidenschaftlich und brach in die Worte aus: »Das habe ich nie besser gefühlt als in diesem Augenblick.«

Bei einer Ausfahrt hatte Alexander vergessen, seinen Degen mitzunehmen. Napoleon bot ihm seinen eigenen an. Der Zar dankte und schnallte ihn um. Dabei sagte er in feierlichem Tone: »Diesen Degen werde ich niemals gegen Sie ziehen.«

Auf dem Schlachtfelde von Jena ließ Napoleon einen Siegestempel errichten. Er wählte genau die Stelle, von wo aus er vor zwei Jahren die Operationen geleitet hatte. Nachdem der Zar und die anderen eingeladenen Fürstlichkeiten, unter ihnen der Bruder des preußischen Königs, Prinz Wilhelm, erschienen waren, schilderte er, wie er das Heer Friedrich Wilhelms vernichtete. Im Anschluß daran fand ein großes Hasentreiben statt. Deutlicher konnte Napoleon nicht zeigen, wie sehr er die Preußen verachtete.

ERSTE VOLKSERHEBUNGEN

Von Erfurt eilte Napoleon nach Spanien, wo es zu einer Empörung gekommen war. Anfänglich hatte er gespottet: »Mon Dieu, einige von ihren Pfaffen verhetzte und von England bezahlte Bauern haben die Frechheit, sich gegen uns aufzulehnen. Ein so feiges Hundevolk habe ich noch nie zuvor gekannt.« Nun mußte er selbst eingreifen, weil seine Generale nicht mit dem »Hundevolk« fertig wurden.

Am glänzendsten bewährte sich die Tapferkeit der Spanier in Saragossa. Zur Kapitulation aufgefordert, gaben sie zur Antwort: »Guerra a cuchillo! – Kampf bis aufs Messer!«

Als abermals ein Parlamentär erschien und die Übergabe verlangte, wurde er in die Kathedrale geführt. Dort waren Tausende versammelt, und der französische Offizier wurde Zeuge, wie diese Tausende ohne Ausnahme den Eid ablegten, entweder mit den Waffen in der Hand zu sterben oder sich unter den rauchenden Trümmern der Stadt zu begraben. Eine andere Antwort erhielt der Parlamentär nicht.

»Spanien«, so rühmten die Guerillakämpfer, berauscht von ihren ersten Erfolgen, »läutet für ganz Europa die Morgenglocke der Freiheit.« Und eine Zeitung schrieb in ihrem Überschwang: »Fünfhundert spanische Löwen werden sich auf Frankreich stürzen und Paris zerstören, schlimmer noch als die Römer Jerusalem.«

Aus Spanien zurückgekehrt, ließ Napoleon Talleyrand kommen, dessen Treue ihm sehr zweifelhaft geworden war. Er überhäufte ihn mit Schimpfworten und nannte ihn Dieb, Feigling, Verräter, einen Haufen Mist in seidenen Strümpfen. Talleyrand lehnte indessen unbeweglich am Kamin und schien die wüste Scheltrede gar nicht zu bemerken. Als er forthinkte, sagte er gelassen: »Schade, daß ein so großer Mann so schlecht erzogen ist.« Am nächsten Tage stellte er sich wieder in den Tuilerien ein, heiter lächelnd, so als ob nichts geschehen sei. Der General Lannes urteilte deshalb über Talleyrand: »Man kann den Kerl zwanzigmal in den Hintern treten, ohne daß man auf seinem Gesicht eine Veränderung gewahr wird.«

Im Jahr 1809 wagte Österreich in der Hoffnung auf eine allgemeine Erhebung der unterdrückten Völker einen neuen Waffengang mit Napoleon. Durch alle Welt flog der Zuruf des Erzherzogs Karl an seine Truppen: »Die Freiheit Europas hat sich unter eure Fahnen geflüchtet.«

Zu den ersten, die sich erhoben, gehörten die Tiroler. Kleine rote Fähnlein, die auf Flüssen und Bächen schwammen, und Handzettel mit den Worten: Es ist Zeit! gaben das Signal zum Kampf. Ein Passeirer fragte den Sandwirt Hofer, ob er auch in den Krieg ziehen müsse. »Nein«, antwortete Hofer, »nur wer halt will.« – »Dann ist's mir recht«, sagte der Bauer, »dann gehe ich mit.« Hofer liebte es nicht, zu befehlen, sondern verließ sich auf den freien Willen.

Bei Pontlatz im Inntal wollte sich ein abgeschnittenes bayrisches Regiment ergeben und fragte bei den Bauern an, mit welchem Führer man verhandeln könne. Die Antwort lautete: »Wir haben keinen Führer.«

In dem eroberten Innsbruck wurde Andreas Hofer von den siegreichen Bauern umjubelt. Er aber wies ernst zum Himmel und sprach: »Ich nicht, ihr nicht – der da droben.«

Ehe Hofer in Mantua erschossen wurde, schrieb er einen letzten Brief. »Ade, du schnöde Welt! So leicht kommt mir das Sterben, daß mir die Augen nit naß werden. Um 11 Uhr reise ich mit Hilfe aller Heiligen zu Gott.«

Wie es seine Gewohnheit war, ritt Napoleon vor der Schlacht von Aspern aus, um die Stellungen des Gegners persönlich zu rekognoszieren. Sehr befriedigt kehrte er in das Dorf zurück und sagte zu dem Pfarrer: »In einer Stunde liegt Österreich zu meinen Füßen.« Als der Tag zu Ende ging, hatte er die erste Niederlage seines Lebens erlitten.

Man rühmte dem Sieger von Aspern, dem Erzherzog Karl, nach, er habe im Augenblick der Entscheidung eine Regimentsfahne ergriffen und durch sein Beispiel die Truppen zu höchster Tapferkeit angefeuert. Karl wies die Schmeichelei zurück und sagte: »Na, gehn's! So a schwaches Manndl hätt' die Fahn' garnet tragen können.«

Schon seit Erfurt ging Napoleon mit dem Gedanken um, sich von Josephine scheiden zu lassen und mit einer Tochter aus fürstlichem Hause eine neue Ehe einzugehen. Vergeblich suchte sie ihn durch Bitten und Flehen davon abzubringen. Er erklärte ihr: »Suche mich nicht zu rühren! Ich liebe dich immer, aber die Politik hat kein Herz, sondern nur Kopf.«

Marie-Luise, die Tochter des Kaisers von Österreich, hatte in ihrer Jugend oft mit Soldaten aus Holz und Wachs gespielt. Einer von diesen stellte Napoleon dar. Marie-Luise haßte ihn, nannte ihn stets nur den abscheulichen Bonaparte und pflegte ihm die heftigsten Streiche zu geben. Im Jahre 1810 wurde sie mit Bonaparte vermählt.

Napoleon war überaus glücklich, als Marie-Luise ihm einen Sohn schenkte. Er verlieh ihm den Titel »König von Rom«. Mancher Bittsteller machte sich listig seinen Vaterstolz zunutze. So ein Offizier, der ein Anliegen an den Kaiser hatte. Er redete nicht ihn an, sondern das Kind in der Wiege und trug ihm seine Bitte vor. »Was hat der König von Rom gesagt?« fragte Napoleon. »Seine Majestät haben nichts gesagt«, erwiderte der Offizier. »Nun denn, wer schweigt, stimmt zu«, entschied Napoleon und bewilligte das Gesuch.

Als 1812 der Krieg mit Rußland ausbrach, schrieb der Gouverneur von Moskau Rostoptschin an den Zaren: »Unser Reich hat zwei mächtige Verbündete – seine Ausdehnung und sein Klima. Wir werden furchtbar sein in Moskau, schrecklich in Kasan und unbezwinglich in Tobolsk.«

Balaschow, der Flügeladjutant des Zaren, erschien im französischen Hauptquartier zu Wilna, um von Napoleon die Räumung der besetzten russischen Gebiete zu fordern. Napoleon lehnte ab. »Ich habe«, so sagte er, »die mathematische Gewißheit, daß ich siegen werde.« Dann fügte er mit unmißverständlicher Drohung die Frage hinzu: »Welcher Weg führt nach Moskau?« Balaschow parierte mit beißender Ironie: »Karl XII. nahm seinen Weg über – Poltawa.«

Rostoptschin glaubte, daß es vor Moskau zur Schlacht kommen würde und erließ deshalb folgenden Aufruf an die Einwohner: »Bewaffnet euch mit Beilen und Piken! Wollt ihr es aber noch besser machen, so nehmt dreizackige Gabeln! Ein Franzose ist nicht schwerer als eine Korngarbe.«

In seinem leidenschaftlichen altrussischen Haß gegen die fremden Eroberer gab Rostoptschin den Befehl, Moskau in Brand zu stecken. Die Tat war so ungeheuerlich, daß er sich nie zu ihr bekennen mochte. Wenn man das Geheimnis aus ihm herauslocken wollte, erklärte er barsch: »Danach hat mich nicht einmal der Zar befragt. Ich bin also niemandem eine Antwort schuldig.« Clausewitz, der den Feldzug in russischen Diensten mitgemacht hatte, meinte deshalb: »So steht diese Tat, die von so ungeheurem Einfluß auf das Schicksal Rußlands gewesen ist, wie eine Frucht verbotener Liebe vaterlos da und wird wohl ewig mit einem Schleier bedeckt bleiben.«

An der Beresina kommandierte ein deutscher Offizier, der ein Holzbein hatte, sein letztes Geschütz. Eine Kugel riß ihm das Holzbein weg. Im Stürzen schon rief er einem Kanonier zu: »Hole mir mein anderes Bein! Du findest es im Gepäckwagen fünf.« Als er es hatte, schnallte er es an und fuhr fort zu feuern.

Im Dezember 1812 betrat ein langbärtiger, von Rauch geschwärzter und mit Lumpen bekleideter Mann das Zimmer des Generals Dumas in Königsberg. »Wer sind Sie?« fragte Dumas erstaunt. »Kennen Sie mich nicht?« kam die Antwort. »Ich bin die Nachhut der Großen Armee, Marschall Ney. Ich habe bei Kowno den letzten Schuß abgefeuert und dann meine Waffen in den Njemen geworfen.«

Die Kriegsberichte aus dem französischen Hauptquartier hatten stets die schweren Verluste und den Rückzug beschönigt. Endlich am 3. Dezember bekannte das 29. Bulletin den Untergang der Großen Armee. Er schloß mit den Worten: »Die Gesundheit Seiner Majestät ist nie besser gewesen.«

Rückblickend auf den Feldzug von 1812 sagte Napoleon im Gespräch mit Metternich: »Die Franzosen können sich nicht über mich beklagen. Um sie zu schonen, habe ich die Deutschen und die Polen geopfert. Ich habe dreimalhunderttausend Mann verloren, aber es waren nicht mehr als dreißigtausend Franzosen darunter.« – »Sie vergessen, Sire«, versetzte Metternich, »daß Sie zu einem Deutschen sprechen.«

FREIHEITSKRIEG

Durch die Konvention von Tauroggen Dezember 1812 sagte sich General York von den Franzosen los. Der Entschluß zu einer so eigenmächtigen Tat war ihm nicht leicht geworden. Er erklärte deshalb seinen Offizieren, die sich darüber freuten: »Ihr jungen Leute habt gut reden, mir Altem aber wackelt der Kopf auf den Schultern.« Und dem Könige meldete er: »Sollten es die politischen Verhältnisse erheischen, daß Ew. Majestät mich verurteilen, so schwöre ich, daß ich auf dem Sandhaufen ebenso ruhig wie auf dem Schlachtfelde, auf welchem ich grau geworden bin, die Kugel erwarten werde. Ich bitte daher Ew. Majestät um die Gnade, bei dem Urteil, das gefällt werden muß, auf meine Person keine Rücksicht nehmen zu lassen. Auf welche Art ich sterbe, ich sterbe immer wie Ew. Majestät alleruntertänigster und getreuester Untertan.«

Im Januar 1813 schrieb Blücher an Scharnhorst: »Mich juckts in alle Finger, den Säbel zu ergreifen und alles Schelmenfranzosenzeug mitsamt dem Bonaparte vom deutschen Boden weg zu vertilgen.«

Als dem Könige Friedrich Wilhelm III. vorgeschlagen wurde, die Jugend zu freiwilligem Waffendienst aufzurufen, meinte er ungläubig: »Freiwillige aufrufen, ganz gute Idee, aber keiner wird kommen.« Sie kamen zu Tausenden.

In der Schlacht bei Großgörschen wurden die Verbündeten geworfen. Friedrich Wilhelm III. war darüber sehr bestürzt. »Kenne das schon«, sagte er mutlos, »wenn wir anfangen zu retirieren, so werden wir bei der Elbe nicht aufhören, sondern auch über die Weichsel gehen, und auf diese Art sehe ich mich schon wieder in Memel.« Blücher dagegen munterte seine Truppen mit den Worten auf: »Dat Pulwer is alle. Darum gehn wir zurück bet hinder de Elbe. Wer nu seggt, dat wi reterieren, dat is en Hundsfott, en schlechten Kerl. Guten Morgen, Kinner!«

Während des Waffenstillstandes im Juni verhandelte Metternich mit Napoleon. Er wies darauf hin, daß die französischen Soldaten noch Kinder seien. »Wenn diese jugendliche Armee«, so warnte er, »dahingerafft wird, was dann?« Als Napoleon diese Worte hörte, übermannte ihn der Zorn. Er wurde bleich, und seine Züge verzerrten sich. »Sie sind nicht Soldat und wissen nicht, was in der Seele eines Soldaten vorgeht. Ich bin im Felde aufgewachsen, und ein Mann wie ich pfeift auf das Leben von einer Million Menschen.« Dabei warf er wütend seinen Hut in die Ecke.

Blüchers Befehl zum Angriff an der Katzbach lautete: »Jetzt habe ich genug Franzosen herüber. Nun vorwärts!« Dieser Befehl machte ihn berühmt. Bei den Preußen hieß er seitdem »General Vorwärts« und bei den Russen »General Pascholl«. Napoleon aber urteilte über die siegreichen Verbündeten: »Diese Bestien haben etwas gelernt.«

Um 2 Uhr nachmittags am 16. Oktober hielt Napoleon die Schlacht bei Leipzig für gewonnen. Er ließ in der Stadt mit allen Glocken den Sieg ausläuten. Stolz rief er dem General Daru zu: »Die Welt dreht sich noch um uns.« Zwei Tage später war er auf der Flucht.

Die verbündeten Monarchen hielten triumphalen Einzug in Paris. Der Zar wurde von den Franzosen besonders gefeiert. »Es hat lange gedauert«, umschmeichelte man ihn, »bis Sie endlich gekommen sind.« Alexander antwortete mit nicht geringerer Schmeichelei. »Ich wäre gern früher gekommen, aber die Schuld an der Verzögerung trage nicht ich, sondern die französische Tapferkeit.«

Auf den Champs Élysées nahmen die Monarchen die Parade ab. Friedrich Wilhelm III. war mit seinen Garden sehr zufrieden, aber an dem Yorckschen Korps, das vor wenigen Stunden noch im Gefecht gestanden statte, fand er viel zu bemängeln. »Haben Sie meine Garden gesehen?« fragte er sichtlich unzufrieden den General. Mit schneidender Schärfe antwortete Yorck: »Majestät, dies sind Ihre Garden.«

Napoleon ließ zum letzten Male seine Alte Garde antreten, um von ihr Abschied zu nehmen. »Ich kann euch nicht alle an mein Herz drücken«, rief er, »aber ich werde euren General umarmen. Kommen Sie, General! Und nun reicht mir den Adler!« Er küßte die Fahne und fuhr dann fort: »Teurer Adler, möge dieser letzte Kuß in eure Herzen dringen. Lebt wohl, meine Kinder! Fortan will ich eurem Ruhm dienen und die großen Taten schildern, die wir zusammen verrichtet haben.«

Auf der Reise nach Elba benahm sich die Bevölkerung in Südfrankreich so feindlich gegen Napoleon, daß die ihn begleitenden Offiziere um sein Leben bangten. Der Ruf: »Nieder mit dem Mörder!« gellte auf, und Steine flogen gegen die Kutsche, in der er bleich und entstellt saß, ohne ein Wort hervorzubringen. Da traten der Österreicher Koller seine Uniform, der Preuße von Truchseß seine Feldmütze und der Russe Schuwalow seinen Militärmantel an ihn ab. Diese Verkleidung rettete ihn, aber er vergoß Tränen der Scham über diese Demütigung.

WIENER KONGRESS

In Wien versammelten sich zahllose Monarchen und Minister, um das durch Napoleon erschütterte Europa neu zu ordnen. Sie vergnügten sich fast täglich auf Bällen, Maskeraden, Schlittenfahrten und Ausflügen, während ihre politischen Beratungen nicht recht in Fluß kamen. Der Fürst von Ligne witzelte deshalb: »Der Kongreß tanzt, aber er schreitet nicht voran.« »Wenn er nur nicht am Ende noch springt«, übertrumpfte ihn eine spottlustige Dame, die um die Zwistigkeiten wußte.

Zar Alexander verbrachte in Wien viele Nächte mit Tanz und schönen Frauen. Er war davon so entzückt, daß er zu Kaiser Franz sagte: »Es ist gut, daß Petersburg so weit entfernt ist. Ich käme sonst alle vierzehn Tage hierher.«

Unter den Delegierten des Kongresses ging mehr oder minder verstohlen ein Bild von Hand zu Hand, das die verbündeten Monarchen darstellte. Die Unterschrift besagte: »Der Kaiser von Rußland liebt für alle, der König von Preußen denkt für alle, der König von Dänemark spricht für alle, der König von Bayern trinkt für alle, der König von Württemberg frißt für alle, und der Kaiser von Österreich zahlt für alle.«

Sehr bald kam es zwischen den Verbündeten zu Streitigkeiten, die beizulegen wenig Aussicht bestand. Da setzte Talleyrand das Bonmot in Umlauf: »Mir scheint, bei diesem Kongreß wird es zum Dessert Kanonenkugeln geben.«

Metternich hatte sich in der Nacht zum 7. März spät zur Ruhe begeben. Schon gegen sechs Uhr früh weckte ihn sein Kammerdiener und überbrachte ihm eine sehr dringende Depesche. Sie war von dem K. K. Generalkonsulat in Genua aufgegeben worden. Metternich las den Absender und überließ sich wieder der Ruhe. Was hatte ein Generalkonsul schon Wichtiges zu melden! Sie enthielt in sechs Zeilen die Mitteilung, daß Napoleon von Elba geflohen sei. Da war Metternich in wenigen Minuten angekleidet und eilte mit seiner Nachricht von einem Monarchen zum andern.

In höchster Aufregung über die Flucht Napoleons steckten Fürsten und Diplomaten die Köpfe zusammen. Diesmal, so riefen einige von ihnen erbost, müsse man mit dem wortbrüchigen Despoten ohne Gnade und Barmherzigkeit verfahren. Der König von Preußen hörte das. Mit der ihm eigenen Seelenruhe sagte er: »Erst müssen wir ihn haben, meine Herren!«

DIE HUNDERT TAGE

Die französische Fregatte »Zephir« segelte in den Gewässern zwischen Toulon und Elba. Einige kleine Fahrzeuge kreuzten ihren Kurs. Andrieux, der Kommandant, rief sie durch das Sprachrohr an und fragte, woher sie kämen. »Von Elba« schallte es zurück. »Und wie geht es dem Napoleon?« erkundigte er sich. »Gut!« – »Das freut mich.« Andrieux ahnte nicht, was für einen bedeutsamen Fang er hätte machen können; denn drüben an Bord befand sich Napoleon, der von Elba entwichen war.

Auf seinem Zuge durch Südfrankreich stieß Napoleon auf ein Bataillon des Linienregiments Nr. 5. Er mußte damit rechnen, daß der Kommandeur den Befehl zum Feuern geben würde. Er aber vertraute dem Zauber seines Namens und schritt, von Drouot begleitet, auf die Truppe zu. »Soldaten vom fünften Regiment«, redete er sie an, »erkennt ihr mich?« – »Ja, ja«, erwiderten Hunderte von Stimmen. Nun öffnete er seinen Rock, entblößte seine Brust und rief: »Wer ist unter euch, der auf seinen Kaiser schießt?« Die Antwort war ein brausendes »Es lebe der Kaiser!« Jubelnd umringten ihn die Soldaten. Napoleon aber sagte aufatmend zu Drouot: »In zehn Tagen sind wir in Paris.«

Der Tapferste der Tapferen, Marschall Ney, hatte sich beim Sturze Napoleons Ludwig XVIII. angeschlossen. Nun vertraute ihm der König seine besten Regimenter an und gab ihm den Auftrag, dem anrückenden Korsen entgegenzutreten. Ney brüstete sich, er werde den »Tiger einfangen und in einem Käfig durch das Land führen«. Ob das ehrlich gemeint war oder nicht, im entscheidenden Augenblick erklärte er sich für seinen alten Waffengefährten und ging mit fliegenden Fahnen zu ihm über. Napoleon schloß ihn mit großer Herzlichkeit in die Arme, und als sich Ney wegen seines früheren Abfalls entschuldigen wollte, schnitt er ihm das Wort ab und sagte: »Reden wir nicht mehr von der Vergangenheit! Die Ereignisse waren eben stärker als die Menschen.«

Bei Waterloo maßen sich die vereinigten Engländer, Hannoveraner, Holländer und Braunschweiger mit der Armee, die Napoleon in Eile aus dem Boden gestampft hatte. Mühsam wehrte Wellington die wütenden Angriffe der Franzosen ab. Immer sehnsüchtiger wartete er auf die Ankunft der Preußen. Seine Lage wurde bedenklich. Da entschlüpfte ihm das Wort: »Die Preußen oder die Nacht! Ich wollte, Blücher wäre da!«

Noch in letzter Stunde wollte Napoleon den Sieg erzwingen. Er begab sich in die Mitte eines Bataillons, das schon bei Marengo gefochten hatte, und führte es in eigener Person zum Angriff vor. Die Grenadiere erschraken, daß ihr Kaiser sich so rücksichtslos der Gefahr aussetzte. Einer von ihnen griff sein Pferd am Zügel und rief: »Ziehen Sie sich zurück, Sire! Sie sehen ja, daß der Tod Sie nicht haben will.«

Napoleon hatte schon abgedankt. Da hörte er in der Ferne Kanonendonner. Sofort erwachte seine unbändige Kriegslust aufs neue, und er erbot sich, hinüberzueilen und zu kämpfen – nicht mehr als Kaiser, sondern als Frankreichs erster Soldat. Fouché verhehlte nicht, wie lächerlich ihm dieses Anerbieten vorkam. »Als Kaiser«, sagte er mit ätzendem Hohn, »kann er uns nicht mehr helfen, und zum Korporal ist er zu dick.«

Marie-Luise erhielt die Nachricht, daß Napoleon sich den Engländern ausgeliefert habe und an Bord der »Bellerophon« gefangen sei. Ohne eine Miene zu verziehen, hörte sie das an und sagte dann zu ihrer Hofmeisterin: »Es ist schönes Wetter heute. Ich möchte einen Spazierritt machen.«

Die »Northumberland«, die Napoleon nach St. Helena brachte, passierte den Äquator. Die Matrosen rüsteten sich zur Linientaufe, die keinem Neuling erspart bleibt. Auch Napoleon war ein Neuling. Sie hatten aber doch vor dem gestürzten Kaiser so viel Respekt, daß sie von dem alten Brauch abstanden. Zum Dank dafür empfingen sie von ihm fünfhundert Goldstücke als Geschenk.

Als in Frankreich bekanntgegeben wurde, daß Napoleon auf St. Helena verschieden war, sagte Talleyrand, kühl wie immer: »Das ist eine Nachricht, aber kein Ereignis.«

FRANKREICH

Nach der Abdankung Napoleons hielt König Ludwig XVIII. seinen Einzug in Paris. In seiner Begleitung befand sich sein Bruder, der Graf von Artois. Dieser meinte nach der Begrüßungsansprache Talleyrands: »Endlich sehe ich Frankreich wieder, und nichts hat sich geändert, außer daß ein Franzose mehr vorhanden ist.« So wenigstens stand es im »Moniteur« zu lesen.

Marschall Ney hatte während der »Hundert Tage« die Sache der Bourbonen im Stich gelassen und war zu Napoleon übergegangen. Dafür wurde er im Dezember 1815 vom Kriegsgericht zum Tode verurteilt. Befragt, ob er einen Geistlichen wünsche, der ihm Beistand leiste, wehrte er schroff ab und sprach: »Ich habe keinen Priester nötig, um zu lernen, wie man stirbt.« Als er vor der Mündung der Gewehre stand, rief er den Soldaten zu: »Kameraden, mitten ins Herz!«

Nach der Rückkehr Ludwgis XVIII. traten viele ehemalige Jakobiner in seine Dienste, unter ihnen auch Fouché. Darüber war der ehrliche und in seinen republikanischen Grundsätzen unbeugsame Carnot entsetzt. »Verräter«, schrie er ihn wütend an. »Dummkopf«, parierte Fouché, ohne mit der Wimper zu zucken.

Talleyrand, der Amoralische, Gewissenlose, und Fouché, der Mörder von Lyon, begaben sich zu Ludwig XVIII., ihm Huldigung zu leisten und den Treueid zu schwören. Zufällig befand sich im Vorzimmer der Dichter Chateaubriand und sah, wie die beiden in das königliche Kabinett schritten. Talleyrand hinkend und sich an dem Arm Fouchés haltend. Da konnte er die bissige Bemerkung nicht unterdrücken: »Das Laster, gestützt auf das Verbrechen.«

Am 25. Juli 1830 unterzeichnete Karl X. jene berüchtigten fünf Ordonnanzen, durch die das Wahlrecht beschränkt, die

Abgeordnetenkammer aufgelöst und die Presse geknebelt werden sollte. Nachdem er seinen Namen unter das Dokument gesetzt hatte, bemerkte er, wie der Minister D'Haussez mit sorgenvollem Gesicht die Bilder an den Wänden musterte. Verwundert richtete er an ihn die Frage: »Suchen Sie etwas?« »Ja, Sire«, gab D'Haussez zurück, »ich suchte, ob sich vielleicht unter den Bildern ein Porträt von Strafford befindet.« Wenige Tage später brach in Paris die Revolution aus, und Karl X. mußte aus Frankreich fliehen.

Während der Julirevolution, als die Sturmglocken läuteten und die Straßenkämpfe tobten, saß Talleyrand am Whisttisch und lauschte bisweilen dem Lärm, der ins Zimmer drang. Nach einer Weile erklärte er: »Hört doch! Wir siegen!« – »Wer wir?« wollten seine Partner wissen. »Pst«, entgegnete Talleyrand mit dem Finger an den Lippen, »das werde ich euch morgen sagen.«

Nach dem Umsturz 1830 stellte sich ein adliger Herr am Hofe Louis Philipps ein, um sich mit einem Glückwunsch bemerkbar zu machen. Er hatte sich, wie es damals üblich war, mit der revolutionären dreifarbigen Schärpe ausstaffiert. Einer seiner Freunde ereiferte sich darüber. »Nun ja«, erhielt er zur Antwort, »aber unter der Schärpe trage ich mein blaues Ordensband.«

Talleyrand stand vor dem König Louis Philipp, der nach der Flucht Karls X. die Krone erhalten hatte, und sollte den Treueid leisten. Schon hob er die Hand zum Schwur, da hielt er einen Augenblick inne und lächelte: »Sire, es ist mein siebenter.« Dann sprach er getrost die Eidesformel nach.

Im Februar 1848 hatte das Bürgerkönigtum Louis Philipps ausgespielt. Wie sein Vorgänger Karl X. mußte er Frankreich verlassen. An den Tuilerien stand zu lesen: »Großer Kramladen billig zu verkaufen wegen Aufgabe des Geschäftes.«

Unter dem Einfluß der Februarrevolution in Frankreich kamen auch die deutschen Staaten in Bewegung. Die vormärzlichen Zustände in Österreich charakterisierte ein Sozialist mit den Worten: »Despotismus, gemildert durch Schlamperei.« In der Tat war Kaiser Ferdinand I. jeder Reform abgeneigt. Schon das bloße Wort Konstitution empörte ihn. Als ihm sein Leibarzt nach der Untersuchung sagte: »Ew. Majestät haben eine treffliche Konstitution«, fuhr ihn Ferdinand an: »Was schwatzt er da von Konstitution? Ich habe keine und will keine haben. Sage er lieber Natur!«

Den Anstoß zur Revolution in Wien gab eine Demonstration der Studentenschaft vor dem Ständehaus. Dabei ging es recht stürmisch zu, aber Metternich bewahrte seine Ruhe. Mit betonter Gelassenheit äußerte er: »Was geht das mich an!«

Auf Demonstrationen folgten bald Straßenkämpfe. Das Knattern der Salven drang bis in die Hofburg. Eilig schloß sich Kaiser Ferdinand I. in sein Zimmer ein und behielt nur einen Lakaien bei sich, dem er sein geängstetes Herz ausschüttete. »Schauen's«, jammerte er, »i bin's net, der schießen läßt, i net.«

Eine Deputation der Bürgerschaft erschien bei Metternich, um ihm die Wünsche des Volkes vorzubringen. Noch wollte der Staatskanzler sich nicht die ganze Bedeutung der Unruhen eingestehen. Wohlwollend klopfte er dem Sprecher der Abgeordneten, Scherzer, auf die Schulter und meinte, es wäre doch eine Schande, wenn die Bürger im Verein mit dem Militär dem Straßenkrawall nicht bald ein Ende machen könnten. »Durchlaucht«, begehrte Scherzer auf, »das ist kein Straßenkrawall, sondern die Revolution.«

Aus Furcht vor den Aufständischen hatten sich Ministerialräte und Sekretäre der Staatskanzlei am Ballhaus davongemacht. Ein Besucher fand das große Gebäude leer. Nur in einem Zimmer hockte ein kleines, vom Alter gebeugtes Männchen. Es war der Bürochef Kaesar. Gefragt, warum er nicht auch geflüchtet sei, antwortete er mit zitternder Stimme: »Ich bin entschlossen, auf meinen Aktenbündeln zu sterben.«

Die Volkserhebung wurde in Wien durch Windischgrätz und Jellachich niedergeworfen. Sofort verschwanden die Zeichen revolutionärer Gesinnung, die breitkrempigen Schlapphüte, die wilden Bärte und die langen Locken. Am Stephansdom wehte wieder statt der schwarz-rot-goldenen die schwarz-gelbe Fahne, und Jellachich erklärte: »Die bisherige Wirtschaft muß ein Ende nehmen. Für die nächste Zeit ist *das* der Reichstag.« Dabei schlug er drohend an seinen Säbel.

Am 2. Dezember 1848 legte Kaiser Ferdinand die Krone zugunsten seines Neffen Franz Joseph nieder. Es war ein sehr förmlicher und feierlicher Akt. Als aber Franz Joseph auf seinen Oheim zuschritt und ihm mit starker Rührung für den Entschluß dankte, wurde er von ihm mit den Worten beschwichtigt: »Nu, nu, laß 's gehn, Franzl! S' is gern g'schegn.«

PREUSSEN

Bei Beginn seiner Regierung beseitigte Friedrich Wilhelm IV. einige Härten des früheren Systems. Er wurde deshalb von seinem Volke fast wie ein Messias verehrt. Als aber keine durchgreifenden liberalen Maßnahmen erfolgten, stellte sich schnell bittere Enttäuschung ein. Die Spottlust regte sich. Da nun der König in gewissen Äußerlichkeiten Friedrich den Großen nachahmte, hörte man überall sagen: »Im Schloß von Sanssouci geht der Geist Friedrichs des Großen um, aber leider ohne Kopf.«

Mitte März 1848 geriet Berlin in Aufruhr. Man verlangte eine Verfassung, den Zusammentritt eines Landtages und Pressefreiheit. Es kam zu bedenklichen Unruhen auf dem Schloßplatz. Rasch sprang der junge Fürst Lichnowsky auf einen Tisch und rief der erregten Menge zu, alle Forderungen seien vom König bewilligt. »Ist wirklich alles bewilligt?« erkundigte sich ein Mißtrauischer. »Ja, alles«, bekräftigte Lichnowsky. »Ooch det

Roochen im Dierjarten?« – »Ja, auch das Rauchen im Tiergarten.« Da hieß es überall: »Na, denn können wa ja zu Hause jehen.«

Auf die Nachricht hin, daß »alles bewilligt« sei, strömten die Berliner in hellen Scharen zum Schloß, dem Könige eine Ovation darzubringen. Aus Versehen entluden sich dabei zwei Gewehre, vermutlich aus den Reihen der Grenadiere, die das Schloß besetzt hielten. Es wurde zwar niemand verletzt, aber sofort erhob sich ein wildes Wutgeheul, und wie durch Zauberschlag stiegen die Barrikaden empor. Die Waffenläden wurden gestürmt, und der Straßenkampf begann. Friedrich Wilhelm IV., ein weicher und mattherziger Mensch, war darüber so verzweifelt, daß er sich nach Potsdam retten wollte. Schon war er auf der Treppe. Da stellte sich ihm Graf Arnim in den Weg und funkelte ihn an: »Majestät, bleiben Sie! Sie würden sonst der erste Hohenzoller sein, der vor seinem Volke flöhe.«

Äußerst merkwürdig erging es dem Leutnant von Kräwell. Als das Schießen begann, eilte er nach Hause, bestieg sein Pferd und wollte nach der Kaserne reiten. Unterwegs versperrte eine Barrikade seinen Weg. Gewehre starrten ihm entgegen, und ein lautes Zurück wurde ihm zugerufen. Er sagte ruhig: »Ihr seid wohl toll! Seht ihr denn nicht, daß ich in den Dienst muß?« Bereitwilligst machte man eine Lücke, und er passierte unbehelligt die Barrikade, die hinter ihm wieder geschlossen und besetzt wurde.

Nach dem Abzuge der Truppen aus Berlin wurde Friedrich Wilhelm IV. gezwungen, an der Spitze der Barrikadenkämpfer einen Umritt durch Berlin zu machen. Am Arm trug er ein breites schwarz-rot-goldenes Band. Neben ihm schritten der Tierarzt Urban mit einer gemalten Kaiserkrone aus Pappe und drei Studenten, die das Reichsbanner schwangen. Plötzlich schrie eine laute Stimme: »Es lebe der Kaiser von Deutschland!« Aber der König erwiderte: »Nicht doch, das will, das mag ich nicht.«

Friedrich Wilhelm IV. hatte sich nach Sanssouci zurückgezogen. Hier im Schloßpark empfing er Bismarck, der ihm wegen der Räumung Berlins heftige Vorwürfe machte. Das hörte seine

Gemahlin Elisabeth. Sie trat hinter einem Gebüsch hervor und sagte: »Daran ist der König ganz unschuldig, er hatte seit drei Tagen nicht geschlafen.« – »Ein König muß schlafen können«, versetzte Bismarck schroff.

Die preußische Nationalversammlung hegte wegen der Einsetzung des Ministeriums Brandenburg am 1. November 1848 die größten Besorgnisse und schickte deshalb eine Deputation nach Sanssouci, die dem Könige Vorstellungen machen sollte. Mit sichtbarer Ungeduld hörte Friedrich Wilhelm IV. ihre Adresse an, kehrte sich dann kurz um und schritt der Tür zu. Doch als er sie gerade erreichte, schrie der Abgeordnete Jakoby ihm zornig nach: »Das ist das Unglück der Könige, daß sie die Wahrheit nicht hören wollen.«

Mit klingendem Spiel zogen die Truppen unter der Führung des Generals Wrangel in Berlin ein. Der Hauptmann der Bürgerwehr trat ihm entgegen und machte ihn darauf aufmerksam, daß die Bürgerwehr entschlossen sei, die Freiheit zu verteidigen und nur der Gewalt zu weichen. »Gut«, antwortete Wrangel trocken, »dann weichen Sie man und sagen Sie Ihren Leuten, die Gewalt wäre nun da!« Kurz danach war die Bürgerwehr spurlos verschwunden, und der Vormarsch ging weiter.

Wrangel hatte einen anonymen Brief erhalten, in dem ihm angedroht wurde, man werde in Stettin seine Frau hängen, wenn er es wage, in Berlin einzurücken. Unter dem Brandenburger Tor hielt er einen Augenblick an, wandte sich zu seinem Stabe und schmunzelte: »Ob sie ihr wohl gehängt haben?«

DIE PAULSKIRCHE

Den Männern, die sich in der Nationalversammlung zu Frankfurt am Main um die Lösung der deutschen Frage mühten, fehlte es an jeder parlamentarischen Erfahrung. Sie vertaten viel kostbare Zeit mit uferlosen Debatten. Das wurde schließlich von einigen Einsichtigen erkannt. Sie brachten das Wort auf: »Eine Bürgerkrone dem, der schweigen kann.«

Bei den Verhandlungen über die Frage des künftigen Reichsoberhauptes schlug Braun aus Köslin den König von Preußen vor. Darüber entstand ein schallendes Gelächter, denn damals dachten nur wenige ernsthaft an eine solche Lösung. Die Heiterkeit im Hause stieg noch, als sich ein Sprecher der radikalen Linken erhob und erklärte: »Ich will auf diese Rede des Abgeordneten aus – Hinterpommern nichts erwidern.«

Neben sehr vielen würdigen und verantwortungsbewußten Reden wurde in jenen Tagen auch manches Ergötzliche vorgebracht. So rief einst der Dresdener Schaffrath, als man von ihm Beweise für seine Behauptungen forderte, der Versammlung in gemütlichem Sächsisch zu: »Beweise? Beweise? Ein Volksmann braucht nichts zu beweisen.« Und ein anderer versicherte: »Ich kenne die Gründe der Regierung nicht, aber ich mißbillige sie.«

Noch im Januar 1849 war es zweifelhaft, ob man sich in der Paulskirche für einen Erb- oder für einen Wahlkaiser entscheiden werde. Uhland verwies darauf, daß die politische Neugestaltung ihren Ursprung in den demokratischen Kräften habe und daß deshalb ein Erbkaiser »ein Jüngling mit grauen Haaren« sei. Er schloß seine Rede mit dem berühmten Wort: »Es wird kein Haupt über Deutschland leuchten, das nicht mit einem vollen Tropfen demokratischen Öls gesalbt ist.«

Die Deputation, die Friedrich Wilhelm IV. im Namen des Frankfurter Parlaments die Kaiserkrone anbot, wurde kühl empfangen und abschlägig beschieden. Der König wollte, wie er sich seinem Freunde Bunsen gegenüber vertraulich ausdrückte, diesen »Reif aus Dreck und Letten gebacken« nicht haben. Einige Tage später versuchte von Beckerath ihn zur Annahme der Krone zu bewegen. Als er darauf hinwies, daß die Gefahr für Preußen stets eine lockende Siegessonne gewesen sei, fuhr Friedrich Wilhelm in heftiger Erregung auf und sagte: »Friedrich der Große, der wäre Ihr Mann gewesen. Ich bin kein großer Regent.«

Beim Blättern in einem Geschichtswerk entdeckte Victoria, damals noch ein blutjunges Mädchen, daß sie die Thronerbin sei. Um ihre Erziehung nicht zu gefährden, war ihr das stets verschwiegen worden. Nun brach sie in Tränen aus und schluchzte: »Ich will gut sein.«

Als Prinzessin war Victoria von ihrer besorgten Mutter auf das genaueste bewacht und gegängelt worden. Sie hatte sich das stets geduldig gefallen lassen, aber als sie in der Morgenfrühe des 20. Juni 1837 erfuhr, daß König Wilhelm IV. gestorben sei und sie nun die Krone tragen sollte, überraschte sie ihre Mutter mit den Worten: »Laß mich für eine Stunde allein!« Das war ihr erster Wunsch, ihr erster Befehl.

Die junge Victoria erhielt Geschichtsunterricht bei einem anglikanischen Bischof. Nach einem ausführlichen Vortrag über Königin Elisabeth fragte er sie, was sie von ihrer Vorgängerin im Königsamt halte. »Ich glaube«, antwortete sie nachdenklich, »daß sie eine große Königin war, bin aber nicht sicher, ob sie auch eine gute Frau gewesen ist.«

Der erste Minister, der Victoria in die Staatsgeschäfte einführte und ihr als treuer Ratgeber und Freund zur Seite stand, war Melbourne. Ein wenig verliebt in seine reizende, junge Königin, bemühte er sich eifrig, ihr Leben möglichst angenehm zu machen. Er hatte damit einen derartigen Erfolg, daß sie eines Tages mit strahlenden Augen gestand: »Nichts ist schöner, als Königin zu sein, und ich bin so glücklich, daß ich Königin bin.«

Selten hat eine Königin in so glücklicher Ehe gelebt wie Victoria. Ihr Gemahl war der Prinz Albert von Sachsen-Coburg. Seine Stellung war schwierig, und anfänglich ließ ihn Victoria bei all ihrer Liebe doch fühlen, daß sie die Königin war und er nur der Prinzgemahl. Einst begab sie sich zu ihm und klopfte an sein Zimmer. »Wer ist da?« rief er von drinnen. »Die Königin«, gab sie zur Antwort. Eine Weile Stille, dann eine neue Frage: »Wer ist da?« Da kam es zärtlich und liebevoll von ihren Lippen: »Deine Frau.« Sofort wurde die Tür geöffnet.

Der frühe Tod Alberts stürzte Victoria in tiefste Trauer. Noch sechsundzwanzig Jahre später, als ihr goldenes Regierungsjubiläum gefeiert werden sollte und sie gebeten wurde, sich an diesem Tage mit allen Zeichen ihrer hohen Würde zu schmükken, lehnte sie das entschieden ab. Sie fühlte sich durch das Ansinnen sogar beleidigt und herrschte ihre Minister zornig an: »Vergeßt Ihr denn, daß ich Witwe bin?« So erschien sie zu der Feier in ihrer Witwenhaube statt der Krone und im schwarzen Kleid statt der Staatsrobe. Inmitten ihrer zahllosen Gäste aus allen Erdteilen seufzte sie in Erinnerung an Albert: »Ich bin so allein!«

Auf Grund eines Verbots Victorias durfte in keinem ihrer Schlösser, weder in Windsor noch in Balmoral oder Osborne, geraucht werden. Das war für manchen ihrer königlichen Gäste sehr schmerzlich, aber niemand erdreistete sich, ihrem Befehl zu trotzen. Wer sich eine Zigarette anstecken wollte, schlüpfte heimlich in sein Zimmer, legte sich auf den Fußboden und blies den Rauch in den offenen Kamin. Nun gab es in Windsor einen Raum, von dem man wußte, daß Victoria ihn nie betrat, das Billardzimmer. Hier hätte man wohl seine Virginia hervorholen können, doch selbst Eduard, der Prinz von Wales, wagte das nicht. So groß war sein Respekt vor der strengen Mutter.

PALMERSTON

In Leben und Politik war Palmerston ein außerordentlich robuster und derb dreinfahrender Mann. Wenn er mit irgendeinem Staat über irgend etwas, und wären es auch nur die beschädigten Möbel eines britischen Untertanen im Auslande, in Streit geriet, so schickte er ohne langes Besinnen eine grobe Note ab und ließ ihr auch noch einige Schlachtschiffe folgen. Um dieses hitzigen Temperamentes willen nannte man ihn »Lord Feuerbrand«. Kein Wunder, daß Lord Feuerbrand zum Schrecken der Königin

Victoria häufig genug die Gefahr eines Krieges heraufbeschwor. Er aber meinte: »England ist stark genug, um etwas zu riskieren.«

Der englische Gesandte in Neapel fühlte sich in seinem Theaterbesuch durch gewisse Maßnahmen des Polizeiministers beeinträchtigt. Palmerston riet ihm, an Bord eines englischen Geschwaders zu gehen, das vor Neapel gerade dem königlichen Palast gegenüber lag. »Dann würde ich«, so riet er dem Gesandten, »ein Boot an den Strand senden und die Entlassung des Polizeiministers binnen zwei Stunden fordern. Vergeht die Zeit ohne genügende Antwort, so muß der Palast zusammengeschossen und das Bombardement fortgesetzt werden.«

Auch die Deutschen mußten mit den brutalen Methoden Palmerstons Bekanntschaft machen. Als die Nationalversammlung in der Paulskirche anno 1848 sich darum bemühte, eine Flotte zu schaffen, drohte er: »Wenn England einer schwarz-rot-goldenen Flagge auf dem Meere begegnet, wird es sie wie eine Piratenflagge behandeln.« Damit war der Traum von einer deutschen Flotte ausgeträumt, und die paar Schiffe, die man gebaut hatte, kamen unter den Hammer.

Anno 1864 wäre Palmerston wohl bereit gewesen, für die Dänen das Schwert zu ziehen, obwohl er wußte, daß sie im Unrecht waren. Aber er konnte sich gegen Victoria und Gladstone nicht durchsetzen. Also fand er sich mit der Sache ab und scherzte schließlich: »Die Schleswig-Holsteinische Frage haben nur drei Leute verstanden – der Prinzgemahl Albert, der ist tot, ein deutscher Professor, der ist darüber verrückt geworden, und ich, aber ich habe sie vergessen.« An den besten Kenner dachte er nicht – an Bismarck.

Im Unterhaus gingen einmal die Wogen sehr hoch, und es kam zu heftigen Anschuldigungen der Tories gegen die Whigs. Da erhob sich Palmerston in ernster Sorge um die Würde des Parlaments, und er, der sonst nicht gerade seine Worte auf eine Goldwaage legte, sprach: »Wir sind hier eine Versammlung von

Gentlemen, und wir Gentlemen auf dieser Seite des Hauses sollten nicht vergessen, daß auf der andern Seite auch Gentlemen sitzen.«

Die kraftvolle, selbstbewußte Art Palmerstons imponierte dem englischen Volke. Als er schon in hohem Alter stand, noch immer der unverwüstliche Draufgänger, glaubte ein Tory, ihn moralisch vernichten zu können. »Palmerston«, erzählte er frohlockend Disraeli, »hat ein Verhältnis zu einer Dame der Gesellschaft. Ich besitze Beweise dafür und will sie veröffentlichen.« »Um Gottes willen«, entgegnete Disraeli, »schweigen Sie! Wenn die Engländer erfahren, daß Palmerston mit achtzig Jahren noch ein Verhältnis hat, machen sie ihn zum Diktator.«

GLADSTONE

Christlicher Glaube und christliche Moral waren von Jugend auf die Leitsterne Gladstones. Am liebsten wäre er Geistlicher geworden, doch dieser Plan scheiterte am Widerspruch des Vaters. An seinem Hochzeitstage vertiefte er sich zusammen mit seiner Frau in die Lektüre der Bibel. Köche und Hausmädchen nahm er erst dann in seinen Dienst, nachdem er sich vergewissert hatte, daß es mit ihrer Religion gut bestellt war. Im Parlament pflegte er, bevor er das Wort ergriff, zu beten und dann vom christlichen Standpunkt aus zur Sache zu sprechen. Seine Gegner zweifelten, ob diese sichtlich zur Schau getragene Frömmigkeit echt sei. Am schärfsten urteilte Disraeli. »Gladstone«, äußerte er vertraulich, »ist ein ungewöhnliches Gemisch aus Neid, Heuchelei und Aberglauben.« Und Bismarck meinte: »Wäre Gladstone nicht verheiratet, so würde er in zehn Jahren Kardinal sein.«

Gladstone beschäftigte sich gern damit, im Park seines Landsitzes Hawarden Bäume zu fällen. Am Nachmittag des 1. Dezember 1868 war er gerade dabei, eine mächtige Tanne umzulegen, als er ein Telegramm erhielt. Er öffnete und las, daß er von der Königin mit der Bildung des Kabinetts beauftragt sei. »Höchst bedeutsam«, sagte er und griff wieder zur Axt. Nach einer Weile ließ er sie abermals sinken und setzte feierlich hinzu: »Meine Mission ist es, Irland den Frieden zu geben.«

Einst kam Parnell, der Führer der irischen Bewegung, zu Besuch nach Hawarden. Er erhielt bei der Tafel den Platz neben der Tochter Gladstones. Als das Gespräch irgendwie auf das Theater kam, fragte sie ihn: »Wen halten Sie für den größten englischen Schauspieler?« Klatsch oder nicht, er soll gesagt haben: »Unzweifelhaft Ihren Herrn Vater.«

Gladstone war ein erstaunlich kraftvoller und hinreißender Sprecher. Seine Gegner bekamen das oft schmerzlich zu spüren, wußten sich aber auch zu rächen, indem sie seine Beredsamkeit ins Lächerliche zogen. So damals, als Garibaldi, Italiens großer Revolutionär und Freiheitsheld, seinen Besuch in London ankündigte. »Was machen wir bloß mit ihm?« fragte man sich verlegen im englischen Kabinett. »Wir verheiraten ihn mit der reichen Miss X«, regte Palmerston an. »Unmöglich«, erwiderte man ihm, »er hat doch schon eine Frau.« Und Palmerston: »Dann müssen wir Gladstone kommen lassen, um sie hinwegzudisputieren.«

Im Alter von vierundachtzig Jahren wurde Gladstone zum vierten Male an die Spitze des Ministeriums berufen. Seine Anhänger verehrten ihn als den Grand Old Man, aber Königin Victoria konnte sich nie mit ihm anfreunden. Er war ihr zu steif, zu professoral, und sie soll deshalb geäußert haben: »Wenn Gladstone bei mir Vortrag hat, dann spricht er zu mir wie zu einer Volksversammlung.« Standen Wahlen bevor, dann seufzte sie: »Nur kein Kabinett Gladstone.«

DISRAELI

Ehe Disraeli sich der Politik zuwandte, bereiste er den Orient und kam auch nach der Trümmerstätte Trojas. Die Erinnerung an Homer weckte seinen Ehrgeiz. »Warum sollte man heute nicht mehr so große Dichtung schreiben können?« fragte er sich und entwarf schleunigst den Plan zu einem umfassenden Epos. Kaum hatte er die ersten zwei Gesänge veröffentlicht, nannte er sich den »Homer unserer Epoche«. Aber weitere Gesänge erschienen nicht.

Bei einer Gesellschaft trat Premierminister Lord Melbourne an den jungen Disraeli heran und fragte ihn wohlwollend, was er für Pläne habe und was er werden wolle. »Premierminister«, lautete die verblüffende Antwort. Melbourne verschwieg nicht, daß er das für eine absurde Idee halte, mußte aber später, nachdem Disraeli sich zum Parteiführer der Tories aufgeschwungen hatte, widerwillig gestehen: »Bei Gott, dieser Bursche wird es schaffen.«

Die Jungfernrede Disraelis im Unterhaus wurde mit lärmendem Gelächter aufgenommen und immer wieder durch höhnische Zwischenrufe unterbrochen. Eine Zeitlang versuchte er seine Rede zu Ende zu bringen. Schließlich gab er den verzweifelten Kampf auf. Doch als er sich setzte, schrie er, so laut er konnte, dem Parlament zu: »Die Zeit wird kommen, da Sie mich anhören werden.«

Disraeli hatte sich mit O'Connel, dem Führer der katholischen Partei Irlands, überworfen. In der »Times« veröffentlichte er nun einen Brief, in dem er seinem Gegner scharf zusetzte. Er machte seinem Vater davon Mitteilung mit der Bemerkung: »Man hat mir gesagt, daß mein Brief das Schönste sei, was je in englischer Sprache geschrieben worden ist.«

Im Kabinett Derby 1852 erhielt Disraeli zum ersten Male einen Ministersitz. Er wurde Schatzkanzler. Damals herrschte in England eine große Kolonialmüdigkeit. Man glaubte nämlich, daß die Kolonien sich früher oder später vom Mutterlande lossagen würden und daß deshalb die großen Kosten für sie vergeblich aufgewandt seien. Auch Disraeli war dieser Meinung. »Diese verdammten Kolonien« schimpfte er, »sind nur Mühlsteine an unserm Halse.«

Siebzig Jahre zählte Disraeli, als er endlich das Ziel seines Ehrgeizes erreichte und Premierminister wurde. Einer seiner Anhänger, ein wesentlich jüngerer Mann, eilte zu ihm und gratulierte. Disraeli, von Gicht und Asthma geplagt, nahm den Glückwunsch mit müder, resignierter Abwehr entgegen. »Für mich ist es zwanzig Jahre zu spät«, klagte er, »geben Sie mir Ihr Alter und Ihre Gesundheit!«

Trotz seines hohen Alters führte Disraeli die Regierungsgeschäfte mit großer Entschlossenheit und Kraft. Eines Tages erfuhr er, daß der Khedive von Ägypten, um seine drückende Schuldenlast loszuwerden, seine Kanalaktien verkaufen wolle. Es ging um vier Millionen Pfund, die, wenn der Kauf zustande kommen sollte, auf der Stelle bezahlt werden mußten. Zufällig war das Parlament in die Ferien gegangen und konnte deshalb nicht befragt werden. Disraeli handelte ohne Zögern auf eigene Verantwortung. Er schickte seinen Sekretär eiligst zu Rothschild und ließ ihn um eine sofortige Anleihe von vier Millionen Pfund ersuchen. Rothschild genoß gerade Weintrauben zum Nachtisch. »Was sind Ihre Sicherheiten?« fragte er. »Die britische Regierung«, gab der Sekretär zurück. Rothschild nahm eine Beere, spuckte die Schale aus und sagte gelassen, als handele es sich um ein paar Schillinge: »Sie sollen sie haben.« Nach wenigen Tagen war der Kauf perfekt und der erste Schritt zum Erwerb Ägyptens getan.

Während des Balkankrieges 1877/78 zielte Disraelis Politik darauf ab, unter keinen Umständen zuzulassen, daß Rußland sich in den Besitz Konstantinopels setze. Er rüstete zum Krieg. Ganz England lebte nun in höchster Spannung, ob die Waffen sprechen würden oder nicht, und Disraeli mußte oft lästige Ausfrager zurückweisen. So saß er einst bei einem Diner neben der kriegslüsternen Prinzessin Mary von Cambridge, die vorwurfsvoll zu ihm sagte: »Ich verstehe nicht, worauf Sie noch warten.« – »Worauf ich warte? In diesem Moment auf die Kartoffeln«, fertigte er sie ab, doch nicht, ohne sie auf das liebenswürdigste anzulächeln.

Disraeli, nunmehr Lord Beaconsfield, erschien auf dem Berliner Kongreß 1878. Durch seine Art zu verhandeln gewann er so sehr die Hochachtung Bismarcks, daß dieser erklärte: »Der alte Jude, das ist der Mann.« Er hängte sogar sein Bild neben den Bildern Wilhelms I. und Johannas auf und erläuterte seinen Besuchern diese merkwürdige Zusammenstellung mit den Worten: »Mein Kaiser, meine Frau, mein Freund.«

Dizzy, wie die Engländer Disraeli gern nannten, lag schwerkrank danieder. Er wußte, daß er sterben würde. Da ließ Königin Victoria, bei der er immer in hoher Gunst gestanden hatte, anfragen, ob ihm ihr Besuch angenehm sei. Zum letzten Male regte sich in ihm die alte Spottlust. »Lieber nicht«, seufzte er, »sie würde mir doch nur Grüße an Albert auftragen.«

Bismarck

Ohne Zögern hatte Bismarck sich 1851 bereit erklärt, als preußischer Gesandter an den Bundestag in Frankfurt zu gehen. Daraufhin ließ ihn König Friedrich Wilhelm IV. zu sich bescheiden und sagte zu ihm: »Sie haben viel Mut, daß Sie so ohne weiteres ein Ihnen fremdes Amt übernehmen!« Bismarck erwiderte schlagfertig: »Der Mut ist ganz auf seiten Ew. Majestät. Wenn ich mich meiner Aufgabe nicht gewachsen finde, so werde ich der erste sein, meine Abberufung zu erbitten. Ich habe den Mut zu gehorchen, wenn Ew. Majestät den haben, zu befehlen.« Worauf der König antwortete: »Dann wollen wir die Sache versuchen.«

Bei dem Widerstand des preußischen Abgeordnetenhauses schien es unmöglich, die von König Wilhelm I. geplante Heeresreorganisation durchzusetzen. Er war darüber so niedergeschlagen, daß er abdanken wollte. In diesem Augenblick erhielt Bismarck, damals Gesandter in Paris, von Roon ein Telegramm. Es lautete: »Periculum in mora! Dépêchez-vous!« Bismarck verstand. Er eilte zum König nach Babelsberg und versprach ihm, den Kampf mit dem Parlament aufzunehmen. Von seiner Festigkeit und Sicherheit stark beeindruckt, entgegnete ihm der König mit tiefem Ernst: »Dann ist es meine Pflicht, mit Ihnen die Weiterführung des Kampfes zu versuchen. Ich abdiziere nicht.«

Die Entrüstung über das Auftreten Bismarcks war ungeheuer groß, namentlich, als er in der Budgetkommission am 30. September 1862 versicherte: »Die deutschen Zustände können nicht durch Majoritätsbeschlüsse gebessert werden, sondern durch Eisen und Blut.« König Wilhelm wurde an Bismarck irre. »Ich sehe ganz genau voraus«, klagte er in düsterer Ahnung, »wie das alles werden wird. Vor dem Opernplatz wird man Ihnen den Kopf abschlagen und etwas später mir.« Bismarck war nicht zu erschüttern. Er antwortete: »Sterben müssen wir früher oder später doch, und können wir anständiger umkommen? Ich selbst im Kampfe für die Sache meines Königs, und Ew. Majestät, indem Sie Ihre königlichen Rechte von Gottes Gnaden mit dem eigenen Blut besiegeln, ob auf dem Schafott oder auf dem Schlachtfelde.« An dieser Entschlossenheit richtete sich König Wilhelm wieder auf. Er fühlte sich beim Portepee gefaßt und in der Lage eines Offiziers, der einen Posten auf Leben und Tod zu behaupten hat.

Der Herzog Ernst von Coburg, der Schwager der Königin Victoria, wurde während seines Aufenthaltes am englischen Hofe nach seiner Meinung über Bismarck gefragt. »Bismarck!« fuhr er auf, »Bismarck? Das ist das unzuverlässigste Subjekt, das je einen Ministersessel eingenommen hat.«

Auf Betreiben der einflußreichen Partei der »Eiderdänen« beseitigte König Friedrich VII. 1863 die Sonderstellung Schleswigs im dänischen Gesamtstaat. Er war darauf gefaßt, daß diese Verletzung des alten Grundsatzes »Up ewig ungedeelt« zum Kriege mit Preußen und Österreich führen würde, machte sich aber deswegen keine Sorge. Um einen Besucher von seinem sicheren Siege zu überzeugen, legte er zwei dicke Bleistifte quer über die ausgebreitete Landkarte: »Diese Bleistifte«, erklärte er, »bedeuten das Danewerk und die Düppeler Schanzen. Hier werde ich den Feind erwarten und – schlagen.« Nicht lange danach war das Danewerk umgangen und die Düppeler Schanzen erobert.

Während des Feldzuges gegen Dänemark 1864 fand der alte Feldmarschall Wrangel viel an Bismarck zu tadeln. Einmal geriet er in so heftigen Zorn, daß er König Wilhelm telegraphierte: »Dieser Diplomat gehört an den Galgen.« Wenn die beiden sich nun später bei Hofe trafen, gingen sie schweigend nebeneinander her. Da aber geschah es, daß Wrangel bei einem Diner der Tischnachbar Bismarcks wurde. Verschämt lächelnd redete er ihn an: »Mein Sohn, kannst du gar nicht vergessen?« – »Wie könnte ich das?« antwortete Bismarck. Darauf nach längerer Pause: »Kannst du auch nicht vergeben?« – »Von ganzem Herzen.« Und so schüttelten sich die beiden Widersacher von einst die Hände und waren wieder Freunde.

Im Kurpark von Gastein gingen Kaiser Franz Joseph und König Wilhelm spazieren, um sich von den Konferenzen zu erholen. Viele Neugierige drängten sich herbei und belästigten die beiden Monarchen. Endlich schlug Franz Joseph seinem Gast vor, einen stilleren Platz aufzusuchen. Mit gutem Humor meinte König Wilhelm: »Das ist nicht nötig. Gleich kommt Bismarck, und dann kümmert sich keiner mehr um uns.«

Bismarck wurde gewarnt, die österreichische Armee sei nicht minder tüchtig als die preußische und habe auch viel von ihr gelernt. »Das mag sein«, erwiderte er, »was man uns aber nicht nachmachen kann, das ist der preußische Leutnant.«

Mit großer Sorge beobachtete Bismarck die Entwicklung der Schlacht bei Königgrätz. Aus dem schweigsamen Moltke war nicht viel herauszubringen. Da ritt er zu ihm und bot ihm seine Zigarrentasche an. Moltke prüfte den Inhalt und wählte bedächtig die bessere von den beiden Zigarren. »Mit der Schlacht steht es gut«, war der Schluß, den Bismarck daraus zog.

Unmittelbar nach der Schlacht bei Königgrätz erklärte Bismarck: »Jetzt handelt es sich darum, die alte Freundschaft mit Österreich zurückzugewinnen.« König Wilhelm aber wollte seinen Siegeslauf nicht unterbrochen sehen und wies daher diesen Rat schroff zurück. Bismarck, in steter Sorge vor dem Eingreifen Napoleons III., sah sein Werk gefährdet und geriet in solche Verzweiflung, daß ihm der Gedanke nahe trat, sich aus dem

Fenster zu stürzen. Da fühlte er eine Hand auf seiner Schulter, und er hörte den Kronprinzen sagen: »Sie wissen, daß ich gegen den Krieg gewesen bin. Wenn Sie nun überzeugt sind, daß der Zweck erreicht ist und daß Friede geschlossen werden muß, so bin ich bereit, Ihre Meinung bei meinem Vater zu vertreten.« Nach einer kleinen halben Stunde kehrte der Kronprinz zurück und sagte: »Es hat sehr schwer gehalten, aber mein Vater hat zugestimmt.«

Am päpstlichen Hof rief der Ausgang der Schlacht bei Königgrätz größte Bestürzung hervor. Eine altehrwürdige katholische Großmacht, eine der treuesten Töchter der Kirche, war von dem protestantischen Preußen besiegt worden. In seinem ersten Erschrecken meinte der Kardinalstaatssekretär Antonelli: »Die Welt bricht zusammen.«

Angesichts der feindlichen Tonart des französischen Außenministers Gramont und der Presse entschloß sich Bismarck, seinem Monarchen die Mobilmachung zu empfehlen. Eilig brach er am 12. Juli 1870 von Varzin auf. Als er durch das Dorf Wussow fuhr, stand dort vor dem Pfarrhaus ein alter Freund von ihm, der Prediger Mulert, und grüßte ihn freundlich. Bismarcks Antwort im offenen Wagen war ein Lufthieb in Quart und Terz, und Mulert verstand, daß er glaubte, in den Krieg zu gehen.

Nach seiner Ankunft in Berlin lud Bismarck Roon und Moltke zum Mittagessen ein. Beide waren sehr niedergeschlagen, weil Bismarck in der Überzeugung, König Wilhelm nicht für seine Pläne gewinnen zu können, sich mit dem Gedanken trug, sein Amt niederzulegen. Da traf ein Telegramm aus Ems ein, das die Forderungen, die Benedetti in zudringlicher Weise dem Monarchen auf der Brunnenpromenade gestellt hatte, ausführlich schilderte. In Gegenwart seiner Tischgäste reduzierte Bismarck das Telegramm durch Streichungen, ohne ein Wort hinzuzusetzen oder zu ändern. Als er die neue Fassung vorlas, bemerkte Moltke: »So hat das einen andern Klang, vorher klang es wie Schamade, jetzt wie eine Fanfare in Antwort auf eine Herausforderung.«

Die Kriegserklärung Frankreichs war am 19. Juli in Berlin eingetroffen. Die nationale Leidenschaft flammte auf. Trotzdem aber wollte ein Mitglied der französischen Botschaft noch einige Tage bleiben, um persönliche Angelegenheiten zu regeln. Bismarck fragte den Botschaftsrat: »Haben Sie gute Augen?« – »Ja«, war die Antwort. »Auch gute Ohren?« – »Auch das.« – »Also – dann reisen Sie!«

Die Einkesselung der Armee Mac Mahons in Sedan war gelungen. Bald sickerte die Nachricht durch, daß Kaiser Napoleon in der Festung sei und kapitulieren würde. »Nun ist der Krieg zu Ende«, hieß es allgemein bei Offizieren und Mannschaften. Selbst Moltke hegte schon die Hoffnung, demnächst wieder in Kreisau Hasen schießen zu können. Bismarck sah schärfer. »Wenn die Nachricht wahr ist«, sagte er nachdenklich, »dann ist der Friedensschluß noch in weite Ferne gerückt.«

Bei den Verhandlungen über die Kapitulation von Sedan bat General Wimpffen um milde Bedingungen. Ein edelmütiger Schritt, so meinte er, würde die Tür zur Rückkehr gegenseitiger freundschaftlicher Gefühle öffnen. Bismarck bestritt das. »Frankreich«, so sagte er, »wird uns nie unsere Siege verzeihen. Es ist ein reizbares, neidisches und bis zum Übermaß hochmütiges Volk.« Die Einwendungen Wimpffens tat er mit den Worten ab: »Eine sonderbare Kleinigkeit gibt ein bezeichnendes Bild, wie eingebildet und unüberlegt Ihre Nation ist. Bei Beginn des Krieges haben Sie an alle Offiziere nur Karten von Deutschland verteilt.«

König Wilhelm leistete der Annahme der Kaiserwürde hartnäckigen Widerstand. Er betrachtete sie nicht als Realität, sondern als leeren Klang, vergleichbar dem nichtssagenden Titel »Charakter-Major«, mit dem Hauptleute damals bei ihrer Verabschiedung getröstet wurden. Unwillig murrte er deshalb: »Was soll mir der Charakter-Major?« Bismarck hielt ihm entgegen: »Ew. Majestät wollen doch nicht ewig ein Neutrum bleiben, »das ›Präsidium‹? In dem Ausdruck ›Präsidium‹ liegt eine Abstraktion, in dem Worte ›Kaiser‹ eine große Schwungkraft.«

Aber noch bei der Kaiserproklamation im Spiegelsaal zu Versailles war der Monarch über Bismarck so verärgert, daß er ihn ignorierte und nur den Generalen die Hand bot.

Bei dem festlichen Einzug der Truppen in Berlin ritten Bismarck und Roon Seite an Seite. »Nun sind wir doch früher nach Hause gekommen, als ich vorausgesagt habe«, meinte Bismarck. »Ja«, gab Roon in strahlender Laune zurück, »das ist der einzige Rechenfehler, den Sie gemacht haben.«

Im Sommer 1871 hatte der österreichische Kanzler Beust eine Zusammenkunft mit Bismarck in Salzburg. Gesprächsweise fragte er ihn: »Was tun Sie, wenn Sie sich ärgern?« – »Dann schlage ich irgend etwas in Scherben«, gab Bismarck zurück, »eine Vase, ein Glas, eine Scheibe.« Beust lächelte: »Wie gut, daß Sie nicht an meinem Platze sind! Im ganzen Haus bliebe kein Möbel heil.«

Im Wetterwinkel Europas, dem Balkan, schlugen wieder einmal Türken und Serben aufeinander. Rußland sowohl wie England rüsteten sich zum Eingreifen. Die Frage war nur, wie sich Deutschland verhalten würde. Bismarck aber wollte sich in diesen Hexenkessel nicht hineinziehen lassen. Am 6. Dezember 1876 nahm er im Reichstag das Wort und machte allen Gerüchten ein Ende durch die Erklärung: »Der Balkan ist nicht die Knochen eines einzigen pommerschen Musketiers wert.«

Um die Mitte der siebziger Jahre begann die geistige Empfänglichkeit Kaiser Wilhelms nachzulassen. Am 2. Juli 1878 unternahm er im offenen Wagen eine Spazierfahrt Unter den Linden. Das war die Gelegenheit, auf die ein fanatischer Hasser mit Namen Nobiling gewartet hatte. Aus einer mit grobem Schrot geladenen Flinte feuerte er zwei Schüsse ab und brachte dem Monarchen mehrere heftig blutende Wunden bei. Merkwürdigerweise trat nach dem Attentat im Befinden des Kaisers eine günstige Veränderung ein. »Nobiling«, sagte er nun scherzend zu Bismarck, »hat besser als die Ärzte gewußt, was mir fehlte – ein tüchtiger Aderlaß.«

Man weiß, daß Wilhelm I. nicht selten in Widerspruch zu Bismarcks Politik gcrict. Einmal soll er sogar geäußert haben: »Es ist nicht leicht, unter einem solchen Kanzler Kaiser zu sein.« Als ihm aber Bismarck 1877 ein Entlassungsgesuch vorlegen ließ, setzte er in seiner großen, kraftvollen Schrift ein einziges Wort unter das Dokument: »Niemals.«

Nach der Thronbesteigung Wilhelms II. wurde es bald offenbar, daß der junge Monarch sich durch die überragende Autorität Bismarcks bedrückt fühlte. Im Frühjahr 1890 verschärfte sich die Spannung. Da ließ der Graf Waldersee bei einem Frühstück, an dem auch der Flügeladjutant des Kaisers, von Bülow, teilnahm, das Wort fallen: »Friedrich der Große wäre nie der Große geworden, wenn er bei seinem Regierungsantritt einen Bismarck vorgefunden hätte.« Diese Äußerung wurde, wie beabsichtigt, dem Kaiser hinterbracht und verfehlte nicht, auf ihn nachhaltigen Eindruck zu machen.

Am Abend des 20. März 1890 bestellte Wilhelm II. die kommandierenden Generale in das Schloß Berlin. In einer kurzen Ansprache teilte er ihnen mit, daß er sich genötigt gesehen habe, Bismarck zu entlassen. Keiner von den Generalen ergriff das Wort zu dieser Eröffnung, auch Moltke nicht. Erst auf der Treppe sagte er: »Das ist ein sehr bedauerlicher Vorgang, der junge Herr wird uns noch manches Rätsel aufgeben.«

Was Bismarck stets am meisten fürchtete, war ein Zwei- oder gar Mehrfrontenkrieg. Er hat selbst gestanden, daß ihn der Gedanke an eine feindliche Koalition wie ein Alpdruck quälte. Noch in seinen letzten Stunden, als er schon ohne Bewußtsein lag, muß er unter dieser Last gelitten haben. Mehrfach stöhnte er angstvoll auf: »Deutschland! Deutschland!«

Napoleon III.

Während der Nacht zum 2. Dezember 1851 befand sich Napoleon im Elysée. Er war damit beschäftigt, die letzten Vorbereitungen für den lange geplanten Staatsstreich zu treffen. Die Befehle zur Verhaftung seiner Gegner lagen bereit, ebenso die Proklamation für den kommenden Tag. In größter Ruhe unterzeichnete er die Dokumente. Als das geschehen war, sagte sein Halbbruder Morny zu ihm: »Mag es nun gehen, wie es will. Eines ist gewiß: Sie werden morgen eine Schildwache vor Ihrer Tür haben.«

Genau ein Jahr nach dem Staatsstreich von 1851 wurde Napoleon zum Kaiser proklamiert. Schleunigst eilte alles, was mit ihm verwandt war und den Namen Bonaparte trug, zu ihm in die Tuilerien und umdrängte ihn mit Wünschen und Bitten. Auch sein Onkel Jérome, der ehemalige »König Lustik«, erschien. Er vermißte aber den Glanz, der einst den Hof Napoleons I. umstrahlt hatte. Übel gelaunt tadelte er deshalb seinen Neffen: »Sie haben nichts Kaiserliches.« – »Doch«, erwiderte Napoleon, »ich habe manches mit dem Kaiser gemeinsam.« Erstaunt blickte Jérome auf. »Und was wäre das?« Napoleon mit einem Seufzer: »Die Familie.«

Unter den europäischen Monarchen war die Anrede »Monsieur mon frère« gebräuchlich. Zar Nikolaus aber, der im tiefsten Herzen Napoleon als Abenteurer verachtete, wollte ihm eine so ehrenvolle und vertrauliche Bezeichnung nicht zugestehen. In dem Beglaubigungsschreiben, das sein Gesandter dem Kaiser überreichte, nannte er ihn nur »mon ami«. »Um so besser«, scherzte Napoleon, »denn seine Brüder kann man nicht wählen, wohl aber seine Freunde.«

Wenn Napoleon auch so tat, als sei es ihm gleichgültig, ob er von den Monarchen Europas als ebenbürtig anerkannt würde oder nicht, im Grunde schmerzte es ihn doch tief, daß er nur ein Emporkömmling war. Nun wurde ihm bei einem Besuch in

Windsor 1855 von Königin Victoria die höchste englische Auszeichnung, der Orden vom Hosenband, verliehen. In seiner Freude darüber frohlockte er: »Endlich bin ich ein Gentleman.«

Als Napoleon ein Buch über die Geschichte Julius Caesars veröffentlichte, meinte der durch seinen beißenden Witz berüchtigte Journalist Rochefort: »Mir wäre eine Geschichte Napoleons von Julius Caesar viel lieber.«

Auf einer Sitzung der Gesetzgebenden Körperschaft in Paris wurde die Regierung wegen des unglückseligen mexikanischen Abenteuers aufs heftigste angegriffen. Ein Abgeordneter gab erschütternde Zahlen über die Verluste der französischen Truppen bekannt. Da erhob sich der Kriegsminister Niel. »Unsere Soldaten«, prahlte er, »zählen vor dem Kampf nicht ihre Gegner und nach dem Kampf nicht ihre Toten.« Plötzlich ein Zwischenruf. Er kam von dem hochbetagten, fast achtzigjährigen Pierre Berryer, der nur noch selten das Wort zu nehmen pflegte. »Es ist richtig, Herr Minister, unsere Soldaten zählen nicht ihre Toten, aber daheim in Frankreich die Frauen und Mütter, die zählen.«

In der Schlacht von Rézonville bei Metz wurde eine französische Abteilung von den Braunschweiger Husaren überfallen. Bei dieser Abteilung befand sich auch der Marschall Bazaine, der wohl ein tapferer Mann, aber sich um geringer Dinge willen unnütz in Gefahr begab und bei wichtigen Entscheidungen versagte. Mit Mühe wurde er wieder herausgehauen. Herr de la Gorce erfuhr davon. »Ach«, seufzte er, »diese Preußen haben doch immer Glück.«

In der Morgenfrühe des 2. September 1870 stand in Sedan der Wagen bereit, in dem Napoleon dem König Wilhelm entgegenfahren wollte. Am Tag zuvor hatte er ihm geschrieben: »Da es mir nicht vergönnt war, an der Spitze meiner Truppen zu sterben, bleibt mir nichts anderes übrig, als Ew. Majestät meinen Degen zu überreichen.« Nun trat er müde und gramvoll aus seinem Quartier hervor, ein gebrochener, verstörter Mann. Ein

Freiwilliger der Gardezuaven reichte ihm den Arm und half ihm beim Einsteigen. Als er die Wagentür schloß, sagte er treuherzig zum Kaiser: »Sire, ich folge Ew. Majestät bis nach St. Helena.«

Von der Jahrhundertwende bis 1933

Drei Monarchen

WILHELM II.

Am 27. Januar 1859 standen die Berliner zu Tausenden erwartungsvoll vor dem Schloß. Endlich schoß die Batterie im Lustgarten Salut und verkündete, daß dem Hause Hohenzollern ein Thronfolger geboren sei. Man erfuhr noch mehr; denn der General von Wrangel hatte ein Fenster geöffnet und rief der Menge jubelnd zu: »Kinder, es ist ein Prinz und ein strammer Rekrut dazu.« Aber zwei Tage nach der Geburt erwies es sich, daß Wrangel zu viel versprochen hatte. Der linke Arm des neuen Rekruten war verkümmert und machte ihn zu echtem Soldatendienst unfähig.

Kaum hatte Prinz Wilhelm sein Studium an der Universität Bonn beendet, sprach er den Wunsch aus, eine Orientreise unternehmen zu dürfen. Der alte Kaiser beschied ihn kurzerhand: »Du wirst Frontdienst in Potsdam versehen und Rekruten ausbilden. Das ist viel wichtiger als Reisen.«

Mit neunundzwanzig Jahren Kaiser geworden, verlangte Wilhelm II. danach, sich seiner Würde und seinem Selbstbewußtsein entsprechend zur Geltung zu bringen, doch überall stand ihm die Autorität Bismarcks im Wege. Nach der Entlassung des Fürsten konnte es keinen Zweifel geben, daß er selbst fortan die Regierungsgeschäfte führen würde. In der ihm eigenen Bildersprache verkündete er: »Das Amt des wachhabenden Offiziers ist mir zugefallen! Der Kurs bleibt der alte! Volldampf voraus!«

Unter den alten Linden und Kastanien im Garten der Reichskanzlei hatte Bismarck, ehe er nach Friedrichsruh übersiedelte, ein Gespräch mit seinem Nachfolger Caprivi. Dabei fragte er ihn, ob er den Geheimvertrag mit Rußland erneuern werde.

Caprivi antwortete: »Durchlaucht können mit fünf Bällen gleichzeitig spielen, während andere Leute guttun, sich auf einen oder zwei Bälle zu beschränken.«

Der Hauptmann Hermann Wissmann hatte in Deutsch-Ostafrika einen Araberaufstand niedergeworfen. Im Juni 1890 kehrte er nach Berlin zurück und erstattete dem Kaiser Bericht. »Den schnellen militärischen Erfolg habe ich vor allem der Tüchtigkeit meiner Offiziere zu verdanken«, versicherte er. Wilhelm II. unterbrach ihn: »Das sind meine Offiziere!«

Seit 1807 befand sich Helgoland in englischem Besitz. Der Kaiser aber legte großen Wert darauf, die Insel für Deutschland zu gewinnen, und tauschte sie ein gegen Sansibar, jenen wichtigen Handelsplatz, von dem die Afrikaner sagten: »Wenn man in Sansibar die Flöte spielt, fängt Afrika zu tanzen an.« Kein Wunder, daß damals die Engländer meinten, ein gutes Geschäft gemacht zu haben. So spottete Stanley: »Wir haben einen Hosenknopf hingegeben und dafür einen ganzen Anzug erhalten.«

Eines Tages erhielt der Kaiser die Mitteilung, daß er zum Admiral der britischen Flotte ernannt werden solle. Vor Freude darüber geriet er ganz außer sich, und entzückt rief er aus: »Welche Überraschung, sich vorzustellen, daß ich jetzt dieselbe Uniform trage wie Nelson! Das genügt, um mich ganz schwindlig zu machen.« Wenn er nun seinen Oheim Eduard VII. oder den englischen Botschafter empfing, legte er britische Admiralsuniform an.

Das »Krügertelegramm« vom Jahre 1896 rief in England einen Sturm der Entrüstung hervor. Die Offiziere der Royal Dragoons zerschnitten das Bild des Kaisers, das in ihrem Kasino hing, und warfen die Fetzen ins Feuer. Als im Jahre darauf Prinz Albrecht von Preußen nach London kam, um der Königin Victoria die Glückwünsche des Kaisers zu ihrem diamantenen Jubiläum zu überbringen, wurde ihm aus der Menge zugerufen: »Wenn Sie ein Telegramm an Krüger aufgeben wollen – das Postamt ist gerade um die Ecke.«

Im Boxeraufstand, beim Sturm auf die chinesischen Forts am Taku anno 1900, nötigten die Tapferkeit und die Entschlossenheit, mit der die Deutschen den Befehl: The Germans to the front! ausführten, dem Admiral Seymour volle Hochachtung ab. Er machte auch daraus kein Hehl und sagte anerkennend zu einem Waffengefährten: »Ihr Deutschen seid sehr vorangekommen.« Dann aber fügte er hinzu: »Ich wollte nur, ihr würdet uns das nicht immer unter die Nase reiben.«

Sobald der Kaiser erfuhr, daß die Königin Victoria schwer erkrankt sei und im Sterben liege, eilte er in größter Hast nach England, obwohl in Berlin schon alle Vorbereitungen zur Zweihundertjahrfeier der preußischen Krone getroffen waren. Er kam noch zur rechten Zeit, und so konnte die greise Königin in seinen Armen entschlafen. Daß er auch noch an den Bestattungsfeierlichkeiten teilnahm, machte tiefen Eindruck. Als er hinter dem Sarge herschritt, trat plötzlich ein Arbeiter aus der schweigenden Menge hervor, nahm die Mütze ab und sagte: »Thank you, Kaiser!« Er sprach gewissermaßen den Dank des ganzen englischen Volkes aus.

Wenn dem Kaiser darum zu tun war, konnte er mühelos die Menschen durch seinen natürlichen Charme bezaubern. Das gelang ihm sogar bei den Dänen, die noch immer über ihre Niederlage von 1864 gegen Preußen verstimmt waren. Als er einmal Kopenhagen besucht hatte, äußerte ein Däne: »Noch ein weiterer Tag, und wir hätten ihm die Pferde ausgespannt.«

Die Nachfolge des hochbetagten Fürsten Hohenlohe trat im Jahre 1900 Bernhard von Bülow an. Der Kaiser hatte von diesem gewandten Diplomaten und liebenswürdigen Plauderer eine so hohe Meinung, daß er schon geraume Zeit vor seiner Ernennung zum Reichskanzler das Wort fallen ließ: »Bülow soll mein Bismarck werden.«

Das jahrelange, grenzenlose Vertrauen des Kaisers zu Bülow endete mit der Veröffentlichung seines Interviews im »Daily Telegraph«, das er dem Reichskanzler zur Begutachtung vorgelegt, dieser aber unbeanstandet der Presse zugeleitet hatte. Der Kaiser fühlte sich verraten. Nach dem Rücktritt Bülows machte er bei einem Besuch des Königs von Württemberg seiner Empörung Luft. Er führte seinen Gast durch den Schloßpark. Plötzlich blieb er stehen, deutete auf einen Rasenplatz und brach in die Worte aus: »Hier habe ich das Luder weggejagt.«

Zu seinem Nachfolger hatte Bülow 1909 den Staatssekretär im Reichsamt des Innern, von Bethmann-Hollweg, vorgeschlagen. Fortan hatte der Kaiser statt mit einem geistreichen, schmiegsamen Causeur mit einem tiefernsten, etwas steifen und professoralen Kanzler zu tun, der nicht im entferntesten die gesellschaftlichen Talente Bülows besaß. So konnte das Wort aufkommen: »Bethmann ist Bülows Rache.«

Wenige Tage nach der Ernennung Bethmann-Hollwegs zum Reichskanzler traf Wilhelm II. den früheren Landwirtschaftsminister Podbielski beim Rennen im Grunewald und fragte ihn: »Nun, Pod, was sagen Sie zu meinem neuen Kanzler?« Podbielski strich sich nachdenklich den großen, weißen Schnurrbart. Dann antwortete er: »Ach, Majestät, det is en Idealist, und det sind die schlimmsten.«

James W. Gerard, im Herbst 1913 zum Botschafter in Berlin ernannt, begab sich in das Schloß, um sein Beglaubigungsschreiben zu überreichen. Den Eindruck, den er bei dieser Gelegenheit von Wilhelm II. empfing, faßte er in die Worte aus Shakespeares »King Lear« zusammen: »Jeder Zoll ein König.«

NIKOLAUS II.

Während der Krönungsfeier Nikolaus' II. in Moskau ereignete sich ein schreckliches Unglück. Auf dem Chodynkafeld, wo nach altem Brauch Geschenke an das Volk ausgeteilt werden sollten, brach eine Panik aus, die Tausenden das Leben kostete. Seitdem war der Zar mit düsteren Gedanken schwer belastet. Als später der Krieg mit Japan verlorenging und anschließend die Revolution ausbrach, äußerte er in tiefer Hoffnungslosigkeit: »Ich habe kein Glück. Mir gelingt nichts. Mein Namensheiliger ist Hiob.«

Mit Mühe ließ sich Nikolaus II. durch Graf Witte dazu bestimmen, Rußland eine aus Volkswahlen hervorgegangene, gesetzgebende Duma zu bewilligen anno 1905. Über diesen ersten Ansatz zu einem parlamentarischen System waren die Anhänger des alten autokratischen Zarismus entsetzt. Fürst Wiazemsky kleidete das in die Worte: »Das Beste, was wir den Tataren verdanken, ist die Knute. Außerdem hat es seinen guten Grund, daß Gott Sibirien vor die Pforten Rußlands gelagert hat.«

Unmittelbar vor Ausbruch des Krieges mit Japan – schon waren die diplomatischen Beziehungen abgebrochen – fand im Petersburger Winterpalais ein Hofball statt. Das Gespräch kam auf die Japaner. Da meinte der Zar mit seinem sanften Lächeln: »Sie werden es nicht wagen.« Sie wagten es, und zwar fast zu derselben Stunde, in der Nikolaus diese Worte sprach.

In dem Kriege gegen Japan zeigten hohe Offiziere oft eine verblüffende Unfähigkeit, selbständig Entscheidungen zu treffen. So fragte General Iwanow während der Schlacht am Schaho bei dem Oberbefehlshaber an: »Darf ich eine japanische Feldwache angreifen? Ich kann sonst die Positionen des Gegners nicht erkunden.«

Port Arthur, die stärkste russische Festung in Ostasien, hatte kapituliert. An dem Tage, an dem Nikolaus II. die Nachricht von dieser Katastrophe empfing, notierte er in seinem Tagebuch: »Einen langen Spaziergang gemacht, eine Krähe geschossen und auf der Gatschina gerudert.«

Während der Fahrt der Baltischen Flotte nach Ostasien kam es hier und da unter den Matrosen zur Verweigerung des Gehorsams. Schwere Disziplinarstrafen wurden verhängt, aber nicht vollstreckt, denn Admiral Roschestwenskij, überzeugt, daß die Flotte in den Tod fuhr, entschied: »Es lohnt sich nicht. Sie sind doch bestimmt, mit ihren Kameraden zu ersaufen.« Seine Voraussage erfüllte sich bei Tsushima.

Achtzehn Jahre war Franz Joseph alt, als sein Oheim Ferdinand im Sturmjahr 1848 abdankte und ihm die Krone überließ. Schon vom ersten Tage lastete auf dem neuen Herrscher eine erdrückende Fülle von verantwortlicher Arbeit, die er bis in sein hohes Alter hinein mit unablässiger Pflichttreue zu bewältigen sich bemühte. Rückblickend auf sein Leben seufzte er: »Meine Jugend ist mir gestohlen worden.«

Mitunter wurde Kaiser Franz Joseph sich bewußt, daß er bei all seinem Fleiß und all seiner Gewissenhaftigkeit nicht über die zahllosen Schwierigkeiten seiner Monarchie mit ihrem vielsprachigen Völkergemisch Herr werden konnte. Resigniert legte er einmal die Feder nieder und äußerte: »Ich habe das Faß der Danaiden zu füllen.« Aber schon eine Stunde später saß er wieder an seinem Schreibtisch, über die Akten gebeugt, und setzte seine Arbeit fort.

Als die Nachricht von der Niederlage der österreichischen Armee bei Solferino eintraf, meinte Kaiser Ferdinand, der seit seiner Abdankung in völliger Zurückgezogenheit zu Prag lebte, mit schmerzlicher Genugtuung: »Fortgejagt haben's mich, aber so hätt i's aa noch troffe.«

Zu den vielen Schicksalsschlägen im Leben Franz Josephs zählte auch die unebenbürtige Ehe, die der Thronfolger Franz Ferdinand mit der Gräfin Chotek schloß. Er befürchtete, daß daraus höchst bedenkliche staatsrechtliche Verwirrungen entstehen würden. In einer trüben Stunde anno 1906 malte er sich sogar den Untergang seiner Monarchie aus und meinte: »Gott läßt mich nur deshalb so lange leben, damit das Ende des uralten Reiches um einige Zeit hinausgeschoben werde. Nach meinem Tode wird es unvermeidbar kommen.«

Wenn Kaiser Franz Joseph in der Dokumentenmappe, die er täglich auf seinem Schreibtisch fand, irgendwelche Schriftsätze von der Hand Franz Ferdinands entdeckte, dann legte er sie nach flüchtiger Durchsicht rasch beiseite und murrte dabei: »Net zu glauben. Um dös kümmert er sich aa schon.« Franz Ferdinand andererseits klagte: »Ich muß warten und nichts erfahren, weniger als der letzte Hausknecht in Schönbrunn.«

Der Weltkrieg 1914–1918

Fast zwei Jahre vor Ausbruch des Weltkrieges nahm Großfürst Nikolai als Vertreter Rußlands an den französischen Manövern teil. Ehe er nach Petersburg zurückkehrte, wurde ihm zu Ehren ein Abschiedsdiner veranstaltet, bei dem er das Wort ergriff. Mit dem Sektkelch in der Hand rief er den französischen Offizieren zu: »Ich trinke auf unsere gemeinsamen Siege in der Zukunft! Auf Wiedersehen in Berlin, meine Herren!«

Zum Präsidenten der französischen Republik wurde im Februar 1913 der bisherige Ministerpräsident Poincaré gewählt. Zu den wenigen, die damals schon erkannten, welchen Kurs er steuern würde, zählte der Führer der Radikalen Partei, Clemenceau. Während des Wahlkampfes erklärte er: »Wenn Poincaré Präsident wird, gibt es Krieg.« Er brach auch alle Beziehungen zu ihm ab, indem er ihm schrieb: »Ich habe das Vergnügen, Ihnen mitzuteilen, daß ich Sie nicht mehr kenne.«

Nach der Beendigung der Manöver in Bosnien am 28. Juni 1914 fuhr Erzherzog Franz Ferdinand mit seiner Gemahlin durch die Straßen von Serajewo. Auf dem Appelkai wurde eine Bombe auf sein Auto geworfen, die aber nur zwei Offiziere seines Gefolges verletzte. Im Rathaus angekommen, mußte der Erzherzog anhören, wie ihn der Bürgermeister mit den Worten begrüßte: »Das Volk von Serajewo ist begeistert, Ew. Kaiserliche und Königliche Hoheit zu empfangen.« Das war ihm zu viel. Erregt brauste er auf: »Empfangen? Ja – mit Bomben.«

Am 25. Juli nachmittags verließ der österreichische Gesandte von Giesl Belgrad, weil Serbien das Ultimatum seiner Regierung nicht bedingungslos angenommen hatte. »Also doch«, meinte Kaiser Franz Joseph bei Erhalt dieser Nachricht, tröstete sich aber mit dem Gedanken: »Nun, der Abbruch der diplomatischen Beziehungen ist noch nicht der Krieg.« Und seinem Kabinettschef gegenüber äußerte er: »Berchtold versicherte mir, daß wir es mit Serbien allein zu tun haben, und er muß es doch wissen.«

Kaiser Wilhelm II. neigte dazu, die großen politischen Entscheidungen als eine persönliche Angelegenheit zwischen den Monarchen zu betrachten. So am 29. Juli, als sein Bruder Prinz Heinrich aus England zurückkehrte und ihm meldete, König Georg V. werde in einem Kriege neutral bleiben. Großadmiral von Tirpitz war zugegen und erlaubte sich, an der Richtigkeit dieser Mitteilung Zweifel zu äußern. Aber der Kaiser erklärte: »Ich habe das Wort eines Königs. Das genügt mir.«

Niemand leistete in Frankreich dem drohenden Unheil eines Weltbrandes so leidenschaftlich Widerstand wie der Sozialistenführer Jaurès. Sein Haß galt namentlich dem russischen Botschafter in Paris, Iswolski, der alles daran setzte, Frankreich in den Krieg hineinzuziehen. Am 31. Juli begab sich Jaurès zum Staatssekretär Abel Ferry, um ihm eindringlich nahezulegen, sich nicht mit Rußland einzulassen. Da trat Iswolski aus dem Ministerzimmer heraus. Bei seinem Anblick schäumte Jaurès über, und mit lauter Stimme rief er: »Da ist der Kriegshetzer.« Das war abends gegen sieben Uhr. Zwei Stunden später wurde Jaurès im Café Croissant niedergeknallt.

In qualvoller Gewissensnot hatte Zar Nikolaus die Gesamtmobilmachung widerrufen und dafür die Teilmobilmachung befohlen. Das aber war nicht im Sinne der Kriegspartei. Außenminister Sasanow unternahm es, den Zaren umzustimmen. Als er sich zur Audienz begab, bat ihn Generalstabschef Januschkewitsch, erbittert über die schwankende Haltung des Monarchen, um telefonische Nachricht, sobald er die Gesamtmobilmachung durchgesetzt habe. »Ich werde dann«, fügte er hinzu, »mein Telefon zerschlagen und alle Maßnahmen ergreifen, damit es auf keine Weise möglich wird, mich aufzufinden und mir entgegengesetzte Befehle zu übermitteln.«

Englands Botschafter in Berlin, Sir Edward Goschen, überbrachte dem Reichskanzler das britische Ultimatum. Bethmann-Hollweg, seit Tagen überreizt und maßlos erregt, empfing ihn mit heftigen Klagen und Vorwürfen. »Seit fünf Jahren«, stieß er zornig hervor, »habe ich Versöhnungspolitik getrieben. Nun ist sie zusammengebrochen wie ein Kartenhaus.« Und als Sir Edward auf die Verletzung des belgischen Neutralitätsvertrages von 1839 hinwies, da vergaß er alle Besonnenheit und rief in heller Empörung: »Was ist ein Fetzen Papier im Vergleich zu dem furchtbaren Ereignis eines deutsch-englischen Krieges!« Nach der Unterredung ging Bethmann noch lange wie ein wütender Bär im Zimmer auf und ab und sagte: »Ich habe kein Blatt vor den Mund genommen.«

Am Abend des 4. August erwartete man in London die Antwort auf das britische Ultimatum. Der Premierminister Asquith und Staatssekretär Sir Edward Grey befanden sich in ihrem Amtssitz Downingstreet 10 und lauschten hinaus in die warme Sommernacht. Da verkündete Big Ben mit seinen tiefen Schlägen elf Uhr. Die Frist, die man Deutschland gestellt hatte, war abgelaufen. Als das Geläut verhallt war, trat Grey an das Fenster und sah die Lichter der Stadt langsam verlöschen, eines nach dem andern. Lange stand er so in ernstem Schweigen. Dann drehte er sich um und sagte zu Asquith: »In diesem Augenblick gehen in ganz Europa die Lichter aus, wir alle werden sie in unserm Leben nie wieder leuchten sehen.«

Fürst Bülow, der sich zur Zeit der bosnischen Krise 1908 in »Nibelungentreue« entschlossen an die Seite Österreichs gestellt hatte, weilte gerade in Hamburg im Hotel Atlantik, als ihm die Kriegserklärung Englands telegrafisch mitgeteilt wurde. Erschüttert brach er in die Worte aus: »Das wird der Nibelunge Not.«

Nach der Flut von Kriegserklärungen hinüber und herüber empfanden es die Berliner als einen Trost und als eine Pflicht, sich um den Kaiser zu scharen. Zu Tausenden drängten sie sich die Linden entlang zum Schloß. Nach kurzem Warten trat Wilhelm II., gekleidet in Feldgrau, auf den Balkon. Schwer lastete auf ihm der Ernst der Stunde, und seine Stimme bebte vor innerer Ergriffenheit, als ihm sein frommer Glaube die Worte in den Mund legte: »Ich empfehle euch Gott. Geht in die Kirchen, kniet nieder und betet um Hilfe für unsere Soldaten!«

Beim Ausbruch des Krieges stiegen vor Franz Joseph die düsteren Bilder aus den verlorenen Feldzügen von 1859 und 1866 auf. Schlimmer als je bedrückte ihn der Gedanke, daß Österreich auch in diesem Waffengange unterliegen werde und daß damit sein Schicksal besiegelt sei. Tief bewegt sagte er zu dem Chef des Generalstabes Conrad von Hötzendorf: »Wenn die Monarchie schon zugrunde gehen muß, so soll sie wenigstens anständig zugrunde gehen.« Danach machte er sich wieder an die Arbeit und versah sein Tagwerk mit der Genauigkeit einer Uhr.

In der ersten Sitzung des deutschen Reichstages nach Kriegsausbruch kam die Frage der Kriegskredite zur Erörterung. Unter der größten Spannung des Hauses erhob sich der Fraktionsführer der Sozialdemokraten, Hugo Haase. »Wir machen wahr«, rief er aus, »was wir immer betont haben. Wir lassen in der Stunde der Gefahr das Vaterland nicht im Stich.« Tosender Beifall auf allen Seiten des Reichstages folgte diesen Worten.

In jenen Augusttagen 1914, als die Geschütze in Ost und West losdonnerten und Millionen von Menschen angstvoll dem Schreiten des Kriegsgottes lauschten, gab es wenigstens einen wahrhaft zufriedenen und glücklichen Menschen – den russischen Botschafter in Paris, Iswolski. Seit der Annexion Bosniens, bei der er sich von Österreich übertölpelt fühlte, hatte er unablässig gegen die Habsburgische Monarchie gewühlt. Nun endlich sah er die Stunde seiner Rache gekommen, und triumphierend verkündete er: »Der Vater dieses Krieges bin ich.«

In stürmischem Siegeslauf drangen die deutschen Heere bis zur Marne vor. Plötzlich ordnete Oberstleutnant Hentsch im Namen des Generalstabschefs von Moltke den Rückzug an. Damit brach der ganze Plan, auf dem der Feldzug im Westen aufgebaut war, zusammen. Das war mehr, als die zerrütteten Nerven Moltkes ertragen konnten. In heller Verzweiflung eilte er zum Kaiser und meldete: »Majestät, wir haben den Krieg verloren.« Die Antwort war seine Entlassung.

Lord Kitchener wurde am 6. August 1914 zum Kriegsminister ernannt. Beim Einblick in die Akten rief er erregt aus: »Aber es ist ja gar keine Armee da!« Die sechs Divisionen, die in diesen Tagen nach Frankreich abgehen sollten, zählten für ihn nicht, weil er in ganz anderen Maßstäben dachte. Das zeigte sich auf der ersten Sitzung des Kabinetts, als er zum größten Erstaunen der Minister, die wie alle Welt mit einem Kriege von kurzer Dauer rechneten, erklärte: »Wir müssen uns darauf vorbereiten, Millionenheere ins Feld zu stellen, und sie mehrere Jahre hindurch zu unterhalten. Auf keine andere Weise können wir unsere Pflichten unseren Verbündeten gegenüber erfüllen.« Ungläubig und in tiefstem Schweigen hörte das Kabinett diese Worte an.

Die Idee Kitcheners, Millionen zur Fahne einzuziehen, wurde selbst von den höchsten englischen Generalen für Phantasterei gehalten. So von Feldmarschall Sir Henry Wilson. »Diese lächerliche, dumme Schattenarmee Kitcheners«, schrieb er, »bestimmt für schattenhafte Feldzüge zu unbekannten, fernen Zielen ist für jeden Soldaten Europas das Zielblatt des Spottes. Die jetzt zur Aushebung gelangenden Haufen ohne Offiziere, ohne Geschütze, Gewehre und Uniformen, ohne Schießstätten und Übungsplätze, ohne Nachhut und Troß, ohne Moral und Tradition können vor zwei Jahren nicht ins Feld gestellt werden. Aber was nützen sie dann?«

Anfänglich war in England weithin die Auffassung verbreitet, daß dieser Krieg im wesentlichen das gleiche Gesicht tragen werde wie alle früheren. Eine starke Flotte auf See, die das Inselreich vor jedem Angriff schützt. Ein kleines Hilfsheer von altgedienten Berufssoldaten auf dem Kontinent. Im übrigen aber als Wichtigstes Beschaffung von Geldern und Material für die Bundesgenossen und die Aussicht auf reichen Gewinn. Aber bald begann man sich in der City von London zu sorgen, es könne diesmal doch anders kommen. Solchen Befürchtungen trat am 9. November 1914 Churchill in der Guildhall entgegen. Mit erhobener Stimme versicherte er seinen Zuhörern: »Dieser Krieg ist ein Geschäft wie gewöhnlich.«

Am 22. August gegen neun Uhr abends verließ ein Sonderzug das Kaiserliche Hauptquartier zu Koblenz. In rasender Eile jagte er durch die Nacht, um schnellstens General Ludendorff nach Ostpreußen zu bringen, wo durch das Vordringen der Russen eine äußerst bedenkliche Lage entstanden war. In seiner Tasche trug Ludendorff ein Telegramm, in dem ihm ein pensionierter General in Hannover mitteilte, daß er, einem Befehl des Kaisers entsprechend, bereit sei, den Oberbefehl in Ostpreußen zu übernehmen. Um drei Uhr früh hielt der Zug in Hannover. Mit frischem, elastischem Schritt stieg Ludendorff aus und trat an einen großen, breitschultrigen Herrn heran, der dort in der menschenleeren, mäßig beleuchteten Bahnhofshalle wartend stand – Hindenburg. Beide Männer sahen sich zum erstenmal in ihrem Leben. Ein schriller Pfiff der Lokomotive, das Abfahrtssignal, und weiter jagte der Zug – nach Tannenberg.

Durch den Sieg bei Tannenberg gewann Hindenburg das grenzenlose Vertrauen und die heiße Liebe des deutschen Volkes. Plötzlich wußte man über ihn, den bis dahin völlig Unbekannten, Geschichten über Geschichten zu erzählen. Von Großfürst Nikolai, so ging es von Mund zu Mund, sei auf seinen Kopf ein Preis von einer halben Million Rubel ausgesetzt worden. Hindenburg habe dazu gelächelt und gesagt: »Für seinen Kopf gebe ich keine fünf Groschen.« Auf die Frage, ob er die russischen Generale gut kenne, soll er geantwortet haben: »Nein, ich kenne sie alle nur – flüchtig.« Jemand wollte wissen, was er tue, wenn er nervös werde. Die Antwort lautete: »Dann pfeife ich.« – »Aber man hat Sie noch nie pfeifen hören, Exzellenz.« – »Ja, ich werde auch nicht nervös.« Als wieder einmal ein Bildhauer zu ihm kam und bewundernd meinte, er habe einen Kopf wie aus Marmor gehauen, knurrte er: »Seltsam, vor Tannenberg hat das niemand bemerkt.«

Viele Jahre nach Tannenberg, als Hindenburg schon Reichspräsident war, wurde er gefragt, wer eigentlich die Schlacht gewonnen habe, er oder Ludendorff. Gelassen erwiderte der alte Herr: »Das weiß ich nicht. Aber wenn wir die Schlacht verloren hätten, dann hätte ich sie verloren.«

KRIEGSJAHR 1915

Dem Premierminister Asquith zu Ehren, der das englische Hauptquartier zu St. Omer besuchte, gab Sir John French am 2. Juni 1915 ein Diner. Asquith, schon seit geraumer Zeit mit den Leistungen seiner Generale unzufrieden, ließ seinem Unmut freien Lauf. »Es ist doch seltsam«, sagte er mürrisch zu seinem Gastgeber, »daß der Krieg keinen großen Feldherrn hervorgebracht hat.« An der ganzen Tafel spitzte man die Ohren und wartete auf eine Erwiderung Sir Johns. Der aber schwieg. Da sprang Marschall Wilson in die Bresche. »Ebenso merkwürdig ist es«, schoß es aus ihm heraus, »daß der Krieg auch keinen großen Staatsmann hervorgebracht hat.«

Der österreichische Außenminister Berchtold hatte sich in den Julitagen 1914 dem Glauben hingegeben, der Konflikt mit Serbien könne örtlich begrenzt werden. Obwohl sich bald herausstellte, daß er einem furchtbaren Irrtum erlegen war, konnte er sich im Amt halten, bis endlich der ungarische Ministerpräsident Tisza eingriff. Im Vorzimmer des Kaisers stieß er auf Berchtold. Unverblümt erklärte er ihm, er werde bei Franz Joseph auf seine Entlassung dringen, weil seine politischen Fähigkeiten nicht ausreichten. Zu seiner Überraschung erwiderte ihm Berchtold leichthin: »Aber bitt schön, sag's ihm nur! Ich sag's ihm schon lang, aber mir glaubt er's net.«

Am Vorabend der Durchbruchsschlacht von Gorlice begab sich Oberst von Seeckt, Stabschef der Armee Mackensen, in die vorderen Schützengräben, um sich persönlich zu überzeugen, ob alle Befehle für den nächsten Morgen richtig durchgedrungen seien. Er sprach mit den Mannschaften und kam schließlich auch zu einem Berliner. Dieser antwortete auf seine Frage kurz und bündig: »Jawoll, ick jreife an.«

Im Sommer 1915, nach dem Zusammenbruch der russischen Front von den Karpathen bis Memel, bei dem Hunderttausende fielen und abermals Hunderttausende in Gefangenschaft gerieten, fühlte ein englischer General das Bedürfnis, dem Kriegsminister Suchomlinow sein tiefstes Bedauern über die schweren Verluste an Menschen auszusprechen. Verständnislos blickte ihn der Minister an. »Menschen«, besann er sich, »Menschen? Aber das ist doch das einzige, woran wir Überfluß haben.«

Die französische Regierung hatte den Entschluß gefaßt, sich an dem von Churchill vorgeschlagenen Unternehmen gegen die Dardanellen zu beteiligen und dafür Truppen zur Verfügung zu stellen. Mit leidenschaftlichen Worten setzte sich der Oberbefehlshaber Joffre dagegen zur Wehr. »Nicht einen einzigen Mann«, so erklärte er, »kann ich bei der Verteidigung Frankreichs entbehren.« – »Sie werden trotzdem dem Befehl gehorchen«, herrschte ihn Poincaré an. Joffre erwiderte: »Herr Präsident, wenn Sie mir befehlen, in den Schützengraben zu gehen und mich erschießen zu lassen, werde ich gehorchen. Wenn Sie mir aber befehlen, das Herz Frankreichs zu entblößen, werde ich den Gehorsam verweigern.«

Zu einer Zeit, als der Mißerfolg der Alliierten vor den Dardanellen sich schon sichtbar abzeichnete, Kitchener aber noch nicht den Entschluß zum Abbruch der Schlacht fassen konnte, stellte ihm Feldmarschall Wilson höhnisch die Frage: »Haben Sie etwa die Absicht, in Konstantinopel einzuziehen?« Kitchener fuhr auf: »Bei Gott, nein! Ich habe mich bei dieser Geschichte von Churchill hineinlegen lassen. Nun will ich aus der Patsche heraus, sobald ich kann.«

Im Frühjahr wurde Stürmer zum russischen Ministerpräsidenten ernannt. Der französische Botschafter machte bei ihm seine Aufwartung. Dabei bemerkte er, daß die Wände des Arbeitszimmers mit Stichen geschmückt waren, die den Wiener, den Pariser und den Berliner Kongreß darstellten. »Sie haben sich mit sehr vielsagenden Bildern umgeben«, sagte der Botschafter. »Ja, aber das Interessanteste ist Ihnen entgangen«, erwiderte Stürmer. »Sehen Sie diese leere Stelle? Die halte ich frei für das Bild des nächsten Kongresses, der, so Gott will, der Moskauer Kongreß heißen wird.« Nach zwei Monaten war Stürmer entlassen.

Der Zar beherrschte die deutsche Sprache recht gut, aber als ihm Hofmarschall Graf Fredericks einen Brief vorlesen wollte, der ihm aus Berlin zugegangen war und der eine Möglichkeit zum Frieden aufwies, wehrte er ab: »Übersetzen Sie das ins Russische. Ich verstehe kein Wort Deutsch mehr.«

Prinz Kotohito kam aus Tokio zu Besuch nach Petrograd. Auf Befehl der Polizei wurden alle Straßen mit russischen und japanischen Flaggen geschmückt. Ein Mushik schüttelte darüber den Kopf und meinte: »Da habe ich nun in der Mandschurei gegen die Japaner gekämpft und bei Mukden eine Kugel abgekriegt. Jetzt errichtet man ihnen Ehrenpforten. In einigen Jahren wird dasselbe sein mit den Deutschen. Also wozu läßt man Tausende und Abertausende niederschießen, wenn es ebenso enden wird wie mit Japan?«

Der französische Botschafter Paleologue fürchtete den Einfluß Rasputins auf den Zaren. Er regte deshalb an, den allmächtigen Mönch mit einer bedeutenden Summe zu bestechen und ihn dadurch für die Kriegspartei zu gewinnen. »Unmöglich«, erklärte man ihm, »Rasputin läßt sich nicht kaufen.«

Rasputin, der dem Zaren dringend geraten hatte, Frieden zu schließen, damit das vergossene Blut nicht auf ihn zurückspritze, war der Kriegspartei, insbesondere dem Großfürsten Nikolai, tödlich verhaßt. Als er nun die Absicht merken ließ, den Großfürsten in seinem Hauptquartier zu besuchen, erhielt er von ihm die Antwort: »Ich habe nichts dagegen, wenn Sie kommen. Um so leichter kann ich Sie dann hängen lassen.« Der Großfürst wurde seines Kommandos enthoben und in den Kaukasus abgeschoben.

Es half dem Zaren nichts, daß er bei jeder Gelegenheit seine Abneigung gegen Deutschland betonte. Er war und blieb verdächtig, weil in seinen Adern viel deutsches Blut floß. Als es einst in einem Gespräch zwischen Altrussen nicht ganz klar wurde, ob von ihm oder dem Großfürsten Nikolaus die Rede war, fragte man den Sprecher: »Welchen Nikolaus meinen Sie?« »Natürlich den Großfürsten. Der andere ist doch ein Deutscher.«

Ein Teil der italienischen Front war eingedrückt worden. Cadorna gab sofort Befehl, die verlorengegangene Stellung zurückzuerobern. Aber der Divisionär, der hier das Kommando führte, wollte nicht recht heran. »Die Leute sind müde«, entschuldigte er sich. Darauf Cadorna: »Die Feinde sind noch müder.« Der Angriff wurde durchgeführt und hatte vollen Erfolg.

Seine letzten Lebensjahre verbrachte Kaiser Franz Joseph zurückgezogen und unsichtbar für die Öffentlichkeit, aber nach wie vor erledigte er die laufenden Regierungsgeschäfte mit der Pünktlichkeit einer Uhr. Im November erkrankte er an Bronchitis. Seine Ärzte rieten ihm dringend Bettruhe an. Geraume Zeit sträubte er sich dagegen, weil er, wie er sagte, keine Zeit dazu habe. Als er sich endlich niederlegte, gab er seinem Kammerdiener Ketterl den Auftrag: »Bitte, mich morgen früh um halb vier zu wecken! Ich bin mit meiner Arbeit noch nicht fertig geworden.« Am nächsten Vormittag entschlief er, sechsundachtzig Jahre alt, pflichttreu bis zu seinem letzten Atemzuge.

KRIEGSJAHR 1917

Um über die Wirkung des U-Bootkrieges Einzelheiten zu erfahren, erschien im April der amerikanische Admiral Sims in London. Dort hörte er Dinge, die ihn geradezu bestürzten. Er machte daraus auch kein Hehl. »Ja«, sagte Jellicoe zu ihm so ruhig, als wenn man über das Wetter spräche und nicht über die Zukunft des britischen Reiches, »es ist unmöglich für uns, den Krieg fortzuführen, wenn diese Verluste anhalten.« – »Gibt es eine Lösung des Problems?« fragte Sims. »Ganz und gar keine«, entgegnete Jellicoe, »soweit wir bis jetzt erkennen können.« Es war die schwerste Stunde in der Geschichte Englands.

Der Besatzung an Bord eines Zeppelins war wegen der feuergefährlichen Gasfüllung das Rauchen streng verboten. Nun geschah es, daß ein Luftschiff über England abgeschossen wurde. In Flammen gehüllt schoß es jählings in die Tiefe. Da gab der Kommandant, so erzählte man, seinen letzten Befehl. Er lautete: »Von jetzt ab darf geraucht werden.«

König Victor Emanuel III. pflegte oft die Lazarette aufzusuchen und mit den Verwundeten zu sprechen. So trat er im März 1917 an das Bett eines Soldaten, der durch einen Rohrkrepierer verletzt worden war. Der markige, eckige Kopf, die energischen Züge dieses Mannes fielen ihm auf. Lange betrachtete er ihn mit großem Interesse. Schließlich wandte er sich zum Gehen und bemerkte dabei zu seinem Adjutanten: »Ein Mensch, der seinen Weg machen wird.« Der Verwundete war – Mussolini.

Durch die Hungerrevolten in Petrograd beunruhigt, bat die Zarin Alexandra ihren Gatten, nach Zarskoje Selo zu kommen. Nikolaus entsprach ihrem Wunsche und verließ sein Hauptquartier. Unterwegs aber wurde sein Zug angehalten, und man teilte ihm mit, daß die Revolutionäre die Macht an sich gerissen und Zarskoje Selo besetzt hätten. Er war darüber sehr erstaunt, faßte sich aber schnell und sprach mit seinem gewohnten Gleichmut: »Nun gut, wenn das so ist, werde ich gern abdanken und mich nach Livadia zurückziehen. Ich habe Blumen so gern.«

Bei den Verhandlungen mit den Sowjets in Brest-Litowsk kam es zwischen Generalmajor Hoffmann und dem russischen Admiral Altvater zu einem Gespräch unter vier Augen. Altvater berichtete, welche ungeheure Wirkung die bolschewistische Propaganda auf die Mannschaften ausübe. »Ich warne Sie«, fügte er hinzu, »wenn diese Propaganda zu wirken anfängt, wird es dem deutschen Heer nicht anders als dem russischen ergehen.« Hoffmann lachte laut auf.

Überläufer hatten das italienische Oberkommando davon unterrichtet, daß im Oktober eine Offensive österreichischer und deutscher Streitkräfte bevorstehe. »Wir sind gut gerüstet und auf alles vorbereitet«, versicherte General Cadorna, »es ist nichts zu befürchten.« Einer seiner Divisionäre überbot ihn noch, indem er stolz erklärte: »Mögen sie kommen, die Sprößlinge Armins! Sie werden nicht mehr die Legionen eines Varus vorfinden.« Wenige Tage später brach die italienische Front unter unvergleichlich schwereren Verlusten als in der Teutoburger Schlacht zusammen.

Mit Clemenceau trat im November ein Mann an die Spitze der französischen Regierung, der in der Wahl seiner Mittel keine Bedenken kannte. Schon vor Ausbruch des Krieges hatte Jaurès ihm deshalb Vorwürfe gemacht. Als er ihm aber auch noch Ratschläge erteilen wollte, fauchte ihn der »Tiger« an: »Sie sind nicht der liebe Gott.« Worauf Jaurès ihm erwiderte: »Und Sie nicht der Teufel.« Nachdenklich fragte Clemenceau zurück: »Woher wollen Sie das so bestimmt wissen?«

KRIEGSJAHR 1918

Keinen von den deutschen Kampffliegern fürchteten die Engländer mehr als den jungen Manfred Freiherrn von Richthofen. Schon an die sechzig Flugzeuge hatte er ihnen abgeschossen. Da versprachen sie demjenigen, der ihn zum Absturz bringen würde, eine hohe Belohnung. Richthofen erfuhr davon. Sofort teilte er seinen Gegnern durch Flugzettel mit, er werde seinen Apparat grellrot anstreichen lassen, damit sie ihn mühelos erkennen könnten. Als er am nächsten Morgen aus dem Hangar heraustrat, funkelten alle Flugzeuge seiner Staffel in grellroter Farbe. Einer für alle, alle für einen.

Zum zweiten Male erreichten die Deutschen die Marne. In Paris entstand eine Panik. Überall wurden heftige Vorwürfe laut. So beängstigend war die Lage, daß Clemenceau am 3. Juni ein Telegramm an die Vereinigten Staaten richtete und dringend um Hilfe bat. Aber sein Wille zum Durchhalten blieb ungebrochen. Am 4. Juni trat er vor die Kammer und rief den Deputierten mit hinreißender Leidenschaft zu: »Ich schlage mich vor Paris, ich schlage mich in Paris, ich werde mich hinter Paris schlagen. Ich will, wenn es not tut, bis zu den Pyrenäen kämpfen.«

Bei einem Besuch, den der britische Feldmarschall Wilson Clemenceau abstattete, brachte er seine Bewunderung für den unbeirrten Siegeswillen des Sechsundsiebzigjährigen mit den Worten zum Ausdruck: »Tiger, Sie sind wirklich ein prächtiger, alter Knabe.« Erstaunt blickte Clemenceau auf und fragte: »Wieso alt?«

Im Herbst überstürzten sich die Ereignisse im Kaiserlichen Hauptquartier zu Spa. Reichskanzler von Hertling trat am 29. September zurück, und Ludendorff verlangte, daß unverzüglich ein Nachfolger ernannt würde, der Waffenstillstand und Frieden anbieten sollte. »Heute«, so begründete er sein Drängen, »hält die Truppe noch, aber es ist nicht vorauszusehen, was morgen geschehen kann.« Der 30. September verging, ohne daß eine Entscheidung fiel. Es gab Schwierigkeiten, die nicht innerhalb von vierundzwanzig Stunden zu beheben waren. Einer solchen Geduldsprobe hielten die Nerven Ludendorffs nicht stand. Unangemeldet trat er beim Kaiser ein und fragte erregt: »Ist die neue Regierung noch nicht gebildet?« Wilhelm begehrte auf: »Ich kann doch nicht zaubern«, grollte er.

Der Kaiser äußerte den Wunsch, zwei Generale von der Front kommen zu lassen, um aus ihrem Munde zu hören, wie es mit der Widerstandskraft des Heeres bestellt war. Ludendorff lehnte das entrüstet ab und bat um seinen Abschied. Rasch erwiderte der Kaiser: »Gern, Sie erleichtern mir durch solche Bitte meine Stellung.« Aber als Hindenburg erklärte: »Wenn Ludendorff geht, dann muß ich auch gehen«, bat ihn der Kaiser dringend, das deutsche Volk in dieser Notzeit nicht im Stich zu lassen. Darauf Hindenburg: »Wenn Ew. Majestät befehlen, bleibe ich.«

Die Geschäfte des Auswärtigen Amtes übernahm Dr. Solf. Es war gerade während einer Besprechung mit dem sozialdemokratischen Reichstagsabgeordneten Noske, als eine Note des Präsidenten Wilson einlief. Noske bemerkte, wie das Gesicht Solfs sich bei der Lektüre mehr und mehr verfinsterte. Dann las auch er. »Die Note ist gar nicht so schlimm«, meinte er schließlich, »wenn der Kaiser geht, kriegen wir einen guten Frieden.«

Am 9. November trafen neununddreißig höhere Frontoffiziere in Spa ein. Sie waren herbeigerufen worden und sollten darüber aussagen, ob die Armee dem Kaiser die Treue halten und unter seiner Führung gegen die Revolution in der Heimat kämpfen würde. Sobald der Stabschef der Armee, Kronprinz Graf von der Schulenburg, davon erfuhr, eilte er zu dem Generaladjutanten des Kaisers, von Plessen, und schrie ihn an: »Seid ihr denn alle verrückt geworden?«

Der Kaiser wollte nicht glauben, daß seine Soldaten ihm, dem Obersten Kriegsherrn, den Gehorsam verweigern würden, wenn er den Befehl gab, gegen die Heimat zu fechten. »Sie haben mir den Fahneneid geschworen«, rief er, »sie müssen zu mir stehen.« Schulenburg wiederholte das gleiche Argument bei einer Beratung mit General Groener, dem Nachfolger Ludendorffs. Groener aber, von der Hoffnungslosigkeit der Lage überzeugt, versetzte: »Kriegsherr und Fahneneid sind jetzt nur noch bloße Ideen.«

Lenin

Wegen Teilnahme an einem großen Streik wurde Lenin 1898 zur Verbannung nach Sibirien verurteilt. Dort gewann er unter seinen Schicksalsgenossen Freunde und Anhänger. Eines Tages führte er sie auf einen Berg. Vor ihnen lag die weite Steppe, und fern im Süden ragten die vereisten Gipfel der mongolischen Berge. Lenin stellte die Frage: »Wer oder was, meint ihr wohl, ist die größte Macht auf Erden?« Man riet hin und her, nannte diesen und jenen Monarchen, diese und jene Armee, aber Lenin verkündete: »Die größte Macht ist die Vernunft. Für sie gibt es keine Hindernisse. Sie überwindet alles.«

Auf dem Parteitag der russischen Sozialisten in London 1903 trat Lenin durch den Radikalismus seiner Ideen und durch die Leidenschaft, mit der er seine Sache führte, stark hervor. Er konnte zwar seine Gegner nicht überzeugen – die Verhandlungen endeten mit der Spaltung der Partei in die beiden Gruppen der Bolschewiki und der Menschewiki –, aber der alterfahrene Revolutionär Plechanow, der Lenin aufmerksam beobachtet hatte, bemerkte: »Lenin – das ist der Teig, aus dem die Robespierres gebacken werden.«

Während der Kämpfe in Petersburg am 7. November 1917 hielt sich Lenin in einem kleinen Zimmer des Smolny Instituts auf, fragte aber jede Minute nach dem Stand der Dinge. In fieberhafter Erwartung lag er die Nacht hindurch auf seinem Lager. Umsonst jeder Versuch, ein wenig zu schlafen. Endlich kam die Nachricht, daß der bisherige Ministerpräsident Kerenski geflohen und das Winterpalais erobert sei. Lenin fuhr hoch. Er wurde kreidebleich. »Der Übergang ist zu schroff«, entschuldigte er sich, Atem schöpfend, »gestern noch illegal und umhergetrieben. Jetzt plötzlich an der Macht. Mich schwindelt.«

Nach dem Siege in Petersburg rief Lenin die Mitglieder des Centralkomités zusammen und kündigte ihnen an, daß sofort eine Regierung gebildet werden müsse. Aber welchen Titel sollten die neuen Machthaber tragen? »Nur nicht Minister«, knurrte Lenin, »das ist ein widerlicher, abgenutzter Name.« – »Dann Kommissare oder Volkskommissare«, schlug Trotzki vor. »Ja, das könnte gehen«, stimmte Lenin zu. »Aber die Regierung in ihrer Gesamtheit?« – »Sowjet, natürlich Sowjet, Sowjet der Volkskommissare«, nickte Lenin, »ausgezeichnet. Das riecht furchtbar nach Revolution.«

Im ersten Glückstaumel ihrer Erfolge versprachen bolschewistische Funktionäre dem Volke die Abschaffung der Todesstrafe und der Verbannung. »Fort mit allen Methoden zaristischer Gewalt«, schrien sie auf den Versammlungen den Arbeitern und Soldatenräten zu. Lenin hörte davon und war entsetzt. »Das ist Unsinn«, erklärte er, »wie wollt ihr mit euren Feinden fertig werden, wenn ihr euch entwaffnet? Wie wollt ihr regieren? Mit Gefängnishaft? Im Bürgerkrieg, wo jede Partei auf Sieg hofft, schert sich kein Mensch um Gefängnishaft.«

An der Spitze seiner lettischen Leibgarde betrat Lenin die Kathedrale in der Peter- und Paulsfestung, in der seit alters her die Zaren ihre letzte Ruhe fanden. Die Sarkophage waren erbrochen und die Leichen geschändet. Nachdenklich blickte Lenin auf die zerstreuten Knochen und die zerfetzten Gewänder. »Von all diesen Zaren«, sagte er, »schätze ich nur zwei, Iwan den Schrecklichen und Peter I. Sie haben die Bojaren und Popen gründlich zur Ader gelassen.«

Lenin wurde darauf aufmerksam gemacht, daß seine ausschweifenden Ideen sich nicht mit der Wirklichkeit vertrügen. Kühl antwortete er: »Um so schlimmer für die Wirklichkeit.«

Von Zeit zu Zeit ließ Lenin sich allerlei eingegangene Bittschriften und Beschwerden vorlesen. Einmal klagte ein Bauer, die Sowjetmacht sei schlimmer als die zaristische. »Schlimmer als die zaristische?« wiederholte Lenin und lachte dabei mit zugekniffenem Auge.

Durch Krieg und Revolution war das russische Transportwesen in Verfall geraten. Mehr als die Hälfte aller Lokomotiven stand im Herbst 1919 auf den Abstellbahnhöfen, zu nichts mehr tauglich als zur Verschrottung. »In Kürze«, sagte der Ingenieur Lomonossow bei einem Vortrag vor dem Obersten Sowjet, »werden es 75% sein. Dann erfolgt der gänzliche Zusammenbruch.« – »Was kann man dagegen tun?« fragte Lenin. »Nur ein Wunder kann helfen«, erwiderte Lomonossow, »aber es gibt keine Wunder.« Alle Zuhörer schwiegen, aufs äußerste bestürzt über diese Auskunft. Erst nach geraumer Zeit nahm Lenin das Wort. Zwischen zusammengebissenen Zähnen stieß er hervor: »Wir wollen trotzdem versuchen, ein Wunder zu tun.«

Im Jahre 1921 ging General Ali Fuad Pascha als Botschafter der Türkei nach Moskau. Lenin empfing ihn und sprach dabei viel über seine Pläne. »Für die kommende Weltrevolution«, meinte er, »sind die Deutschen viel brauchbarer als die Russen, deren Bekehrung lange Zeit erfordern wird. Die Deutschen sind ein Volk mit Grundsätzen, und wenn sie einmal eine Idee erfaßt haben, bleiben sie von ihrer Wahrheit überzeugt. Sobald sie die bolschewistische Doktrin akzeptiert haben, werde ich mein Hauptquartier von Moskau nach Berlin verlegen.«

Die Weimarer Republik

Vor dem Reichstagsgebäude in Berlin hatte sich am 9. November 1918 nachmittags eine unübersehbare Menschenmenge versammelt. Inmitten der Flut von Nachrichten, die stündlich einliefen und einander widersprachen, wollte man wissen, ob eine Entscheidung gefallen sei. Plötzlich zeigte sich an einem Fenster der sozialdemokratische Abgeordnete Scheidemann, öffnete und schwang sich auf die Brüstung. Hingerissen von der Größe des Augenblicks, da gewissermaßen Berlin, ja Deutschland auf ihn schaute, rief er in höchster, ungezügelter Erregung: »Der Kaiser hat abgedankt! Das Volk hat auf der ganzen Linie gesiegt. Die Monarchie ist zusammengebrochen. Es lebe die deutsche Republik!«

Am späten Abend des 9. November legte der letzte vom Kaiser ernannte Reichskanzler, Prinz Max von Baden, sein Amt nieder. Als sein Nachfolger Friedrich Ebert eintrat, reichte er ihm die Hand und sagte mahnend: »Herr Ebert, ich lege Ihnen das deutsche Reich ans Herz.« – »Ich habe zwei Söhne für dieses Vaterland verloren«, erwiderte Ebert.

Alle Versuche der von Erzberger geführten deutschen Waffenstillstandskommission in Compiègne, bei Marschall Foch eine Milderung der Bedingungen zu erwirken, blieben ohne Erfolg. In der Nacht zum 11. November mußte sie ihre Unterschrift geben. Nachdem das geschehen, erhob sich Erzberger, wandte sich an die französischen und englischen Offiziere und hielt eine längere Rede. Er endete mit den pathetischen Worten: »Ein Volk von siebzig Millionen leidet, aber es stirbt nicht.« – »Schon gut«, sagte Foch und verließ den Raum.

Eine der ersten Forderungen, welche die Siegermächte stellten, war die Auslieferung der deutschen Flotte. Schon am 17. November verließen die in Kiel beheimateten Schiffe den Hafen und liefen in den Kanal ein. In Holtenau beobachtete der als Kommissar eingesetzte Sozialdemokrat Noske die Ausfahrt. Riesigen eisernen Festungen gleich schoben sich die Panzer in die Schleusenkammern. Von der Mannschaft waren sich viele sichtlich der tiefen nationalen Schmach nicht bewußt. Es wurde gejohlt und geulkt, aber als von einem der Schiffe eine lustige Weise ertönte, spuckte Noske voll Ekel aus, stieg in eine Pinasse und ließ sich weit aufs Meer hinausfahren.

Nach russischem Muster bildeten sich überall im Reich Arbeiter- und Soldatenräte, die offen damit umgingen, die gesamte Macht an sich zu reißen und die Entstehung einer demokratischen Republik zu verhindern. Die Gefahr war groß. Nur Waffengewalt konnte noch helfen. Ratlos standen einige führende Sozialisten, die sich im Arbeitszimmer Eberts getroffen hatten, umher. Keiner war recht bereit, die undankbare Aufgabe des Oberbefehls zu übernehmen. Da sagte jemand zu Noske: »Dann mach' du doch die Sache!« Worauf Noske kurzentschlossen zurückgab: »Meinetwegen! Einer muß der Bluthund werden. Ich scheue die Verantwortung nicht.«

Monatelang tobte der Kampf zwischen Sozialdemokraten und Kommunisten um die Reichsverfassung. Auf dem ersten Kongreß der Sozialisten aller Schattierungen meldete sich Scheidemann zum Wort. Sobald er zur Tribüne ging, erhob sich bei den Radikalen ein wilder Tumult. »Lump, Schuft, Kriegshetzer«, brüllten sie ihm entgegen, während ihn die Sozialdemokraten mit Händeklatschen begrüßten. Schon nach einigen Worten wurde er aufs neue mit einer Flut von Beschimpfungen überschüttet. Plötzlich übertönte eine kreischende Stimme den tosenden Lärm: »Weg mit Scheidemann! Scheidemann soll gehen!« »Jawohl«, nickte Scheidemann, »in einer halben Stunde gehe ich – zum Essen.«

Im April 1919 wurde Bayern in eine »Räterepublik« umgewandelt. Ministerpräsident Hoffmann mußte München verlassen. Sofort richtete der neuernannte »Volksbeauftragte« für das Auswärtige, Lipp, einen Funkspruch nach Moskau: »Hoffmann, dieser Handlanger Preußens, ist geflohen und hat den Abortschlüssel meines Ministeriums mitgenommen. Jetzt sucht er Hilfe bei Noske, dessen haarige Gorillahände von Blut triefen.« Ferner schickte er eine Kriegserklärung an Württemberg und die Schweiz. »Diese Hunde«, verkündete er, »wollen mir nicht die verlangten sechzig Lokomotiven überlassen. Ich bin sicher, daß wir siegen. Außerdem werde ich den Segen des Papstes erflehen, mit dem ich gut bekannt bin.« Es stellte sich bald heraus, daß Lipp, ehe er auf den Ministersessel gelangte, im Irrenhaus gewesen war.

Während der Beratungen über den Friedensvertrag in Versailles wurde Clemenceau zum erbitterten Widersacher Wilsons. Einst fuhr er mit einem Engländer durch die Straßen von Paris. An den Zeitungsständen hingen zufällig Plakate aus mit der Schlagzeile »Accident de chemin de fer« oder auch »Désastre sur le chemin de fer«. Der Engländer deutete darauf hin. »Ist accident und désastre nicht das Gleiche?« fragte er. Clemenceau murrte: »Keineswegs. Wenn Präsident Wilson ins Wasser fiele, wäre es ein Unfall. Käme er aber wieder heraus, wäre es eine Katastrophe.«

Clemenceau beabsichtigte, das gesamte, industriell hochentwikkelte Oberschlesien den Polen zu geben. Wilson widersetzte sich. Empört über den Starrsinn des »Tigers« rief er aus: »Genauso gut können Sie einem Affen eine Uhr schenken wie den Polen Oberschlesien. Beide wissen mit ihrem Geschenk nichts anzufangen.« Man einigte sich schließlich auf eine Volksabstimmung.

Die deutsche Nationalversammlung stand im Mai 1919 vor einer Entscheidung von höchster Tragweite. Ihr war soeben aus Versailles der Friedensvertrag zugeleitet worden, und sie hatte sich nun über Annahme oder Ablehnung schlüssig zu werden. In heller Entrüstung über das, was dem deutschen Volke in diesem Vertrag zugemutet wurde, ergriff Scheidemann als verantwortlicher Kanzler das Wort. »Die Hand müßte verdorren«, rief er aus, »die sich und uns diese Fessel auferlegt.« Mit stürmischem Jubel dankten ihm alle Parteien außer den Kommunisten für diese Erklärung. Aber es war nur ein kurzer Rausch. Scheidemann fand für sein »Unannehmbar« keine Mehrheit im Kabinett und trat zurück. Die Nationalversammlung aber ermächtigte die neue Regierung, ihre Unterschrift unter den Vertrag zu setzen.

Der Vertreter der Südafrikanischen Union, der gottesfürchtige Louis Botha, prüfte den Versailler Vertrag. Als er ihn durchgelesen hatte, äußerte er betrübt: »Gott schreibt sicherlich einen anderen Frieden vor als diesen.«

Der kommandierende Admiral der in Scapa Flow internierten deutschen Flotte, von Reuter, ließ am 21. Juni 1919 vormittags das verabredete Signal setzen: »Schiffe sofort versenken.« Der Befehl wurde ausgeführt, und ein Panzer nach dem anderen ging vor den Augen der völlig überraschten englischen Bewacher mit wehender Flagge in die Tiefe. Als Reuter sich an Bord der »Revenge« meldete, empfing ihn Admiral Freemantle mit den heftigsten Vorwürfen, schalt seine Tat »Verräterei« und schrie ihn wütend an: »Wissen Sie überhaupt, was Sie für eine Verantwortung auf sich geladen haben?« Darauf Reuter in gelassener Ruhe: »Ja, ich weiß es.«

Kaum war die Weimarer Republik der Gefahr des Bolschewismus entronnen, wurde sie im März 1920 aufs neue bedroht – diesmal durch einen Putsch rechtsgerichteter Organisationen unter

Kapp. Die Hauptstütze des Unternehmens war die Marinebrigade Ehrhardt. Als nun nach wenigen Tagen das Geld ausging, weil die Reichsbank auf den Namen Kapp hin jede Zahlung verweigerte, erhielt Korvettenkapitän Ehrhardt den Befehl, die Bank zu besetzen und die Gewölbe aufzubrechen. Der aber, in seinem Offiziersstolz gekränkt, trotzte: »Ich bin nicht in Berlin einmarschiert, um Geldschränke zu knacken.«

Mit der Beliebtheit der Weimarer Republik im deutschen Volke stand es nicht sonderlich gut. Walter Rathenau, Außenminister im Kabinett Wirth, gab sich darüber keiner Täuschung hin. In einem Gespräch, das er kurz vor seiner Ermordung 1922 mit Fürst Bülow im Hotel Adlon hatte, äußerte er mit bitterer Resignation: »Wenn ich mich jetzt Unter den Linden aufstelle und rufe: Hoch die große alte Zeit! Hoch Bismarck, hoch Kaiser und Reich, hoch das glorreiche alte Preußen! dann werde ich vielleicht verhaftet, die Männer aber blicken mit Rührung auf mich, und die Frauen werfen mir Kußhändchen zu. Schreie ich jedoch: Hoch die Republik! so lacht alles.«

Die Besetzung des Ruhrgebiets durch französische und belgische Divisionen 1923 führte zu einem beängstigend raschen Verfall der deutschen Währung. Fast von Stunde zu Stunde sank der Wert der Reichsmark. Havenstein, der Präsident der Reichsbank, wußte keine bessere Abhilfe, als die Notenpresse immer schneller und schneller in Gang zu setzen. Im August dieses Jahres rühmte er, ohne Widerspruch zu finden, seine Arbeit mit den Worten: »Wir können jetzt täglich 46 Milliarden neues Papiergeld ausgeben.« Der englische Botschafter in Berlin, Lord D'Abernon, erfuhr davon. »Merkwürdig«, sagte er, »in andern Ländern hätte man einen solchen Mann längst dem Henker überliefert.«

Der Herbst 1923 fand Deutschland in einer trostlosen Lage. Ruhrkampf, Parteienstreit und Inflation bedrohten seine Existenz. Hindenburg weilte zu dieser Zeit in dem oberbayrischen Dietramszell. Da trat ein Anhänger Hitlers an ihn heran und stellte ihm die Frage, ob er von ihm einen Gruß an Hitler ausrichten dürfe. Hindenburg nickte: »Jawohl, das dürfen Sie, aber bestellen Sie ihm, ich warne vor jeder Unüberlegtheit. Einen zweiten Kapp-Putsch kann unser Vaterland nicht vertragen.«

Am 8. November 1923 gegen Mitternacht lief in Berlin die erste Nachricht von dem Hitler-Putsch ein. In aller Eile traten die Reichsminister zur Beratung zusammen. Den Vorsitz führte Ebert. Er richtete an den Chef der Heeresleitung, General von Seeckt, die besorgte Frage: »Ich möchte wirklich wissen, wo eigentlich die Reichswehr steht.« Sehr kühl und knapp entgegnete Seeckt: »Die Reichswehr steht hinter mir, Herr Präsident.«

Die Verhandlungen in Locarno waren in vollem Fluß. Da plötzlich brachte der 12. Oktober 1925 beträchtliche Meinungsverschiedenheiten zwischen Briand und Stresemann, durch die der weitere Verlauf der Konferenz gefährdet wurde. Zufällig hatte an diesem Tage die Gattin des britischen Außenministers Chamberlain Geburtstag. Sie lud die Konferenzteilnehmer zu einer Lustfahrt auf dem Lago Maggiore ein, und was sie erhofft hatte, geschah. In der Kajüte der Jacht kam es zu freundschaftlichen Gesprächen und schließlich zur Einigung. Nach der Landung wurden die Staatsmänner von Reportern umdrängt. Mit gutem Humor antwortete Briand auf ihre neugierigen Fragen: »Wir haben uns eingehend mit Fischkunde befaßt und dabei festgestellt, daß die Fische eine sehr bemerkenswerte Eigenschaft besitzen – die Schweigsamkeit.«

In Locarno ereignete es sich, daß ein deutscher Konferenzteilnehmer die traurigen Verhältnisse in seinem Lande mit so viel Gefühl schilderte, daß Briand ihn nach einer Weile ermahnte: »Hören Sie auf, sonst bringen Sie uns noch alle zum Weinen.«

Von radikalen Elementen der Opposition wurde Ebert mit maßlosem Haß verfolgt und angefeindet. Als schlimmsten Schimpf schleuderten sie ihm das Wort »Landesverräter« entgegen – einmal sogar auf offener Straße. Unter diesen ständigen Angriffen litt er sehr. Da taten sich besonnene Männer zusammen und sprachen ihm in einer Adresse ihre Freude aus, an der Spitze des Reiches eine Persönlichkeit zu sehen, die sich um das

Vaterland in all seinem Unglück hochverdient gemacht habe. Einer von den Unterzeichnern dieser Adresse hieß – Theodor Heuss.

Als Hindenburg 1925 die Kandidatur bei der Wahl zum Reichspräsidenten angetragen wurde, lehnte er ab mit dem Bemerken, er sei Soldat und kein Politiker. Erst die Versicherung, das Vaterland verlange es von ihm, vermochte ihn umzustimmen. »In diesem Falle«, sagte er, »will ich nicht feige zurückstehen.« Er meinte aber bedenklich: »Was soll aus der ganzen Geschichte werden? In meinem Alter fällt man nicht gern mehr durch's Examen.«

Unter den Parteien, die der Kandidatur Hindenburgs opponierten, war vielfach das Gerücht verbreitet, man könne seiner Friedensliebe nicht trauen. Außerdem sei er viel zu gebrechlich, um das Amt des Reichspräsidenten zu versehen. Daraufhin empfing er die Presse, gab sich aber nicht mit langen Erklärungen ab, sondern sagte kurz und bündig: »Meine Herren, Sie sehen, ich bin weder auf einer Kanone noch im Rollstuhl zu Ihnen gekommen!«

Den Mitarbeitern Stresemanns blieb es nicht verborgen, daß er seine Kräfte weit überspannte und früher oder später zusammenbrechen mußte. Als nun noch Krankheit hinzutrat, legten sie ihm dringend nahe, sich Schonung zu gönnen. Er aber, schon vom Tode gezeichnet, wies ärztlichen Rat und freundschaftliche Bitten zurück und rechtfertigte sich mit den Worten: »Deutschland ist noch kränker als ich.« Als er bald danach starb, ließ Briand an seinem Sarge einen Kranz niederlegen. Er trug die Inschrift: ›Briand, der Soldat des europäischen Friedens, seinem Waffenbruder.‹

Das Finanzelend Deutschlands suchte Reichskanzler Brüning durch äußerste Sparsamkeit zu beheben. Er beschnitt die Gehälter, auch die der Minister, und nicht zum wenigsten sein eigenes. Es gab Leute, die sogar behaupteten: »Am Monatsende geht Brüning zur Reichskasse und liefert dort ab, was er von seinem Gehalt nicht verbraucht hat.«

Im Arbeitszimmer Hindenburgs hing ein Bild, das Friedrich den Großen darstellte, wie er dem bei Prag 1757 gefallenen Feldmarschall Graf Schwerin die letzte Ehre erweist. Im Gespräch mit dem Berliner Oberbürgermeister Sahm deutete der damals fünfundachtzigjährige Reichspräsident auf das Bild und sagte: »Solch einen Tod habe ich mir immer gewünscht, daß dann mein König an meiner Bahre steht.«

Als junger Leutnant hatte Hindenburg an dem Feldzuge gegen Österreich 1866 teilgenommen. Seit dieser Zeit war ihm der Name der Stadt Braunau in Böhmen bekannt. So konnte es geschehen, daß er dieses Braunau mit dem Geburtsort Hitlers in Oberösterreich verwechselte. In seiner tiefen Abneigung gegen den revolutionären Demagogen nannte er ihn deshalb verächtlich den »böhmischen Gefreiten«. »Hitler ist ein Trommler«, sagte er ein andermal, als ihm geraten wurde, sich mit Hitler zu verständigen, »aber hat man je gehört, daß ein General einem Trommler nachläuft?«

Im Juli 1932 wurde die sozialdemokratische Regierung Preußens durch den Reichskanzler Papen auf Grund einer Notverordnung beseitigt. Innenminister Severing befand sich in seinem Amtsgebäude, als ihm gemeldet wurde, draußen stände ein Leutnant mit zwölf Mann, der den Auftrag habe, seine Entfernung zu bewirken, notfalls mit Gewalt. Severing erhob sich. »Ich weiche der Gewalt«, sagte er getreu dem Vorbild des Hauptmanns der Bürgerwehr 1848 beim Einmarsch Feldmarschall Wrangels in Berlin und verließ das Zimmer.

Gegen Ende des Jahres 1932 geriet die nationalsozialistische Partei in nicht geringe Bedrängnis. Bei den Reichstagswahlen hatte sie fünfunddreißig Mandate eingebüßt. Durch das Auftreten Gregor Strassers war ihre Einheit gefährdet und der »Führer« seiner Gefolgschaft nicht mehr sicher. Überdies gab die maßlose Verschuldung Anlaß zu schwersten Sorgen. In seiner Verzweiflung äußerte Hitler damals: »Wenn alles scheitert, mache ich mit der Pistole Schluß.«

In der Voraussicht, daß es nötig werde, den Radikalismus Hitlers und seiner Parteifreunde zu zügeln, hatte Hindenburg gefordert, daß in dem neu zu bildenden Kabinett mehrere Ministerposten mit Männern seines Vertrauens besetzt würden. Hitler fügte sich, und daraufhin erfolgte seine Ernennung zum Reichskanzler. Bei der Eidesleistung am 30. Januar vormittags versprach er dem greisen Feldmarschall, er werde ihm als Kanzler genauso treu dienen wie einst als Soldat im Heer. Die Feierlichkeit schloß mit den Worten Hindenburgs an Hitler und alle versammelten Minister: »Und nun, meine Herren, mit Gott vorwärts!« So begann das »Dritte Reich«.

Asien

Araber

MOHAMMED

Vierzig Jahre zählte Mohammed, als er durch eine Vision zum Propheten Allahs berufen wurde. Er lud die angesehensten Häuptlinge seines Stammes zu einem Gastmahl ein und offenbarte ihnen, welchen Auftrag er von Gott erhalten habe. Unter seinen Gästen befand sich auch sein Oheim Abu Lahab, ein ehrgeiziger und neidischer Mann. Der erhob sich und schimpfte: »Zum Scheitan mit dir, wenn du uns hierher bestellt hast, nur um diesen Unsinn zu hören.« – »Für dieses Wort wirst du im Feuer der Hölle brennen«, verhieß ihm Mohammed.

Mohammed, von allen Seiten angefeindet, flüchtete von Mekka nach Medina. Niemand begleitete ihn außer dem getreuen Abu Bekr. Aber selbst der verlor den Mut, als die Verfolger ihnen dicht auf den Fersen waren, und er jammerte: »Ach, wie schlimm wird es uns ergehen! Wir sind nur zwei gegen so viele.« – »Nein«, tröstete ihn Mohammed, »es ist noch ein dritter bei uns – Allah.«

Kurz vor Beginn einer Schlacht trat ein Krieger vor Mohammed und wollte wissen, wie er Allah am besten dienen und erfreuen könne. Der Prophet gab ihm Auskunft: »Indem du dich in die Menge der Feinde stürzest ohne einen andern Panzer als deinen Glauben.« Rasch schnallte der Araber seinen Panzer ab, warf auch den Schild fort und stürmte jubelnd in den Kampf, dahin, wo die feindliche Schlachtreihe am dichtesten stand.

Die Krieger Mohammeds kehrten aus einer Schlacht heim. Da lief ihnen eine Frau entgegen und fragte: »Wo ist mein Vater?« Man berichtete ihr, daß er gefallen sei. »Und wo ist mein Bruder?« forschte sie weiter. Wieder lautete die Antwort: »Gefallen.« – »Und mein Sohn?« – »Gefallen.« – »Aber Mohammed?« – »Mohammed lebt.« Da frohlockte sie: »Wenn er lebt, dann bekümmern mich alle eure Unglücksnachrichten nicht mehr.« Und glücklich ging sie davon.

Wenn ein arabischer Dichter besonders ausgezeichnet werden sollte, erlaubte man ihm, seine Gedichte an der heiligen Kaaba aufzuhängen. Diese Ehre wurde auch dem Dichter Lebid zuteil. Er war sehr stolz darauf, aber als er die Koransuren Mohammeds kennenlernte, ging er schweigend zur Kaaba und riß beschämt seine Gedichte herab.

KALIFEN UND EMIRE

Die Weltmacht des Islam wurde durch den Kalifen *Omar* begründet, der nacheinander Persien, Syrien und Ägypten unterwarf. Dabei leistete ihm sein Feldherr Amr wertvolle Dienste. Er war es auch, der Alexandria, die Stadt der Gelehrten und der Bibliotheken, eroberte. Staunend sah er die vielen Bücher, fragte aber bei Omar an, was mit ihnen geschehen solle. Unverzüglich kam die Weisung: »Verbrennen; denn entweder stimmen sie mit dem Koran überein, dann sind sie unnütz, oder sie stimmen nicht mit dem Koran überein, dann sind sie schädlich.« Die kostbare Bibliothek wanderte ins Feuer.

Die Araber waren seit alter Zeit ein Reitervolk. Auch Omar führte alle seine siegreichen Heerzüge mit berittener Mannschaft. Es war daher für ihn eine außerordentliche Überraschung, daß einer seiner Feldherren sich mit seinen Truppen auf die See hinausgewagt hatte. Auflodernd vor Zorn schrieb er ihm: »Indem du die Kämpfer des Glaubens wie Würmer auf ein schwimmendes Stück Holz setztest, tatest du ein großes Unrecht.« Einige Zeit später aber verkündigte die Sunna: »Eine glückliche Seeschlacht ist wertvoller als zehn Siege an Land.« Da wurden die Araber eine Seemacht, die bald allen andern im Mittelmeer überlegen war.

Omar lebte nach Beduinenart in völliger Bedürfnislosigkeit. Die auswärtigen Gesandten konnten das nicht begreifen, am wenigsten diejenigen, die aus dem Prunk des byzantinischen Hofes zu ihm kamen. Kopfschüttelnd sahen sie, daß ein so mächtiger Herrscher sich mit einer Handvoll Datteln und einem Trunk Wasser begnügte, und sie redeten einen Araber daraufhin an. Stolz erwiderte er ihnen: »Der Palast unseres Kalifen ist ein Lehmhaus, sein Schatz das Vertrauen auf Gott, sein Teppich die Wahrheit und Enthaltsamkeit, seine Leibwache aber besteht aus den tapfersten Anbetern des *einen* Gottes.«

Al-Mansur der Siegreiche trug sich mit dem Gedanken, eine neue Residenz zu bauen. Seine Wahl fiel auf das alte Ktesiphon, in dem einst die Perserkönige regiert hatten, das aber seit der Eroberung durch Amar in Trümmern lag. Da traten die Priester an ihn heran und sprachen: »Es bringt keinen Segen, eine zerstörte Stadt wieder aufzubauen. Darin hausen die bösen Geister.« Al-Mansur gehorchte, wählte ein kleines Dorf in der Nähe von Ktesiphon zu seinem Herrschersitz und machte aus ihm die prächtigste Stadt im ganzen Orient – Bagdad.

In der Schlacht bei Xeres de la Frontera anno 711 hatten die Araber anfänglich wenig Glück. Schon begannen sie vor den Westgoten zu weichen. Rasch sprengte ihr Feldherr *Tarik* von einem Heerhaufen zum andern und rief: »Wohin wollt ihr fliehen? Vor euch ist der Feind und hinter euch das Meer. Aber bei Allah, es gibt zwei Bundesgenossen, die euch helfen können. Ruft sie herbei, und ihr werdet siegen.« Auf die Frage, wer diese Bundesgenossen seien, antwortete er: »Mut und Ausdauer.« Da stürmten sie aufs neue vor und gewannen die große Schlacht.

Als *Musa*, der arabische Statthalter in Nordafrika, von dem Siege bei Xeres erfuhr, überkam ihn der Neid. Er eilte nach Spanien hinüber, traf Tarik in Talavera und schrie ihn wütend an: »Ich habe dir befohlen, nur einen Beutezug zu machen und dann nach Afrika zurückzukehren. Warum hast du mir nicht gehorcht?« Dann winkte er einen Sklaven herbei und ließ den Feldherrn auspeitschen. Erst dadurch, daß Tarik ihm den größten Teil der eroberten Schätze auslieferte, konnte sein Zorn besänftigt werden.

Zu *Harun al Raschid,* dem Kalifen von Bagdad, kam eine arme Frau und klagte ihm, daß seine Krieger ihr Feld verwüstet hätten. Harun verwies sie auf die Sure im Koran: ›Wenn die Heere großer Fürsten ausziehen, müssen die Untertanen leiden, durch deren Felder sie ziehen.‹ Aber die Frau ließ sich nicht einschüchtern. Sie kannte den Koran nicht minder genau als er, und sie sprach: »Wiederum steht geschrieben: ›Die Wohnung derjenigen Fürsten, die Ungerechtigkeit gutheißen, soll Wüste werden.‹« So in die Enge getrieben, mußte Harun sie mit einigen Goldstücken entschädigen.

Der *Emir von Kairuan* im Lande Tunis geriet mit dem Kalifen Mamun in Streit. Er schickte ihm einen Brief, in dem er prahlte: »Ich bin ein Feuerstein. Wage es, mich mit dem Stahl zu schlagen, und du wirst Funken sehen. Ich bin ein Löwe der Wüste. Mein Gebrüll genügt, um mein Lager zu schützen. Bist du ein mutiger Hund, so komm und greife mich an! Ich bin ein stürmisches Meer. Verstehst du zu schwimmen, so stürze dich in die Wogen! Aber wisse, du wirst darin ertrinken.«

In Ägypten herrschte um 970 der *Mahdi El Moez,* der sich aber so wenig um den Glauben kümmerte, daß man an seiner Verwandtschaft mit dem Propheten zweifelte und gegen ihn murrte. Er besann sich nicht lange, sondern entbot die Unzufriedenen in seinen Palast. Nachdem sie sich bei ihm eingefunden hatten, zog er sein Schwert und sagte: »Dies ist mein Stammbaum.« Danach streute er Gold unter sie aus mit den Worten: »Und dies sind meine Beweise.« Da beteuerten alle, daß diese Kennzeichen unbestreitbar gültig seien.

Um das Jahr 1000 eröffnete *Mahmud der Ghasnawide* den Heiligen Krieg des Islam gegen Indien. Dabei erbeutete er in einer Tempelfestung ein gewaltiges Götzenbild. Mit allen Zeichen frommer Trauer kamen die Brahmanen zu ihm und baten um die Auslieferung des Bildes. Sie erklärten sich auch bereit, ihm dafür eine sehr hohe Summe zu zahlen. Er lehnte das ab. »Ich will mir vor der Geschichte den Namen der Bilderstürmer verdienen«, bedeutete er sie, »aber nicht den Namen der Bilderhändler.« Dann ließ er den Götzen zerschlagen, um die Teile nach Mekka und Medina zu schaffen. Da zeigte es sich, daß das Innere hohl war und eine unvorstellbare Menge der seltensten Juwelen enthielt.

Mahmud beherrschte ein riesiges Reich. Seine Schatzkammer war mit allem gefüllt, was es vom Kaukasus bis zum Ganges an Kostbarkeiten gab. Vor seinem Tode ließ er sie öffnen und schaute lange und nachdenklich umher. Schließlich seufzte er: »Dafür habe ich nun viele Jahrzehnte hindurch Kriege geführt und tausendfältige Mühsal erduldet und kann doch nichts davon hinübernehmen in die andere Welt.«

Zur Zeit der Kreuzzüge fiel ein Tempelherr in die Hände der Moslems. Der Sultan von Damaskus *Saladin* wollte ihn gegen Lösegeld freigeben. Zu seiner Verwunderung wies der Ritter das Angebot zurück. »Gott verhüte«, erklärte er, »daß ich ein schlechtes Beispiel gebe und andere in der Hoffnung auf die gleiche Großmut sich daher leichter fangen lassen. Nein, ein Templer darf für seine Lösung nicht mehr geben als sein Schwert und seine Schärpe.«

Immer neue Kreuzfahrer strömten in das Heilige Land und immer wieder mußte Saladin in den Kampf ziehen. In seinem Unmut äußerte er einmal: »Für *einen* Christen, der erschlagen wird, kommen tausend andere. Die Aussaat ist größer als die Ernte. Der Baum treibt mehr Zweige, als das Eisen abhauen kann.«

Als Saladin zu Damaskus im Sterben lag, befahl er, die Fahne auf seinem Palast einzuholen und dafür sein Leichentuch aufzuhängen. Dazu mußten die Muezzin mit lauter Stimme rufen: »Das ist alles, was Saladin, der Herr und Sieger über den ganzen Orient, von seinen Eroberungen mitnimmt.«

Über Mazenderan, ein Land am Kaspischen Meer, herrschte ein grausamer Emir, der schon wegen geringer Vergehen die

Todesstrafe verhängte. Schließlich empörten sich seine Untertanen und warfen ihn in den Kerker. »Das geschieht dir«, sagten sie zu ihm, »weil du zu vielen Menschen das Leben genommen hast.« – »Ihr irrt euch«, stieß er wütend hervor, »ich habe zu viele verschont. Hätte ich euch alle umgebracht, wäre ich nicht hier.«

Venetianische Händler kamen zu dem Sultan *Eschref Kanssu* von Ägypten und wollten ihm Kugeln verkaufen, mit denen man den Feind beschießen konnte. Eine Weile hörte er geduldig zu, wie sie ihre Ware anpriesen. Dann aber jagte er sie davon. »Ein tapferer Mann verschmäht eure Kugeln«, rief er ihnen nach. »Der Prophet hat seinen Arabern nur das Schwert und den Bogen zu Waffen bestimmt.«

Türken

Um das Jahr 1000 vereinigte *Seldschuk* die türkischen Stämme unter seiner Fahne und bekehrte sie zum Islam. Er war sich seiner Macht sehr bewußt. In seinem Stolz überreichte er einem Nachbarfürsten, der von ihm wissen wollte, mit wieviel Mann er ihm Beistand leisten könne, einen Pfeil und sprach dazu: »Wenn du mir diesen Pfeil schickst, kommen fünfzigtausend Reiter zu dir.« – »Ist das alles?« fragte der Fürst. »Schicke diesen zweiten Pfeil, und es kommen abermals fünfzigtausend.« Auch das genügte dem andern noch nicht. »Gesetzt, ich brauche noch mehr«, sagte er. Da nahm Seldschuk seinen Bogen von der Schulter. »Dann schicke mir diesen Bogen, und ich komme mit zweihunderttausend.«

Nach dem Zerfall des Seldschukenreiches gewann *Osman* die Herrschaft über die Türken, die sich nun Osmanen nannten. Der Degen, den er führte, hatte zwei Spitzen. »Die eine Spitze«, so rühmte er, »bedroht den Osten, die andere den Westen.« Das waren keine leeren Worte. Im Kampf mit Byzanz eroberte er große Teile von Kleinasien. Nur Brussa leistete ihm erfolgreich Widerstand. Darüber grämte er sich sehr. Aber kurz vor seinem Tode erhielt er die Nachricht, daß es seinem Sohn Urchan gelungen sei, nach langer Belagerung die große Stadt zu erstürmen. Da jubelte er auf: »Ich danke dir, Allah, nun verlasse ich die Erde ohne Kummer, weil ich einen tapferen Nachfolger besitze und sterben darf im Rausch eines stolzen Sieges.«

Sultan *Urchan* klagte darüber, daß in seinem Reiche so viele Christenkinder lebten. Sein Bruder Ala-ed-din wußte Rat. »Entreiße diese Kinder ihren ungläubigen Eltern«, sprach er, »bekehre sie zum Islam und mache sie zu deinen Söhnen!« Weiter empfahl er ihm, die Kinder in ein Lager zu bringen, sie durch Strenge und Entbehrung an Gehorsam zu gewöhnen und sie zu Kriegern des Propheten zu erziehen. »Wenn du das tust«, fügte er hinzu, »dann sorgst du am besten für ihr irdisches und ihr ewiges Heil, und Allah wird dir gnädig sein.« Urchan befolgte den Rat seines Bruders, und so entstand jene Truppe, mit denen die Türken die halbe Welt eroberten – die Janitscharen.

Im Lauf des vierzehnten Jahrhunderts stießen die Türken tief in den Balkan vor. Um ihr weiteres Vordringen aufzuhalten, vereinigten sich sieben Völkerschaften. Den Oberbefehl über dieses »Heer der sieben Zungen« übernahm der Serbenkönig Lazar. Beim Anblick so gewaltiger Truppenmassen erschrak der Sultan *Murad* und wollte nicht eher die Schlacht wagen, als bis er sich im Koran Rat geholt hatte. Er nahm das heilige Buch zur Hand und stach die Stelle auf, an der es heißt: »Bekämpfe die Ungläubigen! Oft wird eine große Schar durch eine kleine in die Flucht geschlagen.« Da freute er sich. Rasch ließ er die Fellpauken rühren und die Janitscharen stürmen. Als die Dämmerung fiel, hatte er einen entscheidenden Sieg errungen. Das geschah auf dem Amselfelde im Jahre 1389.

Nach der Schlacht auf dem Amselfelde wurde Murad von einem Serben, der sich listig an ihn herangemacht hatte, durch einen Dolchstich tödlich verwundet. Ehe er aber verschied, befahl er, den gefangenen König Lazar herbeizuschaffen und vor seinen Augen hinzurichten. So sah der eine Feind den andern sterben, der Sieger den Besiegten, der Besiegte den Sieger.

Der Nachfolger Murads wurde *Bajesid I.* mit dem Beinamen »Jilderim«, d. h. der Blitz. Sein Übermut kannte keine Grenzen. Er brüstete sich nach dem Siege bei Nicopoli: »Ich will den Hochaltar der Peterskirche in Rom zu einem Futtertrog für meine Pferde machen.« Er gelangte bis an die Grenze Ungarns, aber nie nach Rom.

Noch immer hatten die Türken Konstantinopel nicht erobern können. Selbst Bajesid I. hatte sieben Jahre vergeblich versucht, die starken Wälle zu brechen. Da erschien im April des Jahres 1453 der Padischah *Mohammed II.* mit zahllosen Janitscharen und Baschi-Bozuks vor der Stadt. Sein Gebetsteppich wurde ausgebreitet, er kniete nieder und betete inbrünstig, das Gesicht nach Mekka gekehrt. Und das ganze ungeheure Heer kniete und betete mit ihm. Danach trat ein Imam vor und rief mit lauter Stimme: »Die Belagerung Konstantinopels hat begonnen.« Zugleich wurde die Kriegsfahne gehißt, die Trommeln rasselten und die Fanfaren schmetterten.

In Konstantinopel herrschte bittere Feindschaft zwischen den griechischen und römischen Christen. Der Großadmiral Lucas Noharas war in seinem Haß gegen Rom so verblendet, daß er erklärte: »Ich will in der Stadt lieber den türkischen Turban sehen als den lateinischen Hut.«

Alle Stürme der Türken scheiterten an den Festungswerken Konstantinopels. Mohammed war ratlos. Da erbot sich ihm ein ungarischer Meister und versprach, ein Geschütz zu gießen, das zwölf Zentner schwere Kugeln abschießen und die stärkste Mauer zertrümmern sollte. Er brachte das Werk auch zustande. Hundert Zugstiere schleppten das Ungeheuer heran. Zwei Stunden benötigte man zum Laden. Als das Geschütz zum siebenten Male abgefeuert war, sprang es in Stücke und zerriß seinen Meister.

Nach dem Fall von Konstantinopel betrat Mohammed die Sophienkirche. Von ihrer Größe und Pracht überwältigt, verharrte er lange schweigend in der Schau ihrer Wunder. Plötzlich sah er einen Janitscharen, der ein kostbares Mosaik zerbrach und die bunten Steine als gute Beute davontragen wollte. Mit Donnerstimme brüllte er ihn an: »Ich habe euch erlaubt, nach Herzenslust in den Gebäuden zu plündern, aber die Gebäude selbst gehören mir, und ich dulde nicht, daß sie zerstört werden.«

Mongolen

DSCHINGIS-KHAN

Die Horden der Mongolei hatten in Dschingis-Khan einen Kriegsfürsten erhalten, dem es bestimmt war, Asien von einem Ende bis zum andern zu erschüttern. Welch ehrgeizige Pläne er hatte, das enthüllte er zum ersten Male, als der Kaiser von China den althergebrachten Tribut von ihm einforderte. Dschingis-Khan ergriff das Schreiben des erlauchten Herrn auf dem Drachenthron, aber er verneigte sich nicht vor ihm noch drückte er es an seine Stirn, wie es Sitte war, sondern spuckte darauf und kündigte dem Gesandten an: »Ich werde den Kaiser besuchen – mit einem Heer.«

Das Heer, mit dem Dschingis-Khan das chinesische Reich der Hia unterwarf, bestand aus schweifenden Nomaden der Wüste Gobi. Nun war er aber zum Herrn über ein volkreiches Land mit vielen Städten und Dörfern geworden. Da trat ein weiser Chinese vor Dschingis-Khan und sprach zu ihm: »Bedenke wohl, du hast unser Reich im Sattel erobert, aber du kannst es nicht im Sattel regieren.« Das gefiel dem Khan gut, und er machte den Chinesen zu seinem Ratgeber.

Dschingis-Khan wandte sich westwärts gegen Schah Muhammed, der über alle Länder vom Aralsee bis Bagdad gebot und in

Chiwa residierte. Er schrieb ihm: »Es gibt nur eine Sonne am Himmel. Ebenso darf es auch auf Erden nur einen Großkhan geben.« Der Schah ließ sich durch diese Drohung nicht schrecken. »Bislang hat Dschingis-Khan nur gegen Ungläubige gefochten«, trotzte er. »Nun aber wehen ihm die Kriegsbanner des Islam entgegen.« Nicht lange, da lagen seine stolzen Banner im Staube.

Wieder einmal hatte Dschingis-Khan die ganze Einwohnerschaft einer großen Stadt ausgemordet. Bei der Siegesfeier bemerkte er, daß einer seiner Räte ein sorgenvolles Gesicht machte. Er drang in ihn und wollte wissen, was ihn betrübe. Darauf erhielt er die Antwort: »Wenn du so fortfährst zu töten, wer bleibt dir dann noch zu beherrschen und Schätze für dich zu sammeln übrig?«

Auf der Heerfahrt nach Indien fragte Dschingis-Khan gutgelaunt einen seiner Reiterführer: »Was macht uns am glücklichsten?« Der Reiterführer dachte sehnsüchtig an seine Heimat und erwiderte: »Die freie Steppe, ein klarer Tag, ein schnelles Roß und ein Jagdfalke auf der Faust.« – »Nein«, behauptete der Khan, »die Feinde zerschmettern, goldgeschirrte Pferde erbeuten, Schatzkammern aufbrechen und sich weiden an dem Gejammer der Weiber.«

Dschingis-Khan starb während eines Feldzuges gegen das chinesische Reich der Sung. Da berieten sich seine Großen und alle meinten, es sei besser, wenn die Feinde nichts davon erführen. Sie wußten aber nicht, wie man den Tod verheimlichen könne, denn die heimische Steppe war weit und China ein dicht bevölkertes Land. Zahllose Leute würden also den Trauerzug sehen und davon erzählen. Endlich erhob sich der Führer eines »Tuman«, einer Tausendschaft. Er schlug an sein Schwert und sagte: »Es gibt ein Mittel, Schwätzer stumm zu machen.« Sein Rat gefiel den Großen, und so geschah es, daß jeder Chinese, der am Wege wohnte und den Leichenwagen sah, niedergehauen wurde. Die letzte Fahrt des toten Dschingis-Khan wurde daher blutiger als manche Schlacht.

TIMUR

Ein Welterschütterer, nicht minder ungeheuerlich als Dschingis-Khan, war Timur aus einem türkisierten Mongolenstamm in der Gegend um Samarkand. Er war in seiner Jugend durch einen Pfeilschuß in der Hüfte verwundet worden und mußte seit der Zeit hinken. »Timur-Lenk« das ist »Timur der Lahme« hieß er deshalb, aber man rühmte von ihm, er sei trotzdem der schnellste Mann auf Erden. Er führte nämlich seine Feldzüge mit einer Schnelligkeit durch, die überall Staunen und Schrecken erregte.

Wenn Timur eine Festung belagerte, dann ließ er am ersten Tage eine weiße Fahne aufziehen. Das war das Zeichen dafür, daß er die sofortige Übergabe mit Gnade und Erbarmen belohnen würde. Am zweiten Tage flatterte über seinem Zelt eine rote Fahne. Jetzt wußten die Verteidiger, daß ihre Häuptlinge und Führer sterben sollten. Die schwarze Flagge am dritten Tage aber bedeutete Tod für alle, für Männer, Frauen und Kinder. Solch furchtbares Abschlachten nannte Timur eine »Probevorstellung des Jüngsten Gerichts.«

Timur hatte sich Haar und Bart scheren lassen. Nun trat er an den Spiegel und fand sein Aussehen gar zu häßlich. Darüber fing er an zu weinen. Auch Chodscha, sein Hofnarr, weinte, aber noch lauter und stärker als er. Da wollte Timur von ihm wissen, warum er das tue. »Ach«, antwortete Chodscha, »wenn du dich einmal im Spiegel beschaust und das nicht ertragen kannst, ohne zu weinen, wie sollte ich nicht noch mehr weinen, da ich doch dein Gesicht Tag für Tag sehen muß.«

Zu den Völkern, die Timur unterjochte, zählten auch die Perser. Nachdem er ihre schönste Stadt, das rosengeschmückte Schiraz, genommen hatte, befahl er, Hafis herbeizuschaffen. Der Dichter kam in einem armseligen und arg zerschlissenen Gewande. Schroff fuhr ihn Timur an: »Hast du den Vers geschrieben: ›Nähme mein Liebchen mein Herz in ihre Hand, dann schenkte ich ihr Buchara und Samarkand?‹« Hafis bejahte. »Wie konntest du so freigebig sein mit dem, was mir gehört?« grollte

Timur. Hafis seufzte und zeigte auf die vielen Löcher und Fetzen seines Kleides. »Ja, ja«, sagte er, »da sieht man, wohin ich mit meiner Freigebigkeit gekommen bin.« Lächelnd gab Timur den Poeten frei.

Den größten Sieg seines Lebens errang Timur 1402 bei Ankara über Sultan Bajesid I. Am Abend dieses heißen und überaus blutigen Tages wurde ihm Bajesid, ein einäugiger und von der Gicht geplagter Mann, in Fesseln vorgeführt. Bei seinem Anblick lachte Timur schallend auf. Aber Bajesid, in seinem Mut und Stolz ungebrochen, wagte ihm entgegenzuhalten: »Spotte nicht über mich! Heute hat mich Allah geschlagen. Morgen kann er auch dich schlagen.« – »Ich spotte nicht über dich. Ich muß nur darüber lachen, daß Allah die Welt an zwei Krüppel verteilt hat, an mich, den Lahmen, und an dich, den Blinden.«

Nach jeder Mahlzeit, die Timur eingenommen hatte, mußten Herolde kommen und nach Nord und Süd, nach Ost und West ausschreien: »An alle Könige und Fürsten der Welt! Wisset, daß Timur gespeist hat und daß es euch nun auch erlaubt ist, zu essen und zu trinken.«

Timur lag im Sterben, und seine Großen umstanden trauernd sein Lager. Da hob er die Hand, um anzudeuten, daß sie entlassen seien. »Geht«, sagte er, »ihr werdet von nun an keine Audienz mehr bei mir haben. Ich selbst erscheine jetzt zur Audienz bei Allah.«

Aus dem Reich der Mitte

Kong-Fu-tse, der Stifter der chinesischen Staatsreligion, war viel auf Wanderung. Einst traf er auf seinem Wege eine Frau, die verzweifelt schluchzte. Mitleidig fragte er sie, was ihr geschehen sei. »Ein Tiger hat kürzlich meinen Mann gerissen«, brachte sie mit vielen Tränen hervor, »und jetzt meinen Sohn.« – »Aber warum gehst du dann nicht fort, wenn es hier so gefährlich ist?«

»Hier ist keine drückende Regierung«, erklärte die Frau. Kong-Fu-tse wandte sich zu seinen Schülern: »Merkt euch das! Eine drückende Regierung ist schlimmer als ein grausamer Tiger.«

Ebenso wie Kong-Fu-tse wurde *Lao-tse* wegen seiner Weisheit hoch verehrt. Nun war er aber alt geworden und wollte sich von der Welt zurückziehen, um in der Stille seinen Gedanken nachzuleben. Er machte sich also auf die Reise. Wie er nun an die Grenze kam, hielt ihn der Gouverneur der Provinz an und sprach zu ihm: »Ich höre, o weiser Lao-tse, daß du beschlossen hast, dich in der Einsamkeit zu begraben. Deshalb bitte ich dich, gib uns zuvor ein Buch, das deine Lehren enthält, damit wir darin nachlesen und von dir lernen können.« Lao-tse tat nach seinem Willen und schrieb den Tao-te-King. Dann zog er weiter, und kein Mensch hat ihn je wiedergesehen.

Von Zeit zu Zeit geschah es, daß in China die Reisernte mißriet. Die Folge war stets furchtbare Hungersnot und tausendfältiger Tod. Da ließ ein Kaiser – sein Name ist uns nicht überliefert – neben dem »Tempel der Erde und des Himmels« in Peking ein Feld herrichten. Sobald nun der Frühling kam, legte er Bauerntracht an, nahm den Pflug zur Hand und zog Furche um Furche. Danach säte er fünferlei Feldfrüchte aus, Reis, Hirse, Weizen, Gerste und Bohnen. Das sollte seinem Volke ein Beispiel sein, es ihm nachzutun und sich nicht allein auf den Reisbau zu verlassen. Seitdem war es für alle seine Nachfolger auf dem Drachenthron Pflicht, in jedem Frühjahr das »Heilige Feld« eigenhändig zu bestellen.

Seit alters hatte China, die »Blume der Mitte«, wie es sich stolz nannte, unter den Überfällen der Nomadenvölker aus der Mongolei und der Mandschurei unsagbar schwer zu leiden. Da faßte Kaiser *Schi-Hoang-ti* um 250 v. Chr. den Entschluß, sein Reich durch eine große Mauer zu schützen. Jahr für Jahr mußten pausenlos Millionen von Menschen unter der Aufsicht von unbarmherzigen Vögten Steine und Erde karren. Unzählige von ihnen gingen dabei zugrunde, aber endlich wurde der Plan des Kaisers verwirklicht. Das ungeheure Bauwerk von zweieinhalbtausend

Kilometern stand und bot allen Angriffen Trotz. Die Chinesen sagten daher: »Die Große Mauer hat eine Generation zerstört, aber hundert gerettet.«

Zwei griechische Mönche, die lange Zeit in China gelebt hatten, waren um 500 nach Byzanz heimgekehrt. Sie wußten dem Kaiser Justinian viele wunderliche Dinge zu berichten. So erzählten sie ihm auch, daß es in jenem Lande Würmer gäbe, deren Art es sei, unablässig Seide zu spinnen. Nun hätte Justinian gern einige von diesen Würmern gehabt; denn alle Seidenstoffe, die man damals in Europa trug, mußten für teures Geld aus China beschafft werden. Abermals machten sich die Mönche auf und gelangten nach Chotan. Aber der Kaiser von China, der sehr wohl wußte, was die Seidenzucht für den Wohlstand seines Reiches bedeutete, hatte bei strengster Strafe die Ausfuhr der Kokons verboten. Die Mönche wußten Rat. Sie schlossen sich einer Karawane an und zogen mit ihr die Seidenstraße entlang von Chotan nach Samarkand. Gepäck besaßen sie nicht, und so hatten sie keine Schwierigkeiten mit den Grenzwächtern. Ihre einzige Habe bestand in ihren langen, mannshohen Wanderstöcken, an denen gewiß nichts Verdächtiges war. Ungehindert durften also die frommen Brüder passieren. Wären ihre Stöcke untersucht worden, so hätte sich herausgestellt, daß sie hohl waren und viele Kokons in ihrem Innern bargen. Auf diese Weise kamen die seidespinnenden Würmer nach Europa.

Im Jahre 574 wurde durch ein kaiserliches Edikt die Verbrennung aller buddhistischer Bücher befohlen. Sie seien verfaßt worden, so lautete die Begründung, von törichten, ungehorsamen und mit Blindheit geschlagenen Menschen. Die Feuer lohten auf, aber da lebte ein sehr frommer Mönch mit Namen *Hui-sse*. Dem war es leid um die Schriften, die er so innig liebte, und er legte ein Gelübde ab, sie vor der Vernichtung zu bewahren trotz dem Kaiser und seinen Henkern. Er nahm seine Zuflucht in eine einsame Höhle und begann nun aus dem Gedächtnis Wort für Wort und Satz für Satz des heiligen Textes in Steinplatten einzugraben. Von da an war jede andere Beschäftigung für ihn ohne Sinn und ohne Wert. Als er in hohem Alter starb, hatte er mehr als vier Millionen Zeichen gemeißelt. Seine Jünger und Schüler setzten das Werk von Generation zu Generation fort, bis endlich die Verfolgung ihres Glaubens aufhörte. Die heilige Lehre war gerettet.

Zu Anfang des siebenten Jahrhunderts wurde China wieder und wieder von Bürgerkriegen zerrissen. Auch die alten Feinde in der Mongolei rührten sich und fielen mit Feuer und Schwert über das unglückliche Land her. Kaiser *Kong-ti* litt sehr darunter. Ständig lebte er in Furcht, entweder von den heimischen Dynasten oder von den Nomadenhorden vom Thron gestoßen zu werden. Nach langem, verzweifeltem Kampf geriet er tatsächlich in die Hände seiner Gegner und wurde gezwungen, Gift zu nehmen. Sobald er getrunken und den Tod nahe fühlte, warf er sich zu einem letzten Gebet auf die Knie. »Herr des Himmels«, schrie er, »ich flehe dich an: Laß mich bei meiner Wiedergeburt nicht abermals Kaiser werden!«

Am Hofe des Kaisers *Hüan-Tsung* 740 lebte ein Mandarin, Nyan-Lu-schan mit Namen, der übermäßig fett war, so daß ihm der Bauch bis über die Knie hing. Er hatte viele Feinde, die ihm seinen hohen Rang mißgönnten und ihn lächerlich zu machen suchten. Einmal fragte ihn ein spöttischer Höfling in Gegenwart des Kaisers: »O sage, Nyan-Lu-schan, was hast du in deinem Bauche, daß er so dick ist?« Der Mandarin war nicht um die Antwort verlegen. »Nichts als ein großes, ehrliches Herz.« Darüber freute sich der Kaiser sehr und schenkte Nyan-Lu-schan fortan noch mehr Gunst als zuvor.

Fast dreihundert Jahre hatte die mächtige Dynastie der Ming über China geherrscht. Da brach das Unglück über sie herein. Es begann mit einer entsetzlichen Hungersnot, so daß die Armen keine andere Nahrung mehr hatten als Gras. Dann folgten Angriffe der Mandschutataren. Am gefährlichsten aber wurde ein Aufstand 1644 unter der Führung des verwegenen Li-Tse-tschang. Er zog nach Peking und schlug alle Truppen, die sich ihm entgegenwarfen. Als Kaiser *Hoai-tung* das Rebellenheer von seinem Palastgarten aus anrücken sah, nahm er drei Stäbe und spielte mit ihnen. »Fällt der längste von ihnen zur Erde«, sprach er zu seinen Dienern, »so wird der Kaiser tapfer seinem Feinde entgegengehen. Fällt der mittlere, so wird er ihn in der Verbotenen Stadt erwarten. Fällt der kurze Stab, ist alles verloren.« Der kurze Stab fiel. Hoai-tung erhob sich. »Nun weiß ich, daß das Reich sterben soll. Stirbt aber das Reich, so muß der Kaiser mit ihm sterben.« Danach ging er in seinen Palast und erhängte sich mit seinem Gürtel.

Von Indien aus wanderte die Cholera um 1820 ostwärts und drang in China ein. Bestürzt eilten die Mandarine zum Kaiser und beschworen ihn, an allen Grenzen Wachen aufzustellen und jeden Pestkranken zurückzuweisen oder zu töten. Der Kaiser hörte sie geduldig an. Dann sagte er lächelnd: »Das werde ich nicht tun; denn wie ich erfahre, befällt diese Krankheit nur Trunkenbolde, Unreinliche und Müßiggänger. Es wäre mir aber ganz lieb, ein paar Millionen solcher unnützer Untertanen zu verlieren.«

Eine seltsame, halb religiöse, halb kommunistische Sekte der T'aip'ing, das ist »Weltfriede«, rebellierte um 1850 gegen die Herrschaft der Mandschudynastie. Der Sohn des Himmels wandte sich in seiner Hilflosigkeit an den klugen und tüchtigen *Tseng Kuo-fan* und bat ihn, den Oberbefehl über seine Truppen zu übernehmen. Tseng weigerte sich, denn soeben war seine Mutter gestorben, und er war nach der Vorschrift des Kong-Fu-tse zu dreijähriger Trauer verpflichtet. Da kam, vom Kaiser gesendet, ein gelehrter Priester zu ihm. Bei sich hatte er das Heilige Buch, in dem die Lehre des Religionsstifters aufgezeichnet war. Er schlug es auf und las: »Ein edler Mann ist verpflichtet, wenn der Staat ihn braucht, seine Trauer dem Staatswohl hintanzustellen.« Tseng verneigte sich tief, gehorchte dem Befehl des Kaisers und schlug in langen Kämpfen den Aufstand nieder.

Im Hinblick auf die Geschichte Chinas, die so viel von Bürgerkriegen zu berichten weiß, von Kämpfen zwischen den Provinzen des Nordens und des Südens, aber auch von Zeiten des Friedens und der Eintracht, pflegte man im Volke zu sagen:

»Wenn unser Reich lange vereint war, wird es gespalten. War es lange gespalten, kommt es wieder zusammen. Aber immer wird es ein China geben.«

Beim Tode des Kaisers Tung-Chih 1875 wurde der Drachenthron nicht dem nächsten Erben zugesprochen, sondern einem unmündigen Kinde, das nur entfernt mit dem Kaiserhaus verwandt war. Über diese grobe Verletzung des alten Rechtes grämte sich *Wu-ko-tu*, ein Hofbeamter von hohem Rang und zugleich Hüter der Tradition, dermaßen, daß er zum Grabe seines Kaisers hinausging und sich erhängte. Er hinterließ eine Denkschrift, in der er bekannte: »Ich habe Angst vor dem Sterben, doch das ist meine persönliche Schwäche und geht niemand etwas an. Mein Tod hingegen ist eine öffentliche Pflicht.«

Als im Jahre 1876 die erste Eisenbahn gebaut wurde, fürchteten Trägerkulis und Bootsleute, daß sie nun Arbeit und Brot verlieren würden. Sie nahmen den Kampf gegen die Maschine auf, führten ihn aber in sehr merkwürdiger Weise. An dem Tage, an dem die Bahn den Betrieb eröffnete, liefen einige Kulis vor der Lokomotive her, wurden überholt und zermalmt. Sie starben in dem Glauben, in mächtige Geister verwandelt zu werden, so mächtig, daß sie alle Schienen zerstören könnten.

An der Krönung des Zaren Nikolaus II. 1896 nahm als Vertreter des Kaisers von China der Minister Li-Hung-Tschang teil. Nach Beendigung der Feierlichkeiten trat er eine Reise durch die europäischen Hauptstädte an. Überall führte man ihm die neuesten Erfindungen vor in der Hoffnung, damit Eindruck bei ihm zu machen. Aber vergeblich. Li-Hung-Tschang versicherte mit höflichstem Lächeln: »Viele von diesen Erfindungen haben wir schon vor Jahrhunderten gemacht, aber nicht verwertet, weil sie die Seele nicht glücklich machen.«

Während des chinesischen Bürgerkrieges 1928 wollte General *Feng* Schützengräben bauen lassen. Das bedeutete schwere Arbeit, denn es war Winter, und der Boden hart gefroren. So ließ er zur Unterstützung der Soldaten Kulis herbeischaffen. Endlich kam der erste Zug. Er bestand aus offenen Güterwagen. General Feng, in dicke, warme Pelze gehüllt, beobachtete aus der Ferne seine Ankunft, bemerkte aber mit Staunen, daß niemand ausstieg. Mehrfach setzte er sein Fernglas an. Nichts rührte sich. Endlich schickte er eine Ordonnanz hinüber und ließ nachfragen, warum die Leute nicht ausgeladen würden. Der Offizier kehrte zurück und meldete: »Alle sind tot – erfroren.« Gleichmütig wendete sich Feng ab. »Na ja«, sagte er, »dann ist also nichts zu machen.«

Vereinigte Staaten von Nordamerika

Die Oneidaindianer, beunruhigt durch das ständige Vordringen der Weißen, hielten Ratsversammlung ab. Ein alter Häuptling ergriff das Wort. »Brüder, ihr fragt, warum die Weißen immer mächtiger und zahlreicher werden? Weil wir Fleisch essen, jene aber Körner. Das Fleisch braucht dreißig Monde, um heranzuwachsen, ist selten und hat Beine zum Davonlaufen. Die wundersamen Körner aber, welche die Weißen essen, bleiben und geben hundertfach zurück. Darum haben sie viele Kinder und leben länger als wir. So wird am Ende das Geschlecht der Kornesser das Geschlecht der Fleischesser austilgen.«

Bei Ausbruch des Krieges 1775 gegen England focht *General Arnold* tapfer für die Unabhängigkeit der Kolonien und trug im Kampf bei Quebec eine schwere Wunde am rechten Bein davon. Er fühlte sich aber nicht hinreichend belohnt, wurde darüber zum Verräter und versuchte, Westpoint, eine wichtige Schlüsselstellung der amerikanischen Front vor New York, den Engländern in die Hände zu spielen. Der Anschlag wurde entdeckt, und Arnold flüchtete. Die Frage war nun, was man mit ihm machen sollte, wenn es gelänge, ihn zu fassen. »Sehr einfach«, sagte ein Soldat, »wir schneiden ihm das Bein ab, das im Dienst des Vaterlandes verwundet worden ist, und der Rest wird gehängt.«

Von großartigen Gebärden und pathetischen Worten wollte *Washington,* der selbst ein schlichter und nüchterner Mann war, nichts wissen. In der Schlacht bei Monmouth bemerkte er, wie der junge Oberst Hamilton vom Pferde sprang, den Degen herausriß und mit dem Ruf: »Jetzt ist es Zeit, für Amerika zu sterben!« vorstürmen wollte. Washington hielt ihn auf, deutete auf Hamiltons Pferd, das sich grasend langsam entfernte, und sagte trocken: »Kümmern Sie sich um Ihr Pferd, Oberst!«

Friedrich Wilhelm von Steuben, der unter Friedrich dem Großen den Siebenjährigen Krieg mitgemacht hatte, trat 1777 in den

Dienst der amerikanischen Kolonien. Was er aber an Truppen vorfand, das konnte in seinen Augen kaum als Soldaten gelten. Vor allem fehlte es an Disziplin. Seine Aufgabe wurde es nun, die Männer aus den Wäldern und von den Farmen militärisch zu erziehen. Dabei scheute er nicht vor der nötigen Kleinarbeit zurück. Bei Sonnenaufgang stand er schon auf dem Exerzierplatz, ließ marschieren, schwenken und führte auch selbst die Gewehrgriffe vor. Klappte es nicht, begann er kräftig zu fluchen, bis ihm sein Wortschatz ausging. Dann winkte er einen amerikanischen Offizier heran und befahl ihm: »Fluchen Sie auf englisch für mich weiter!«

Das Repräsentantenhaus des Staates Connecticut hielt am 19. Mai 1780 eine Sitzung ab. Während der Debatte setzte eine Sonnenfinsternis ein. Der Himmel verfärbte sich von blau zu grau und wurde dunkler und immer dunkler. Viele wähnten, der Jüngste Tag sei gekommen. Geängstigt sprachen die Abgeordneten ein Stoßgebet und wollten das Haus verlassen. Da erhob sich Davenport aus Stamford, ein alter, strenger Puritaner, und sprach: »Entweder bricht jetzt Gottes Gericht über uns herein oder nicht. Wenn es nicht kommt, besteht kein Grund, die Sitzung aufzuheben. Kommt es aber, dann möchte ich in Ausübung meiner Pflicht angetroffen werden.« Er stellte den Antrag, Kerzen zu bringen und die Beratung fortzusetzen. Und so geschah es.

In einer Gesellschaft beklagte sich *Washington* darüber, daß das Kaminfeuer hinter ihm zu heiß brenne. »Sir«, witzelte ein Gast, »für einen General ist es doch höchst ehrenvoll, dem Feuer standzuhalten.« Washington schlagfertig: »Aber nicht, wenn es von hinten trifft.«

Bei den Verhandlungen über die amerikanische Verfassung in Philadelphia 1787 wurde der Antrag gestellt, die Heeresstärke für alle Zeit auf fünftausend Mann zu begrenzen. »Vortrefflich«, lobte Washington, »nur muß man noch einen kleinen Zusatz machen, daß nämlich eine feindliche Armee, die uns angreift, nie mehr als dreitausend Mann zählen darf.«

Endlich war die Verfassung der USA fertiggestellt. Als nun die Abgeordneten zum Gänsekiel griffen, um ihre Unterschrift zu leisten, blickte der hochbetagte *Benjamin Franklin* gedankenvoll zum Präsidentenstuhl Washingtons herüber. Die Lehne dieses Stuhles war mit einer halben goldenen Sonne verziert. »Ich habe oft diese Sonne betrachtet«, sagte er, »und mich vergebens gefragt, ob sie im Aufgehen oder im Untergehen ist. Jetzt weiß ich, daß es eine aufgehende Sonne ist.«

Ein Sekretär Washingtons verspätete sich um eine halbe Stunde bei seinem Dienst. Er suchte sich eifrig zu entschuldigen. Washington schnitt ihm das Wort ab. »Zweierlei ist möglich«, knurrte er, »entweder beschaffen Sie sich eine neue Uhr oder ich mir einen neuen Sekretär.«

Einige Handelsschiffe der Vereinigten Staaten wurden anno 1802 im Mittelmeer von marokkanischen Piraten überfallen und ausgeplündert. Daraufhin wollte Präsident *Thomas Jefferson* Fregatten ausrüsten und zu einer Strafexpedition losschicken. Aber er stieß bei dem Finanzminister Albert Gallatin auf Widerspruch. »Nein, nein«, erklärte dieser mit besorgtem Gesicht, »Krieg mit Marokko! Das können wir uns nicht leisten. Dazu sind wir nicht reich genug. Es kommt uns billiger, den Frieden zu kaufen.« Jefferson gab nach, und zwanzigtausend Dollar wurden an Marokko ausgezahlt, damit fortan die amerikanischen Kauffahrer unbehelligt blieben.

Auf sehr seltsame Weise wurde *John Quincy Adams* 1825 Präsident. Bei der Abstimmung erhielt er ebenso wie sein Gegenkandidat Jackson siebzehn Stimmen. Eine Wiederholung wurde nötig. Da neigte General van Rensselaer sein Haupt, versank in Gebet und bat um Erleuchtung. Als er wieder aufblickte, sah er einen nach dem ersten Wahlgang fortgeworfenen Stimmzettel. Darauf stand: Adams. Er hielt das für die ersehnte Antwort auf sein Gebet und erklärte sich diesmal für Adams. Seine Stimme gab den Ausschlag.

Ein Indianerstamm am oberen Mississippi, die Winnebagos, schickten Gesandte an Präsident Adams, um Frieden anzubieten.

Ihr Häuptling nahm das Wort. Aus tiefer Brust begann er: »Vater, ich freue mich, dich zu sehen. Eine Wolke ist zwischen uns gewesen, dick und schwarz, doch jetzt leuchtet dein Antlitz hell. Manitou gab seinen Kindern eine gute Pflanze, die sich mit Genuß rauchen läßt. Ich habe sie hier und gebe sie dir in Frieden.« Auf einen Wink hin brachte ein junger Krieger dem Präsidenten das Kalumet und zündete es an. Adams tat mehrere Züge und blies den Rauch eine Weile schweigend vor sich hin. Dann sprach er würdevoll: »Die Wolke ist nun zerstreut wie der Rauch aus dieser Pfeife. Die Sonne scheint wieder freundlich auf uns herab, und fortan wird Friede sein zwischen den Winnebagos und meinen Kindern.«

General Andrew Jackson, berühmt durch seine Siege über Indianerstämme in Florida und die heroische Verteidigung von New Orleans, bewarb sich 1825 um das Amt des Präsidenten. Im Hinblick auf seine kriegerische Vergangenheit prophezeiten seine Gegner Blutvergießen über Blutvergießen, wenn er gewählt würde. Da erklärte er in einer Versammlung: »Man hat euch tolle Dinge von mir erzählt, aber glaubt mir, ich trage weder in der Rechten einen Tomahawk noch in der Linken ein Skalpiermesser. Hier überzeugt euch selbst!« Und triumphierend hob er, von Beifall umrauscht, zwei leere Hände hoch.

Die besonderen Privilegien der Nationalbank sollten aufgrund eines Kongreßbeschlusses erneuert werden. Präsident Andrew Jackson befürchtete, daß dadurch die Macht der Geldaristokratie überhand nähme, und legte sein Veto ein. Empört machten ihm Finanzleute, Fabrikbesitzer und Kaufherren heftige Vorwürfe. Er verteidigte sich: »Wenn ich ehrgeizig wäre, hätte ich mich mit der mächtigen Bank verbündet. Wenn bestechlich, hätte ich mich ihr verkauft. Wenn bequem, hätte ich die Dinge treiben lassen. Ich bin aber ein alter Mann, der bald Gott Rechenschaft ablegen muß. Dann möchte ich mit reinem Gewissen vor ihn hintreten.«

Im Weißen Haus erschien ein Kriegsversehrter, ein Stelzfuß, der im Seminolenkrieg gefochten hatte, und wollte eine Bitte vortragen. »Herr Präsident«, begann er. Jackson unterbrach ihn: »Sie waren Soldat, also nennen Sie mich General!« – »Herr General, ich muß Ihnen zunächst gestehen, daß ich bei der Wahl gegen Sie gestimmt habe.« Wieder fiel Jackson ein: »Das macht nichts. Sie haben im Kriege Ihr Bein verloren, das genügt mir.« Und ohne viele Worte zu verlieren, bewilligte er das Gesuch des Invaliden.

Der Apostel der Mormonen *Brigham Young* hatte 1847 seine Gläubigen nach Utah geführt. Als eben die Arbeit auf den neuen Äckern begann, kam die Kunde von den Goldfunden in Kalifornien. Tausende aus aller Welt strömten sofort hinüber in das Wunderland, wo man nur den Boden zu ritzen brauchte, um reich zu werden. Auch viele Mormonen wurden von dem Goldfieber ergriffen und rüsteten zu der abenteuerlichen Fahrt. Da trat ihnen Young entgegen und sprach: »Gold ist zu nichts nütze, höchstens um damit die Straßen unserer heiligen Stadt zu pflastern. Ein anderes Gold ist es, das Gott liebt, das goldene Korn der Ähren. Danach trachtet, und himmlischer Lohn wird euer sein.« Das wirkte. Kein Mormone verließ das Land, das nun, von bienenfleißigen Händen bestellt, ein fruchtbarer Garten wurde und mehr Segen brachte als das kalifornische Gold.

Wieder einmal trat der Mississippi über seine Ufer und setzte weithin das Land unter Wasser. Um diese Zeit gebar eine Negerin Drillinge. Auf solchen Zuwachs hatte der Vater nicht gerechnet, und er zerbrach sich den Kopf, drei passende Namen zu finden. Seine resolute Frau machte seinem Grübeln ein Ende. »Nennen wir die Kinder ›Hochwasser‹, ›Überschwemmung‹ und ›Sintflut‹.« Lachend willigte der Vater ein.

Um Stimmen zu fangen, gab ein Kandidat in Colorado seinen Wählern einen Überblick über sein Leben. »Ich habe gegen die Indianer gefochten«, erzählte er, »ich hatte oft kein anderes Lager als das Schlachtfeld. Ich habe jedem Wetter getrotzt und bin über Schnee und Eis marschiert mit blutenden Füßen.« – »Haben Sie das alles wirklich getan?« kam eine Stimme aus der Versammlung. »Sicherlich«, entgegnete der Redner stolz. »Dann gehen Sie getrost nach Hause! Sie haben genug für das Vaterland geleistet. Ich wähle einen andern.«

Zwischen den Raddampfern auf dem Mississippi kam es oft zu tollen Wettfahrten. Das war eine gefährliche Sache; denn die Kessel wurden dabei dermaßen angeheizt, daß sie zu bersten drohten und bisweilen auch tatsächlich barsten. Eine ängstliche, alte Dame ließ sich deshalb, ehe sie an Bord der »Sparrow« ging, von dem Kapitän das feierliche Versprechen geben, sich nicht auf eine Wettfahrt einzulassen. Die Reise begann, unterwegs aber suchte ein Dampfer die »Sparrow« zu überholen. Die Dame begann sich mehr und mehr zu ereifern. »Das dürfen wir nicht dulden!« rief sie, eilte zum Kapitän und beschwor ihn, mehr Dampf aufzumachen. »Unmöglich«, hielt er ihr entgegen, »dazu fehlt es an Brennstoff.« – »Papperlapapp«, fuhr sie ihn an, »wir haben viele Fässer Schweinefleisch an Bord. Hinein mit ihnen ins Feuer!«

Ein Engländer, der 1858 zur Zeit einer Wahlkampagne Amerika bereiste, wunderte sich über den unflätigen Ton der Presse, die den gegnerischen Kandidaten mit einer Flut von Beschimpfungen gröbster Art überschüttete. Er kam zu Präsident *Buchanan* und machte seiner Enttäuschung über diesen unfairen Kampf freimütig Luft. »Dabei dürfen Sie sich gar nichts denken«, beruhigte ihn Buchanan, behaglich im Sessel zurückgelehnt, »es hat nichts zu bedeuten. Das ist nun einmal die Ausdrucksweise unserer Zeitungen, sie meinen es aber gar nicht so.«

Karl Schurz besuchte während der Präsidentenwahl 1861, bei der es zwischen Republikanern und Demokraten hart auf hart ging, seinen Freund John Potter. Potter war Mitglied des Kongresses und stand gerade im Begriff, zum Kapitol zu gehen. Mit Staunen sah Schurz, wie er sich einen Gürtel mit Pistole und Jagdmesser umschnallte. »Wenn ich zu einer Sitzung gehe«, wurde er von Potter belehrt, »mache ich das immer so. Man kann nie wissen, was kommt.« Die Vorsicht war nicht unnötig; denn Senator Ben Wade hatte einige Tage zuvor, sobald er seinen Platz eingenommen, vor aller Augen eine große Pistole auf seinen Pultdeckel gelegt. Als er sicher war, daß jedermann sie gesehen haben mußte, legte er sie griffbereit in sein Pult und schaute grimmig lächelnd zu seinen Gegnern hinüber.

Ein Advokat aus Springfield in Illinois trat 1858 als Kandidat für den Senat auf. Sein Gegner war der einflußreiche und ehrgeizige Stephen Douglas. Bei einer Wahlversammlung ließ sich dieser im Feuer seiner Rede zu der Bemerkung hinreißen, er möchte am liebsten die Sache durch einen Boxkampf entscheiden. Der andere entgegnete mit gutem Humor: »Schön, aber was kommt dabei heraus? Entweder, daß Douglas muskulöser ist als ich oder ich muskulöser als Douglas, aber mir scheint, im Senat fragt kein Mensch danach.« Dieser andere hieß – *Abraham Lincoln.*

Lincoln aus Springfield war ein überlanger, hagerer Mann. Ihm waren Arme angewachsen, die kein Ende zu nehmen schienen. Dazu kam, daß er sich recht schäbig kleidete. Jacke und Hose schlotterten ihm am Leibe. Das forderte den Spott des Generalstaatsanwalts Stanton heraus. »Merkwürdig«, sagte er zu General McClellan, »daß die Forscher so gern nach Afrika gehen. Den Gorilla, den sie suchen, hätten sie schon längst in Springfield finden können.« Lincoln wußte von solchen Äußerungen, ernannte aber trotzdem Stanton zum Kriegsminister, weil er seine rastlose Tätigkeit schätzte.

Sobald Lincoln in das Weiße Haus in Washington eingezogen war, 1861, wurde er von zahllosen Bittstellern umdrängt. Der eine wollte dieses Amt, der andere jenes. Dabei wurden oft seltsame Wünsche vorgebracht. So machte sich auch jemand an ihn heran, der eine schwache Lunge hatte und auf einen Posten in Hawaii antrug, weil dort das Klima ihm guttun würde. »Davon bin ich überzeugt«, sagte Lincoln mit kaum merkbarem Spott, »aber für Hawaii habe ich schon ein Dutzend Bewerber, die alle kränker sind als Sie.«

Am Abend eines mit Arbeit überlasteten Tages hörte man *Lincoln* einmal stöhnen: »Seit ich hier bin, schlafe ich nur mit einem Auge. Beide mache ich nur zu, wenn Stellensucher kommen.«

Schon geraume Zeit vor der Wahl Lincolns zum Präsidenten drohte die Sklavenfrage das Gefüge der Vereinigten Staaten zu sprengen. Die Baumwollkönige im Süden erklärten rundheraus: »Wir wollen nicht anders sein als die Athener, Spartaner und Römer. Sie hielten Sklaven, und wir halten sie auch, und dabei bleibt es.« Einer von ihnen kam zu Lincoln und erläuterte mit einem guten Dutzend Argumenten seinen Standpunkt. Lincoln hörte ihn geduldig an. Am Ende fragte er ihn: »Möchten Sie Sklave sein?« – »Natürlich nicht«, kam die Antwort. Darauf Lincoln: »Seltsam, trotz Ihrer vielen Argumente habe ich noch nie einen Menschen gefunden, der den Wunsch äußerte, Sklave zu sein.«

Der Krieg zwischen den Nordstaaten und Südstaaten brach aus. Da kamen auch aus Übersee Freiwillige, die, angeregt durch »Onkel Toms Hütte«, für die Befreiung der Sklaven kämpfen wollten. Unter ihnen befand sich auch ein preußischer Graf. Er bewarb sich bei dem Präsidenten um eine Offiziersstelle und begründete seinen Anspruch auf den Rang mit den Worten: »Ich stamme von einer der ältesten Adelsfamilien ab.« Lincoln, der allem Adelsstolz abgeneigt war, klopfte ihm beruhigend auf die Schulter. »Deswegen brauchen Sie sich keine Sorgen zu machen«, sagte er, »wenn Sie sich als Soldat bewähren, wird Ihnen bei uns Ihre Abkunft nicht im Wege stehen.«

Von den Negern, für deren Befreiung die Nordstaaten kämpften, meldeten sich anfänglich nur wenige zum Waffendienst. Einer von ihnen, nach der Ursache für dieses sonderbare Verhalten befragt, gab die Erklärung: »Wenn sich zwei Hunde um einen Knochen beißen«, grinste er, »haben Sie dann je gesehen, daß der Knochen sich an dem Kampf beteiligt?« Im letzten Kriegsjahr fochten aber schließlich doch über hunderttausend Neger Seite an Seite mit den Truppen des Nordens.

Die mangelhafte Disziplin in der nordstaatlichen Armee

zwang die Generale nicht selten, die Todesstrafe zu verhängen. Lincoln, den jedes Blutopfer schmerzte, unterzeichnete solche Urteile nur mit äußerstem Widerwillen. Lieber machte er von seinem Begnadigungsrecht Gebrauch. Einst kam ein alter Mann zu ihm, dessen Sohn erschossen werden sollte. Sein jammervolles Bitten und Flehen rührte ihn. Er ging also zum Schreibtisch und setzte ein Telegramm auf mit folgendem Wortlaut: »Bis weitere Befehle kommen, soll John Smith nicht erschossen werden.« Der Alte las, doch seine Angst erwachte aufs neue. Mißtrauisch fragte er: »Wenn nun diese Befehle kommen, was geschieht dann?« Lincoln lächelte verschmitzt. »Falls Ihr Sohn nicht eines natürlichen Todes stirbt, bis meine Befehle kommen, kann er so alt werden wie Methusalem.«

In *Thomas Jackson,* wegen seiner Unerschrockenheit »Stonewall« genannt, besaßen die Südstaaten einen glänzenden und sehr erfolgreichen General. Sieg auf Sieg konnte er einheimsen. Er scheute keine Gefahr und keine Entbehrung. Was er aber nicht ertrug, war die ständige Einmischung der Regierung in seine strategischen Pläne. Schließlich riß ihm die Geduld, und er telegraphierte an den Kriegsminister: »Schicken Sie mir mehr Mannschaften und weniger Fragen und noch weniger Ratschläge!«

Bei einem Empfang führte sich ein Wähler bei Präsident Lincoln mit den Worten ein: »Herr Präsident, ich komme aus dem Staate New York, wo wir fest glauben, daß wir in diesem Kriege gegen die Konföderation durch Gott den Allmächtigen und durch Abraham Lincoln gerettet werden.« – »Mein Freund«, erwiderte Lincoln, »Sie haben nur zur Hälfte recht.«

Als die Südstaaten am Ende ihrer Kraft waren, suchte ihr Vizepräsident Stephen Lincoln auf und wollte mit ihm über die Möglichkeit eines Friedensschlusses sprechen. Lincoln, der sonst so Gütige und Nachgiebige, der gern dem furchtbaren Kriege ein Ende gemacht hätte, wies ihn hart ab. »Mit bewaffneten Rebellen verhandle ich nicht«, erklärte er. »Aber«, wandte Stephen ein, »selbst König Karl I. von England hat mit bewaffneten Rebellen verhandelt.« Lincoln räumte ein, mit seinen Geschichtskenntnissen sei es schlecht bestellt. »Nur eines weiß ich«, fügte er mit erhobener Stimme hinzu, »daß König Karl seinen Kopf verlor.«

Vier Jahre lang tobte der Bürgerkrieg zwischen Nord und Süd und erzeugte einen erschreckenden Haß hüben und drüben. Endlich am 12. April 1865 mußten die Konföderierten bei Appotomax die Waffen strecken. Sobald das bekannt wurde, brach unter den siegreichen Truppen ein Jubelsturm aus, und überall wurden Stimmen laut, daß nun die Zeit zur Bestrafung der Aufständischen gekommen sei. General *Grant*, der die Kapitulation abgeschlossen hatte, ließ sich von seinem Triumph nicht berauschen. Ihm ging es um einen echten Frieden, und so erklärte er vor seinen rachelüsternen Soldaten: »Der Krieg ist aus. Die Rebellen sind wieder unsere Landsleute.«

Anno 1901 kandidierte *Theodore Roosevelt* für die Republikaner. Bei einer Wahlversammlung wurde er mitten in seiner Rede durch einen Zwischenruf unterbrochen. »Mich überzeugen Sie nicht. Ich bin Demokrat.« Freundlich fragte Roosevelt zurück: »Sagen Sie mir bitte, warum sind Sie Demokrat?« – »Mein Großvater war Demokrat, mein Vater war Demokrat, und ich bin es auch.« – »Schön, also gesetzt den Fall, Ihr Großvater war ein Esel, und Ihr Vater war auch ein Esel. Was wären Sie dann?« Schon hatte Roosevelt die Lacher auf seiner Seite, da aber kam die Antwort: »Dann wäre ich ein Republikaner.«

Theodore Roosevelt, der ehemalige Führer der Rauhreiter im Kriege gegen Spanien und seit 1901 Präsident, war kein Freund von umständlichen Förmlichkeiten. Nun verlangte aber der Brauch, daß bei der Einführung eines ausländischen Diplomaten Ansprachen gehalten wurden, die vorher festgelegt und ausgetauscht waren. Als sich wieder einmal ein Gesandter bei ihm vorstellen ließ und bei der Überreichung seines Beglaubigungsschreibens feierlich zu einer Rede ansetzte, unterbrach ihn Roosevelt: »Exzellenz, ich habe Ihre Ansprache gelesen und Sie die meine.

Wir können deshalb darauf verzichten, sie zu halten. Kommen Sie und lassen Sie uns gemütlich plaudern!«

Wegen seines leidenschaftlichen, ungeduldigen Temperaments kostete es Theodore Roosevelt viel Mühe, bei langwierigen Debatten sich zu bezähmen. Besonders schwer wurde ihm das, als er zwischen Russen und Japanern nach der Schlacht von Tshushima 1905 den Frieden zu vermitteln suchte. »Das ist ein abscheuliches Geschäft«, äußerte er einem Vertrauten gegenüber, »stundenlang muß ich höflich, verständnisvoll, geduldig sein und hundertmal Dinge auseinandersetzen, die klar sind wie die Sonne. Am liebsten möchte ich aufspringen, die harten Schädel dieser Leute zusammenstoßen und meine Wut an ihnen auslassen. Aber immer wieder nehme ich mich zusammen und tue nach allen Seiten freundlich. Ich kann nur hoffen, daß diese ständige Selbstbeherrschung für meinen Charakter gute Folgen hat.«

In der ganzen Welt kannte man Theodore Roosevelts Jagdleidenschaft. Nach seinem Ausscheiden aus seinem Amt unternahm er eine lange Reise nach Afrika, auf der er viele Löwen zur Strecke brachte. Bald darauf kam er 1908 zu Besuch nach London. Sein Weg führte ihn auch zum Trafalgarplatz, wo bekanntlich die Nelsonsäule steht, umgeben von erzgegossenen Löwen. Da flüsterte ihm sein Begleiter zu: »Herr Präsident, schonen Sie diese Löwen! Blicken Sie lieber nach der andern Seite!«

Am 2. April 1917 erschien Präsident *Woodrow Wilson* vor dem Kongreß und gab bekannt, daß in den nächsten Tagen die Kriegserklärung an Deutschland abgehen werde. Senatoren, Abgeordnete und sogar die Zuhörer auf der Galerie brachen in lauten Beifall aus, applaudierten mit Händeklatschen und begeisterten Zurufen. Auf der Heimfahrt vom Kapitol zum Weißen Haus wandte sich Wilson an seinen Sekretär Tumulty und sagte zu ihm: »Meine heutige Botschaft war eine Botschaft des Todes für unsere jungen Leute. Seltsam, daß man sie so bejubelt hat.«

Goldmanns GELBE Taschenbücher

Lesewerk zur Geschichte in 9 Bänden. Zeitgenössische Texte aus den einzelnen Epochen:

HELLAS Klassisches Griechenland (1). Herausgegeben von Hartmut von Hentig. Band 1812. DM 3.–

Die Texte von Zeitgenossen kreisen um den Kampf der Helden in der ›Ilias‹ und ›Odyssee‹ (Homer), um die Eroberungszüge Alexanders des Großen nach Persien (Xenophon), um Götterglauben (Xenophanes, Kritias), und Eros (Platon) und vieles andere mehr.

WELTMACHT ROM
Glanz und Niedergang des großen Imperiums (2). Herausgegeben von Hartmut von Hentig. Band 1813. DM 3.–

Die Quellen spiegeln den Aufstieg Roms, die Blütezeit seiner Herrschaft und den Niedergang wider. Über die Stadtgründung berichten Livius und Plutarch, über die römische Verfassung Polybios, über den Zensor Plutarch, über den Diktator Appian. Ferner wird z. B. die Landwirtschaft behandelt (Cato), das Heerwesen (Polybios), neue Sitten (Plutarch) u. a. m.

DAS MITTELALTER
Von der Völkerwanderung zur Kirchenherrschaft. 300–1500 (3). Herausgegeben von Otto Bucher. Band 1814. DM 3.–

Dieser Band enthält Quellen über eine der umstrittensten historischen Epochen, »Texte, die minuziös die Geisteshaltung der mittelalterlichen Zeitgenossen wiedergeben. Es gab nicht nur Heilige, Päpste, Kaiser, es gab auch eine Magna Charta Liberatum und leidenschaftliche Liebe, wie jene zwischen Heloise und Abaelard ... So wird Geschichte zum großen Abenteuer.« Abendzeitung, München

WILHELM GOLDMANN VERLAG MÜNCHEN

Goldmanns GELBE Taschenbücher

Gerhart Binder

Deutsche Geschichte des 20. Jahrhunderts

Gerhart Binders ›Deutsche Geschichte des 20. Jahrhunderts‹ hat unter dem Originaltitel ›Epoche der Entscheidungen‹ bisher eine Auflage von über 80 000 Exemplaren erreicht und steht damit an der Spitze aller zeitgeschichtlichen Gesamtdarstellungen.

I. Das Kaiserreich. Die Weimarer Republik. Mit Dokumenten. Band 2330. DM 3.– Dieser Band umfaßt den Zeitraum der Wilhelminischen Ära, Vorgeschichte und Ablauf des 1. Weltkriegs und die Weimarer Republik bis zur ersten Krise der deutschen Demokratie.

II. Deutschland unter dem Nationalsozialismus. Mit Dokumenten. Band 2331. DM 3.– Der zweite Band schildert die Voraussetzungen für Hitlers Machtergreifung, dann die Ideologie und Machtpolitik des Nationalsozialismus bis zur Vorbereitung des Polenfeldzugs im Jahre 1939.

III. Der zweite Weltkrieg. Mit Dokumenten. Band 2332. DM 3.– Dieser Band behandelt die folgenschwersten Ereignisse der jüngsten deutschen Geschichte, den zweiten Weltkrieg und seine katastrophalen Folgen und den Terror gegen Juden und Systemgegner.

WILHELM GOLDMANN VERLAG MÜNCHEN

Goldmann-Bücher erhalten Sie in allen Buchhandlungen, in vielen Kaufhäusern und an den meisten Bahnhofskiosken überall in der Welt, wo deutsche Bücher verkauft werden.

Aus dem WILHELM GOLDMANN VERLAG
8 München 80, Postfach 80 07 09 bestelle ich
durch die Buchhandlung

Anzahl	Titel bzw. Band-Nr.	Preis

Datum: Unterschrift:

2697 · 7011 · 3.000

Bitte mit Postkarten-Porto frankieren.

Wilhelm Goldmann Verlag

8000 MÜNCHEN 80

Postfach 80 07 09